ARABIC SHORT STORIES FOR BEGINNERS

20 Captivating Short Stories to
Learn Arabic & Increase Your
Vocabulary the Fun Way!

Easy Arabic Stories

Lingo Mastery

www.LingoMastery.com

CONTENTS

INTRODUCTION

Welcome aboard! The fact that you're here means that you have decided to learn Arabic, which is an excellent step toward self-improvement. Now you need to turn this excitement into commitment. This book has been designed to help you learn in a fun way! These great stories will help, but in order to improve your Arabic, you also need to get some real-life practice. Reading stories is an ideal way to practice.

Learning Arabic through art is a promising path towards stable and meaningful language acquisition, and it doesn't end with reading a few short stories. You might try writing your own stories, painting, taking photographs, making collages, or singing songs. Still, engaging with storytelling is one of the classic ways to make your learning experience a joyful one.

These short and entertaining Arabic stories are ideal for minimizing stress and maximizing intentional learning. Short stories will expose you to the Arabic vocabulary you're learning in a more natural format, giving you a chance to see the words in context and, therefore; remember them forever.

Arabic is one of the world's most beautiful and poetic languages, spoken by over 400 million people worldwide across 26 diverse countries. Many more people also speak it as a second language. It uses the Arabic alphabet, which is written from right to left. Since it is so widely spoken throughout the world, it is one of the six official languages of the UN.

People learn Arabic for various reasons. Those reasons can be practical or personal. In all cases, it's important to be motivated for learning.

Next, we'll explain how this book can help you master Arabic in a way that doesn't feel like you're "studying" at all!

What this book is about

We've designed this book to provide you, with short, captivating stories that take place in a range of settings. This book will help you sharpen your writing and storytelling skills so you can express yourself and spread your ideas more effectively.

In addition to that, we ensured thematic and syntactic variation in order to make the stories more relatable and engaging.

This book also offers further education by virtue of its different settings. You'll learn about different ideals, morals, values, norms, and habits in various communities, in our case, the Arabic-speaking communities. This book will introduce you to all the fundamental cultural values that Arabic-speaking families strive to impart each other. It's invaluable to get a feel for that kind of cultural understanding!

Our goal is to provide you with entertaining, helpful, and challenging material that will enable you to understand and produce sentences, use simple greetings and goodbyes, and make polite conversation. In addition, it will encourage you to describe yourself and others in terms of nationality, job, relationships, and physical characteristics, as well as produce sentences that describe objects, people, and places with some complexity.

This book will encourage you to ask questions, provide accurate answers, and pronounce words and phrases precisely and in a way that can be understood by native speakers.

2

We will not bore you with grammar notes, spelling rules, or syntax; the book has been carefully written and revised to ensure that it naturally covers those aspects without going into complicated rules like most textbooks do. Therefore, special attention was paid to story length, vocabulary level, and grammatical complexity of the language.

How *Arabic Short Stories for Beginners* has been laid out

Each chapter revolves around a story purposely set in a very different environment from the previous one, enabling us to introduce a wide range of vocabulary every time.

Every chapter consists of the following:

1.   A story about a familiar situation that you can easily read in one sitting, which never includes more than a few characters, making it easy to follow the storyline and take in the vocabulary.

2.   A summary of the story's main events in Arabic and English, which is the first tool to help you confirm your understanding.

3.   A vocabulary list with the English translation of the words that were highlighted in the text. We've made sure that new vocabulary is cumulative, meaning that new words only appear highlighted once, and other words are prioritized in subsequent chapters.

4.   Five multiple-choice questions, with their respective answers to help you double-check your comprehension, which also teaches you some more vocabulary.

This format has been proven to work very well, since the length of the stories is manageable and gives you just the right amount of vocabulary to take in every time. The book has been designed for you to use autonomously without outside help, apart from perhaps an additional dictionary.

Recommendations for readers of *Arabic Short Stories for Beginners*

Before you begin reading, here's a list of recommendations, tips, and tricks to get the most out of this book.

1.   Explore the Arabic language through common phrases, not individual words. Phrases are easier to remember because they carry meaning; they paint a picture and they tell a story. By focusing on common phrases, in just minutes, you'll start memorizing the most common Arabic words and sentence forms.

2.   Master Arabic by listening to well-spoken native speakers, preferably ones with an academic background: We cannot learn the Arabic language by reading textbooks only, but by training our ears to the language being used naturally in an everyday context.

3.   Practice what you've learned by having real conversations. Speaking is an essential part of learning Arabic. We recommend having virtual conversations with people who master the language.

4.   Lock in the knowledge using a smart repetition system. Endless repetition of words has little benefit for learning Arabic. However, repetition can be helpful when the words are used in relevant contexts. Use the links to pick up more words and phrases.

FREE BOOK!

Free Book Reveals the 6 Step Blueprint That Took Students
From Language Learners to Fluent In 3 Months

One last thing before we start. If you haven't already, head over to **LingoMastery.com/hacks** and grab a copy of our free Lingo Hacks book that will teach you the important secrets that you need to know to become fluent in a language as fast as possible. Again, you can find the free book over at **LingoMastery.com/hacks**.

Now, without further ado, enjoy these
20 Arabic Stories for Beginners.
Good luck, reader!

Chapter 1

صَحْوَةُ الرُّوح
SOUL AWAKENING

"آهٍ يَا أُمِّي... لَوْ كُنْتِ مَعِيَ الْآنَ..."

لَا يَمُرُّ يَوْمٌ مِنْ أَيَّامِ سَلْمَى دُونَ أَنْ تَنْطِقَ بِهَذِهِ الْكَلِمَاتِ، فَهِيَ تَعْتَقِدُ أَنَّ كُلَّ **الصِّعَابِ** الَّتِي تُوَاجِهُهَا فِي حَيَاتِهَا هِيَ بِسَبَبِ غِيَابِ أُمِّهَا. عِنْدَمَا كَانَتْ سَلْمَى تَلْعَبُ بِالْقُرْبِ مِنْ مَنْزِلِهَا وَهِيَ فِي السَّابِعَةِ مِنَ الْعُمْرِ، سَمِعَتْ سَيَّارَةَ إِسْعَافٍ قَادِمَةً لِأَخْذِ أُمِّهَا إِلَى **الْمُسْتَشْفَى**، وَمُنْذُ ذَلِكَ الْيَوْمِ، لَمْ تَرَ سَلْمَى أُمَّهَا مُجَدَّدًا. وَأَمَّا وَالِدُهَا، فَقَدْ كَانَ دَائِمَ الِانْشِغَالِ بِأَعْمَالِهِ الَّتِي لَا تَنْتَهِي، وَلَمْ يَكُنْ **يَأْبَهُ** كَثِيرًا لِابْنَتِهِ الْوَحِيدَةِ. فَكُلَّمَا رَغِبَتْ فِي الْجُلُوسِ مَعَهُ وَمُحَادَثَتِهِ بَعْدَ أَنْ يَنْتَهِيَ مِنْ عَمَلِهِ، كَانَ يُجِيبُهَا دَائِمًا: "أَنَا مُتْعَبٌ جِدًّا وَلَا أُرِيدُ التَّحَدُّثَ مَعَ أَحَدٍ الْآنَ. تُصْبِحِينَ عَلَى خَيْرٍ يَا صَغِيرَتِي."

مَرَّ شَهْرَانِ عَلَى **وَفَاةِ** وَالِدَةِ سَلْمَى، وَكَانَتْ تِلْكَ الْفَتْرَةُ كَافِيَةً لِتَتَغَيَّرَ فِيهَا حَيَاةُ الطِّفْلَةِ وَشَخْصِيَّتُهَا، فَتَحَوَّلَتْ مِنْ فَتَاةٍ **مُجْتَهِدَةٍ** وَ**بَشُوشَةٍ**، مَلِيئَةٍ بِالْحَيَوِيَّةِ وَالنَّشَاطِ، إِلَى فَتَاةٍ حَزِينَةٍ وَ**مُنْطَوِيَةٍ**. لَمْ يُلَاحِظْ وَالِدُهَا ذَلِكَ إِلَّا بَعْدَ **رُسُوبِهَا** فِي امْتِحَانَاتِ الْمَدْرَسَةِ. صَدَمَهُ الْخَبَرُ، فَجَلَسَ فِي بَيْتِهِ لِيُفَكِّرَ فِيمَا سَيَفْعَلُهُ بِطِفْلَتِهِ؛ ثُمَّ قَرَّرَ أَنْ يَتَزَوَّجَ امْرَأَةً أُخْرَى تُعِينُهُ عَلَى تَرْبِيَتِهَا وَالِاعْتِنَاءِ بِهَا.

تَزَوَّجَ وَالِدُ سَلْمَى، وَكَانَ يَظُنُّ أَنَّ زَوْجَتَهُ **سَتُعَوِّضُ** طِفْلَتَهُ قَلِيلًا مِنْ حَنَانِ أُمِّهَا. بَلْ كَانَ مُتَأَكِّدًا مِنْ ذَلِكَ، خَاصَّةً عِنْدَمَا رَجَعَ إِلَى الْبَيْتِ مُتَأَخِّرًا فِي أَحَدِ الْأَيَّامِ وَشَاهَدَ ابْنَتَهُ **تَغُطُّ فِي نَوْمٍ عَمِيقٍ** وَزَوْجَتُهُ نَائِمَةٌ بِجَانِبِهَا. لَكِنَّ الْحَقِيقَةَ كَانَتْ مُخْتَلِفَةً تَمَامًا. فَقَدْ **كَبُرَتْ** سَلْمَى **قَبْلَ أَوَانِهَا**، وَأَصْبَحَتْ خَادِمَةً لِزَوْجَةِ أَبِيهَا. فَكَانَتْ تُنَفِّذُ كُلَّ أَوَامِرِهَا، وَإِلَّا فَسَيَكُونُ عِقَابُهَا **وَخِيمًا**. وَأَمَّا مُسْتَوَاهَا الدِّرَاسِيُّ، فَاسْتَمَرَّ فِي التَّرَاجُعِ، بَلْ ازْدَادَ سُوءًا عَلَى سُوءٍ.

"لَا أَعْرِفُ مَا يَجِبُ أَنْ أَفْعَلَهُ مَعَ هَذِهِ الْفَتَاةِ يَا زَوْجِي. لَقَدْ بَذَلْتُ كُلَّ مَا فِي وُسْعِي لِتَحْسِينِ مُسْتَوَاهَا الدِّرَاسِيِّ، لَكِنْ **بِلَا جَدْوَى**. عَقْلُهَا لَا يَسْتَوْعِبُ شَيْئًا، وَأَنَا أَعْمَلُ جَاهِدَةً لِإِسْعَادِهَا وَلَا أَرَى مُقَابِلًا لِذَلِكَ. كُلُّ مَا تُرِيدُهُ ابْنَتُكَ هُوَ أَنْ تَكُونَ بِجَانِبِ أُمِّهَا. لَقَدْ أَتْعَبَتْنِي كَثِيرًا، وَسَأُضْطَرُّ إِلَى مُعَامَلَتِهَا **بِصَرَامَةٍ** حَتَّى تُصْبِحَ أَفْضَلَ." وَأَمَّا سَلْمَى، فَقَدْ تَعَوَّدَتْ عَلَى سَمَاعِ تِلْكَ الشَّكَاوَى الَّتِي تَسْتَخْدِمُهَا زَوْجَةُ أَبِيهَا **كَمُبَرِّرٍ** لِسُوءِ مُعَامَلَتِهَا لَهَا.

جَاءَ الْيَوْمُ الَّذِي اعْتَقَدَتْ فِيهِ سَلْمَى أَنَّهَا سَتَنْجُو مِنْ حَيَاتِهَا **الْمُزْرِيَةِ**. فِي الْبِدَايَةِ، اعْتَقَدَتْ أَنَّهَا سَتَعِيشُ قِصَّةَ حُبٍّ أَبَدِيٍّ كَمَا فِي قِصَصِ الْأَمِيرَاتِ الَّتِي كَانَتْ تَحْكِيهَا لَهَا وَالِدَتُهَا قَبْلَ النَّوْمِ. كَانَتْ تَظُنُّ أَنَّ زَوْجَهَا سَيَكُونُ **الْفَارِسَ** الَّذِي سَيُحَقِّقُ لَهَا كُلَّ أَحْلَامِهَا الْوَرْدِيَّةِ. لَكِنْ لِلْأَسَفِ، خَابَتْ كُلُّ آمَالِهَا. فَقَدْ تَجَمَّعَتْ فِي زَوْجِهَا كُلُّ التَّصَرُّفَاتِ السَّيِّئَةِ الْمَوْجُودَةِ فِي زَوْجَةِ أَبِيهَا، إِضَافَةً إِلَى **التَّعْنِيفِ** وَ**الْخِيَانَةِ** الْمُتَكَرِّرَانِ لَهَا، حَتَّى أَنَّهُ أَصْبَحَ لَا يَأْبَهُ لِرَدَّةِ فِعْلِهَا إِطْلَاقًا. فَهُوَ **مُتَيَقِّنٌ** تَمَامًا أَنَّهَا لَا تَمْلِكُ **مَأْوًى** آخَرَ غَيْرَ مَنْزِلِهِ، وَأَنَّهُ مَهْمَا فَعَلَ لَهَا، سَتَصْبِرُ وَتَتَحَمَّلُ قَسْوَتَهُ لِأَنَّهَا ضَعِيفَةٌ وَلَنْ تَقْدِرَ عَلَى تَرْبِيَةِ طِفْلِهَا بِمُفْرَدِهَا.

اسْوَدَّتِ الدُّنْيَا فِي وَجْهِ سَلمَى. لَقَدْ تَيَقَّنَتْ أَنَّ حَيَاتَهَا لَنْ تَتَغَيَّرَ وَأَنَّهَا سَتَبْقَى عَلَى حَالِهَا إِلَى الْأَبَدِ. فَكَّرَتْ فِي الِانْتِحَارِ مَرَّاتٍ وَمَرَّاتٍ، لَكِنَّ نَظَرَاتِ طِفْلِهَا الصَّغِيرِ وَتَطَلُّعَاتِهِ كَانَتْ تَمْنَعُهَا عَنْ ذَلِكَ. فَقَدْ كَانَ كُلُّ هَمِّهَا أَنْ يَعِيشَ حَيَاةً أَجْمَلَ مِنْ حَيَاتِهَا.

مَضَتْ أَيَّامٌ كَثِيرَةٌ دُونَ تَغْيِيرٍ فِي حَيَاةِ سَلمَى؛ فَقَدْ كَانَ الْبُؤْسُ وَالْهَمُّ عُنْوَانَ حَيَاتِهَا الْيَوْمِيَّةِ. لَمْ تَجْرُؤْ يَوْمًا عَلَى **التَّمَرُّدِ** عَلَى حَيَاتِهَا، بَلْ كَانَتْ **مُسَالِمَةً** لِأَبْعَدِ الْحُدُودِ. كَمَا كَانَتْ مُتَيَقِّنَةً بِأَنَّ هَذَا هُوَ نَصِيبُهَا فِي هَذِهِ الْحَيَاةِ وَعَلَيْهَا أَنْ تَرْضَى بِهِ. لَكِنَّهَا لَمْ تَكُنْ تَعْرِفُ أَنَّ **دَوَامَ الْحَالِ مِنَ الْمُحَالِ**.

فِي يَوْمٍ مِنَ الْأَيَّامِ، ذَهَبَتْ سَلمَى إِلَى الْحَدِيقَةِ مَعَ طِفْلِهَا الصَّغِيرِ، وَجَلَسَتْ تُرَاقِبُهُ وَهُوَ يَلْهُو، **فَلَمَحَتْ** صُدْفَةً صَدِيقَتَهَا سَحَر الَّتِي لَمْ تَرَهَا مُنْذُ زَوَاجِهَا قَبْلَ ثَلَاثَةِ أَعْوَامٍ. كَانَتْ سَحَر أَنِيقَةً وَجَمِيلَةً، وَكَانَتِ السَّعَادَةُ ظَاهِرَةً عَلَى وَجْهِهَا رَغْمَ أَنَّهَا كَانَتْ **تُعَانِي** مِنْ حَيَاةٍ تَعِيسَةٍ مَعَ زَوْجَةِ أَبِيهَا تَمَامًا مِثْلَ سَلمَى.

"صَدِيقَتِي سَلمَى، يَا لَهَا مِنْ صُدْفَةٍ رَائِعَةٍ. لَقَدِ اخْتَفَتْ أَخْبَارُكِ عَنِ الْجَمِيعِ بَعْدَ زَوَاجِكِ. كَيْفَ حَالُكِ يَا صَدِيقَتِي؟ وَكَيْفَ أَصْبَحَتْ حَيَاتُكِ بَعْدَ الزَّوَاجِ؟ هَلْ تَخَلَّصْتِ مِنْ زَوْجَةِ أَبِيكِ **الْمُتَعَجْرِفَةِ**؟ كَيْفَ هِيَ حَيَاتُكِ الْآنَ مَعَ فَارِسِ الْأَحْلَامِ الَّذِي تَمَنَّيْتِ دَوْمًا أَنْ يُخَلِّصَكِ مِنْ حَيَاتِكِ الْبَائِسَةِ؟ حَدِّثِينِي عَنْ كُلِّ شَيْءٍ يَا صَدِيقَتِي."

أَحْرَجَتْ أَسْئِلَةُ سَحَر الْكَثِيرَةُ سَلمَى، وَلَمْ تَعْرِفْ كَيْفَ سَتُجِيبُ عَلَيْهَا، فَفَضَّلَتْ أَنْ تَبْقَى صَامِتَةً، وَقَالَتْ سَحَر: "أَنَا آسِفَةٌ عَلَى تَدَخُّلِي فِي حَيَاتِكِ الشَّخْصِيَّةِ يَا سَلمَى، لَقَدْ **جَرَفَتْنِي الْحَمَاسَةُ** قَلِيلًا."

"لَا عَلَيْكِ يَا سَحَر. دَعْكِ مِنِّي الْآنَ وَأَخْبِرِينِي مَا كُلُّ هَذِهِ الْأَنَاقَةِ وَالْجَمَالِ؟ وَمَا الَّذِي يَجْعَلُكِ **مُفْعَمَةً** بِالسَّعَادَةِ هَكَذَا؟"

" ههه، شُكْرًا لَكِ يَا سَلْمَى. آهٍ يَا صَدِيقَتِي لَوْ تَعْلَمِي كَمْ أَنَا **نَادِمَةٌ** عَلَى كُلِّ اللَّحَظَاتِ الَّتِي ضَيَّعْتُ فِيهَا حَقِّي بِصَمْتِي وَضُعْفِي. لَقَدْ تَغَيَّرْتُ كَثِيرًا الْآنَ وَازْدَادَتْ ثِقَتِي بِنَفْسِي كَثِيرًا. لَقَدْ عَمِلْتُ جَاهِدَةً لِتَحْقِيقِ ذَاتِي وَلِأَكُونَ **سَنَدًا** لِنَفْسِي أَوَّلًا وَسَنَدًا لِأَطْفَالِي بَعْدَ ذَلِكَ. فِي الْبِدَايَةِ، كُنْتُ أَصْنَعُ الْحَلَوِيَّاتِ فِي الْمَنْزِلِ وَأُغَلِّفُهَا وَأَبِيعُهَا لِجَارَاتِي. تَعَامَلْتُ مَعَ أُنَاسٍ مُخْتَلِفِينَ وَتَعَلَّمْتُ مِنْهُمُ الْكَثِيرَ. وَهَا أَنَا الْآنَ أَمْلِكُ مَحَلًّا صَغِيرًا لِلْحَلَوِيَّاتِ، **وَأَنْوِي** قَرِيبًا أَنْ أَجْعَلَهُ أَكْبَرَ وَأَجْمَلَ."

لَاحَظَتْ سَحَر دُمُوعَ سَلْمَى عَلَى خَدِّهَا، وَقَالَتِ الْأَخِيرَةُ: "لَقَدْ تَعِبْتُ كَثِيرًا مِنْ هَذِهِ الْحَيَاةِ يَا سَحَر. لَا أُرِيدُ أَنْ أَعِيشَ كُلَّ حَيَاتِي هَكَذَا. لَقَدْ تَعِبْتُ مِنْ كَثْرَةِ **الذُّلِّ وَالِانْكِسَارِ**. أَرْجُوكِ سَاعِدِينِي يَا صَدِيقَتِي."

لَمْ يَكُنْ بِوُسْعِ سَحَر إِلَّا أَنْ تَدْعَمَهَا قَائِلَةً: "لَا تَقْلَقِي يَا صَدِيقَتِي، سَأَكُونُ دَائِمًا بِجَانِبِكِ. لَكِنْ ثِقِي تَمَامًا بِأَنَّكِ أَنْتِ فَقَطْ مَنْ **يَقْدِرُ** عَلَى تَغْيِيرِ حَيَاتِكِ. كُلُّ مَا تَحْتَاجِينَهُ هُوَ أَنْ تَثِقِي بِنَفْسِكِ."

رَجَعَتْ سَلْمَى إِلَى بَيْتِهَا وَجَلَسَتْ تُفَكِّرُ مَلِيًّا، ثُمَّ اتَّخَذَتْ قَرَارًا لَا رِجْعَةَ عَنْهُ. تَيَقَّنَتْ أَنَّ زَوْجَهَا لَيْسَ إِلَّا **عَقَبَةً** في طَرِيقِهَا. فَقَرَّرَتْ أَنْ تُغَيِّرَ حَيَاتَهَا، وَأَخَذَتْ كُلَّ مَا جَمَعَتْهُ مِنْ مَالٍ، وَفَرَّتْ مِنَ الْبَيْتِ. وَبَعْدَ يَوْمَيْنِ، طَلَبَتِ **الطَّلَاقَ** مِنْ زَوْجِهَا الْعَنِيفِ، وَقَرَّرَتْ أَنْ تَبْدَأَ حَيَاةً جَدِيدَةً.

قَامَتْ سَلْمَى بِشِرَاءِ **الْمُسْتَلْزَمَاتِ** الضَّرُورِيَّةِ **لِخِيَاطَةِ** فَسَاتِينَ لِلْأَفْرَاحِ. فَقَدْ كَانَتْ **مَاهِرَةً** جِدًّا فِي خِيَاطَةِ الْمَلَابِسِ مُنْذُ صِغَرِهَا. عَمِلَتْ لَيْلًا وَنَهَارًا، **وَبَذَلَتْ كُلَّ جُهْدِهَا** حَتَّى تَخِيطَ خَمْسَةَ فَسَاتِينَ كَبِدَايَةٍ لَهَا. وَبَعْدَهَا، عَرَضَتْ فَسَاتِينَهَا عَلَى سَحَر.

"يَا إِلَهِي، مَا أَجْمَلَ هَذِهِ الْفَسَاتِينَ. إِنَّهَا فِي غَايَةِ **الْأَنَاقَةِ**. تَعَالَيْ مَعِي. سَأُسَاعِدُكِ عَلَى بَيْعِهَا."

وَصَلَتْ سَلْمَى وَسَحَر إِلَى مَحَلٍّ فَخْمٍ وَمَشْهُورٍ، وَعَرَضَتْ سَحَر الْفَسَاتِينَ عَلَى صَاحِبِ الْمَحَلِّ الَّذِي كَانَتْ تَبْتَاعُ لَهُ الْكَثِيرَ مِنْ حَلَوِيَّاتِهَا الشَّهِيَّةِ. وَبَعْدَ أَنْ رَأَى الْفَسَاتِينَ **وَدَقَّقَ** فِي كُلِّ صَغِيرَةٍ وَكَبِيرَةٍ فِيهَا، قَالَ: "لَقَدْ عَمِلْتُ مَعَ الْكَثِيرِ مِنْ **مُصَمِّمِي الْأَزْيَاءِ**، لَكِنْ هَذِهِ الْمَرَّةَ أَنَا مَذْهُولٌ حَقًّا بِهَذَا الْأَدَاءِ. أَنْتِ لَدَيْكِ مَوْهِبَةٌ **فَرِيدَةٌ** وَرَائِعَةٌ يَا سَلْمَى، وَأَتَمَنَّى أَنْ تَقْبَلِي الْعَمَلَ مَعِي فِي هَذَا الْمَحَلِّ الْمُتَوَاضِعِ."

لَمْ تُصَدِّقْ مَا سَمِعَتْهُ أُذُنَيْهَا فِي تِلْكَ اللَّحْظَةِ وَانْهَمَرَتْ دُمُوعُ الْفَرَحِ مِنْ عَيْنَيْهَا وَوَافَقَتْ عَلَى الْعَمَلِ مَعَهُ بِلَا تَرَدُّدٍ.

بَدَأَتْ سَلْمَى رِحْلَةً جَدِيدَةً مِنْ حَيَاتِهَا مِلْؤُهَا الْأَمَلُ وَالسَّعَادَةُ. كُلُّ مَا فِي الْأَمْرِ أَنَّهَا احْتَاجَتْ إِلَى قَلِيلٍ مِنَ الدَّعْمِ وَالثِّقَةِ لِتَغْيِيرِ حَيَاتِهَا. وَالْآنَ أَصْبَحَتْ قَوِيَّةً **وَمُسْتَقِلَّةً** بِذَاتِهَا، وَأَيْقَنَتْ تَمَامًا أَنَّ دَوَامَ الْحَالِ مِنَ **الْمُحَالِ**!

مُلَخَّص الْقِصَّة

مَرَّتْ سَلْمَى بِصُعُوبَاتٍ كَثِيرَةٍ فِي حَيَاتِهَا مُنْذُ صِغَرِهَا، بِمَا فِي ذَلِكَ وَفَاةُ أُمِّهَا، وَإِهْمَالُ أَبِيهَا لَهَا، وَظُلْمُ زَوْجَتِهِ لَهَا أَيْضًا. جَعَلَتْهَا هَذِهِ الْأُمُورُ فَتَاةً ضَعِيفَةَ الشَّخْصِيَّةِ وَمُنْطَوِيَةً عَلَى نَفْسِهَا، وَجَعَلَتْهَا تُعَلِّقُ كُلَّ آمَالِهَا عَلَى زَوَاجِهَا بِفَارِسِ الْأَحْلَامِ الَّذِي سَيُنْقِذُهَا مِنْ هَذِهِ الْحَيَاةِ، لِتُفَاجَأَ أَنَّ حَيَاتَهَا قَدْ ازْدَادَتْ ظُلْمًا وَيَأْسًا بَعْدَ الزَّوَاجِ، إِلَى أَنِ الْتَقَتْ بِصَدِيقَةٍ قَدِيمَةٍ لَهَا سَاعَدَتْهَا عَلَى تَغْيِيرِ حَيَاتِهَا. فَأَصْبَحَتْ امْرَأَةً قَوِيَّةً وَمُسْتَقِلَّةً مُعَلِّقَةً كُلَّ آمَالِهَا وَأَحْلَامِهَا عَلَى نَفْسِهَا فَقَطْ دُونَ أَيِّ أَحَدٍ آخَرَ.

Summary of the story

Since she was young, Selma has gone through many difficulties: her mother's death, her stepmother's oppression, and her father's negligence. Those things made her fearful and shy. She thought that her marriage would save her from her sad life. However, her husband let her down, and her life became more miserable. Then, by chance, she met her old friend, Sahar. Sahar helped her improve her life. Now Salma is a strong independent woman and relies only on herself to achieve her hopes and dreams.

Vocabulary

the difficulties	الصِّعَابِ
hospital	المُسْتَشفَى
(he) cares about	يَأْبَهُ
decease	وَفَاةِ
hard-working	مُجْتَهِدَةٍ
cheerful	بَشُوشَةٍ
introverted	مُنْطَوِيَةٍ
her failure	رُسُوبِهَا
will replace	سَتُعَوِّضُ
falling into deep sleep	تَغُطُّ فِي نَوْمٍ عَمِيقٍ
grew up prematurely	كَبُرَتْ قَبْلَ أَوَانِهَا
disastrous	وَخِيمًا
in vain	بِلَا جَدْوَى
strictly	بِصَرَامَةٍ
[as a] justification	[كَ]مُبَرِّرٍ
miserable	المُزْرِيَةِ
knight	الفَارِسَ
the taunting	التَّعْنِيفِ
the betrayal / the infidelity	الخِيَانَةِ
certain	مُتَيَقِّنٌ

house / shelter	مَأْوًى
the revolt / the disobedience	التَّمَرُّدِ
peaceful	مُسَالِمَةً
nothing lasts forever	دَوَامَ الْحَالِ مِنَ الْمُحَالِ
[so] (she) glimpsed	[فَ]لَمَحَتْ
to suffer	تُعَانِي
the arrogant	الْمُتَعَجْرِفَةِ
I got excited	جَرَفَتْنِي الْحَمَاسَةُ
full of	مُفْعَمَةً
regretful	نَادِمَةٌ
supporter	سَنَدًا
I intend to	أَنْوِي
humiliation	الذُّلِّ
disappointment	الِانْكِسَارِ
can	يَقْدِرُ
obstacle	عَقَبَةً
divorce	الطَّلَاقَ
equipment	الْمُسْتَلْزَمَاتِ
[to] sew up	[لِ]إِخِيَاطَةِ
Skillful	مَاهِرَةً
she did her best	بَذَلَتْ كُلَّ جُهْدِهَا

fashionable	الأنَاقَة
scrutinize/examine very closely	دَقَّق
fashion designers	مُصَمِّمِي الْأَزْيَاءِ
unique	فَرِيدَةٌ
independent	مُسْتَقِلَّةً
impossible	الْمُحَالِ

Questions about the story

1. كَمْ كَانَتْ سَلْمَى تَبْلُغُ مِنَ العُمُر عِنْدَمَا تَوَفَّتْ وَالِدَتُهَا؟

أ- خَمْسُ سَنَوَاتٍ

ب- سَبْعُ سَنَوَاتٍ

ج- عَشْرُ سَنَوَاتٍ

د- ثَلَاثُ سَنَوَاتٍ

ه- سِتُّ سَنَوَاتٍ

2. عَلَى مَنْ كَانَتْ سَلْمَى تُعَلِّقُ كُلَّ آمَالِهَا وَتَعْتَقِدُ بِأَنَّهُ سَيُحَقِّقُ لَهَا كُلَّ أَحْلَامِهَا الوَرْدِيَّة؟

أ- أَبِيهَا

ب- زَوْجَةِ أَبِيهَا

ج- زَوْجِهَا

د- صَدِيقَتِهَا سَحَرْ

3. مَنْ سَاعَدَ سَلْمَى عَلَى تَغْيِيرِ حَيَاتِهَا إلى الأَفْضَل؟

أ- وَالِدُ سَلْمَى

ب- زَوْجَةُ أَبِيهَا

ج- زَوْجُهَا

د- صَدِيقَتُهَا سَحَرْ

ه- أُمُّهَا

4. مَا الذِي كَانَتْ تَحْتَاجُ إِلَيْه سَلْمَى لِتَغْيِير حَيَاتِهَا نَحْوَ الأفْضَل؟

أ- الدّعمُ والثِّقَة

ب- زوجها

ج- الكَثِير مِن المَال

د- الحظّ

ه- أمها

5. مَاذَا أَصْبَحَتْ سَلْمَى فِي نِهَايَةِ القِصَّةِ؟

أ- صَانِعَةَ حَلَوِيَّاتٍ
ب- مُدِيرَةَ مَحَلٍّ مَشْهُورٍ
ج- مُصَمِّمَةَ أَزْيَاءٍ
د- مُعَلِّمَةً
ه- تَاجِرَةً

Answers

1. Seven years   ب- سبع سنوات

2. Her husband   ج- زوجها

3. Her friend Sahar   د- صديقتها سحر

4. Trust and support   أ- الدّعم والثّقة

5. Fashion designer   ج- مصممة أزياء

Chapter 2

مَاذا عَنْكِ؟
WHAT ABOUT YOU?

عَاشَتْ عَلْيَاءُ فِي مَدِينَةٍ كَبِيرَةٍ تَمْلَؤُهَا **نَاطِحَاتُ السَّحَابِ** وَالْمَرَاكِزُ التِّجَارِيَّةِ وَ**الصَّخَبُ**، وَكَانَتِ السَّيَّارَاتُ **تَتَكَدَّسُ** فِي طُرُقَاتِ هَذِهِ الْمَدِينَةِ الْكَبِيرَةِ عَلَى الدَّوَامِ.

دائِمًا مَا كَانَتْ عَلْيَاءُ **نَمُوذَجًا** لِلطَّالِبَةِ الْمُجْتَهِدَةِ وَالْمِثَالِيَّةِ الَّتِي مَا انْفَكَّتْ **تُحْرِزُ** التَّقَدُّمَ وَالنَّجَاحَ فِي مَدْرَسَتِهَا، سَوَاءً أَكَانَ ذَلِكَ مُرْتَبِطًا بِإِنْجَازَاتِهَا الْعِلْمِيَّةِ، أَوْ بِزُمَلَائِهَا وَمُعَلِّمِيهَا، حَتَّى غَدَتْ نَمُوذَجًا **يُحْتَذَى** بِهِ مِنْ قِبَلِ الْجَمِيعِ. لَقَدْ أَكْسَبَتْهَا ثِقَتُهَا الزَّائِدَةُ بِذَاتِهَا **الْقُوَّةَ** وَ**الثَّبَاتَ** وَالْقُدْرَةَ عَلَى تَحْقِيقِ أَحْلَامِهَا، حَيْثُ كَانَتْ فَتَاةً طَمُوحَةً تَسْعَى دَوْمًا إِلَى تَحْقِيقِ الْمَزِيدِ مِنَ التَّفَوُّقِ وَ**النُّبُوغِ**، مَا أَثَارَ فَخْرَ وَالِدَيْهَا بِهَا وَزَادَهُ يَوْمًا بَعْدَ يَوْمٍ.

لَقَدْ كَانَتْ عَلْيَاءُ فَخُورَةً بِنَفْسِهَا وَرَاضِيَةً عَنْهَا، حَيْثُ كَانَتْ **مُقْتَنِعَةً** تَمَامَ الِاقْتِنَاعِ أَنَّ نَظْرَتَهَا لِلْمَرْءِ لَنْ تخيبَ يَوْمًا. لَقَدْ كَانَتْ تَظُنُّ أَنَّهَا لَوْ رَأَتْ شَخْصًا مِمَّنْ يَعِيشُونَ فِي هَذِهِ الْمَدِينَةِ الْكَبِيرَةِ سَتَسْتَطِيعُ الْحُكْمَ عَلَيْهِ بِشَكْلٍ دَقِيقٍ فَقَطْ مِنْ خِلَالِ النَّظَرِ إِلَى مَظْهَرِهِ الْخَارِجِيِّ وَثِيَابِهِ وَ**التَّدْقِيقِ** فِيهِ لِبَعْضِ الْوَقْتِ لَوْ لَزِمَ الْأَمْرُ، لَكِنَّهَا لَمْ تَتَوَقَّعْ قَطُّ أَنَّ **حَدَثًا عَابِرًا** سَيُغَيِّرُ نَظْرَتَهَا إِلَى هَذَا الْعَالَمِ تَمَامًا.

كَانَتْ عَلْيَاءُ فِي طَرِيقِهَا إِلَى الْمَنْزِلِ كَعَادَتِهَا، فَذَهَبَتْ إِلَى مَحَطَّةِ الْقِطَارَاتِ، وَ**اسْتَقَلَّتْ** قِطَارًا لِكَيْ يَقُودَهَا إِلَى وِجْهَتِهَا. عِنْدَمَا رَكِبَتْ الْقِطَارَ، جَلَسَتْ فِي مَقْعَدِهَا وَبَدَأَتْ تَتَأَمَّلُ النَّاسَ مِنْ حَوْلِهَا فِي نَفْسِ الْمَقْصُورَةِ. كَانَ أَوَّلُ شَخْصٍ لَمَحَتْهُ عَيْنَاهَا سَيِّدَةً ثَلَاثِينِيَّةً تَحْمِلُ فِي يَدَيْهَا أَكْيَاسًا. ظَنَّتْ عَلْيَاءُ أَنَّ هَذِهِ مُجَرَّدُ سَيِّدَةٍ مُهْمِلَةٍ وَغَيْرَ مُرَتَّبَةٍ، تَعِيشُ حَيَاتَهَا **بِفَوْضَوِيَّةٍ** نَظَرًا لِمَظْهَرِهَا وَ**مَلَابِسِهَا الرَّثَّةِ**، كَمَا لَوْ أَنَّهَا نَهَضَتْ مِنَ الْفِرَاشِ تَوًّا! وَبَعْدَ ذَلِكَ، اتَّجَهَتْ أَنْظَارُ الْفَتَاةِ إِلَى شَابٍّ فِي **مُقْتَبَلِ الْعُمْرِ**، وَاعْتَقَدَتْ عَلَى الْفَوْرِ أَنَّ هَذَا الْفَتَى غَيْرُ مُتَعَلِّمٍ، وَأَنَّهُ لَا يَمْلِكُ أَيَّةَ طُمُوحَاتٍ وَإِنْجَازَاتٍ. بَلْ وَقَدْ نَسَجَتْ فِي رَأْسِهَا قِصَّةً كَامِلَةً عَنْ حَيَاتِهِ، حَيْثُ كَانَ فِي هَذِهِ الْقِصَّةِ يَلْعَبُ دَوْرَ الِابْنِ **الْمُسْتَهْتِرِ** غَيْرِ الْمُبَالِي لِنَصَائِحِ وَالِدَيْهِ وَالْمُتَعَرِّضِ **لِتَوْبِيخِهِمَا** الدَّائِمِ عَلَى أَفْعَالِهِ، فَقَدْ رَأَتْهُ وَكَأَنَّهُ غَيْرُ مُهَذَّبٍ وَ**فَظٌّ** بَعْضَ الشَّيْءِ.

بَعْدَ ذَلِكَ، وَقَعَتْ عَيْنَاهَا عَلَى رَجُلٍ سِتِّينِيٍّ، وَاعْتَقَدَتْ أَنَّهُ شَخْصٌ سَرِيعُ الْغَضَبِ وَقَاسِيَ الْقَلْبِ وَصَعْبَ التَّعَامُلِ، إِذْ كَانَتْ نَظَرَاتُ عَيْنَيْهِ مَلِيئَةً **بِالْحَزْمِ** وَالْجِدِّيَّةِ. وَجَدَتْ عَلْيَاءُ نَفْسَهَا فِي تِلْكَ اللَّحَظَاتِ بَارِعَةً حَقًّا فِي تَحْلِيلِ شَخْصِيَّاتِ الْآخَرِينَ مِنْ حَوْلِهَا، وَكَانَتْ أَيْضًا عَلَى **يَقِينٍ** تَامٍّ مِنِ اسْتِنْتَاجَاتِهَا **الْعَبْقَرِيَّةِ**! كَانَ ذَلِكَ مَا اعْتَقَدَتْهُ فِي بَادِئِ الْأَمْرِ، وَلَمْ تَتَوَقَّعْ أَنَّ الشَّيْءَ الْوَحِيدَ الَّذِي قَدْ يَقْطَعُ حَبْلَ أَفْكَارِهَا وَيَجْعَلُهَا تَتَوَقَّفُ عَنِ التَّفْكِيرِ تَمَامًا هُوَ سَمَاعُهَا صَوْتَ اصْطِدَامِ **الْمَقْصُورَةِ** بِشَيْءٍ مَا!

تَعَالَتْ بَعْدَ الِاصْطِدَامِ أَصْوَاتُ صَرَخَاتِ الرَّاكِبِينَ الَّذِينَ **بَدَا الذُّعْرُ** مُسَيْطِرًا عَلَيْهِمْ.

"أَهَذِهِ هِيَ النِّهَايَةُ حَقًّا؟ أَسَوْفَ أَمُوتُ فِي هَذَا الْقِطَارِ؟" **تَرَدَّدَتْ** أَسْئِلَةٌ كَثِيرَةٌ فِي ذِهْنِ عَلْيَاءَ وَهِيَ تَبْكِي فِي **ذُعْرٍ** وَ**خَوْفٍ** شَدِيدَيْنِ، حَتَّى أَنَّهَا لَمْ تَلْحَظْ أَنَّ جُزْءًا كَبِيرًا مِنْ **حُطَامِ** الْقِطَارِ كَادَ يَسْقُطُ عَلَيْهَا دُونَ أَنْ تَشْعُرَ، لَكِنْ فِي وَمْضَةِ عَيْنٍ، أَمْسَكَ بِهَا

ذاكَ الرَّجُلُ السِّتِّينِيُّ الَّذِي ظَنَّتْهُ قاسِي الْقَلْبِ، وَأَخْفَضَ رَأْسَهَا لِلْأَسْفَلِ **خشْيَةً** مِنْ وُقُوعِ بَعْضٍ مِنْ أَمْتِعَةِ الرُّكَّابِ عَلَى رَأْسِهَا.

حَاوَلَ ذَاكَ الرَّجُلُ التَّخْفِيفَ مِنْ رَوْعِ بَقِيَّةِ الرُّكَابِ وَذُعْرِهِمْ، وَطَلَبَ مِنْهُمُ الْهُدُوءَ وَلُزُومَ الصَّمْتِ إِلَى حِينِ وُصُولِ **النَّجْدَةِ**. اقْتَرَحَ الرَّجُلُ أَنْ يَتَحَدَّثَ كُلُّ وَاحِدٍ عَنْ نَفْسِهِ قَلِيلًا.

لَقَدْ كَانَ **يَرْمِي** فِي تِلْكَ الْأَثْنَاءِ **إِلَى** إِشْغَالِ الرُّكَّابِ بِأَيَّةِ طَرِيقَةٍ حَتَّى **يُقَلِّلَ** مِنْ ذُعْرِهِمْ.

بَدَأَ الرَّجُلُ بِالْكَلَامِ وَقَالَ: "أَنَا شُرْطِيٌّ سَابِقٌ. أَعِيشُ وَحْدِي، وَأُدِيرُ **جَمْعِيَّةً خَيْرِيَّةً** صَغِيرَةً لِمُسَاعَدَةِ الْفُقَرَاءِ."

قَالَ الشَّابُّ الَّذِي هُوَ فِي مُقْتَبَلِ الْعُمرِ: "أَنَا طَالِبٌ جَامِعِيٌّ. أُقِيمُ بِمُفْرَدِي فِي هَذِهِ الْمَدِينَةِ. تَلَقَّيْتُ **مِنْحَةً دِرَاسِيَّةً** لِلسَّفَرِ وَالدِّرَاسَةِ فِي جَامِعَةٍ كَبِيرَةٍ هُنَا، بَيْنَمَا يَعِيشُ وَالِدَايَ وَأَخِي الصَّغِيرُ فِي بَلَدٍ آخَرَ."

قَالَتِ السَّيِّدَةُ الَّتِي بَدَتْ غَيْرَ مُرَتَّبَةِ الْمَنْظَرِ: "أَنَا أُمٌّ لِثَلَاثَةِ أَطْفَالٍ صِغَارٍ. أَذْهَبُ لِلْعَمَلِ كُلَّ يَوْمٍ **مُبَكِّرًا**، ثُمَّ أَعُودُ إِلَيْهِمْ لَيْلًا." نَظَرَ الْجَمِيعُ إِلَى عَلْيَاءَ، وَقَالَتْ لَهَا السَّيِّدَةُ بِطِيبَةٍ: "مَاذَا عَنْكِ؟"

أَجَابَتْ عَلْيَاءُ **مُتَرَدِّدَةً**: "أَنَا... أَنَا فَقَطْ عَلْيَاءُ"، ثُمَّ **الْتَزَمَتِ الصَّمْتَ** فِي خَجَلٍ، فَقَدْ جَعَلَهَا هَذَا السُّؤَالُ تُفَكِّرُ بِطَرِيقَةٍ لَمْ تُفَكِّرْ بِهَا قَبْلًا.

مَرَّتْ دَقَائِقُ مَعْدُودَاتٌ عَلَى الرُّكَّابِ وَكَأَنَّهَا أَعْوَامٌ طَوِيلَةٌ، فَقَدْ تَمَنَّوْا أَنْ تَأْتِيَهُمُ الْمُسَاعَدَةُ فِي أَسْرَعِ مَا يُمْكِنُ، حَتَّى سَمِعُوا صَوْتَ سَيَّارَاتِ الشُّرْطَةِ وَالْإِسْعَافِ **عَلَى مَقْرُبَةٍ مِنْهُمْ**. وَبَدَأَ رِجَالُ الْإِنْقَاذِ يُخْرِجُونَ النَّاسَ مِنْ تَحْتِ **الْأَنْقَاضِ** وَاحِدًا تِلْوَ الْآخَرِ، حَتَّى خَرَجُوا جَمِيعًا.

غَيَّرَ هَذَا الْحَادِثُ حَيَاةَ عَلْيَاءَ **تَغْيِيرًا جِذْرِيًّا**؛ فَقَدْ أَصْبَحَتْ تَعْلَمُ جَيِّدًا أَنَّ الْحَقِيقَةَ **تَكْمُنُ** فِي **الْجَوْهَرِ**. فَقِطْعَةُ الْفَحْمِ السَّوْدَاءُ قَدْ تَكُونُ **أَلْمَاسًا** فِي النِّهَايَةِ.

مُلَخَّصُ الْقِصَّةِ

عَلْيَاءُ فَتَاةٌ مُجْتَهِدَةٌ وَمُتَفَوِّقَةٌ يَفْتَخِرُ بِهَا وَالِدَاهَا وَكُلُّ مَنْ حَوْلَهَا. تَحَوَّلَ الْفَخْرُ الدَّائِمُ بِهَا

وَالْإِطْرَاءُ الْمُفْرِطُ لَهَا إِلَى نَوْعٍ مِنَ الْغُرُورِ وَظَنَّتْ أَنَّ لَهَا نَظْرَةً ثَاقِبَةً تَسْتَطِيعُ بِهَا تَمْيِيزَ

جَمِيعِ النَّاسِ مِنْ خِلَالِ مَظْهَرِهِمْ، حَتَّى تَعَرَّضَتْ لِحَادِثِ قِطَارٍ غَيَّرَ نَظْرَتَهَا وَفِكْرَتَهَا تَمَامًا

عَنْ طَرِيقَةِ الْحُكْمِ عَلَى الْآخَرِينَ.

Summary of the story

Alia is a hard-working girl. Everyone around her is proud of her and speaks highly of her, too. However, this pride has turned into arrogance, and Alia started to feel entitled to judge people based on their appearances only. One day, a train accident takes place, and Alia realizes that she should change the way she judges people.

Vocabulary

skyscrapers	نَاطِحَاتُ السَّحَابِ
the noise	الصَّخَبُ
crowding / piling up	تَتَكَدَّسُ
a model	نَمُوذَجًا
(she) achieves	تُحْرِزُ
to learn from	يُحْتَذَى
strength	القُوَّةَ
persistence	الثَّبَات
ingenuity	النُّبُوغِ
convinced	مُقْتَنِعَةً
audit	التَّدْقِيقِ
transient event	حَدَثًا عَابِرًا
took (a train)	اسْتَقَلَّتْ (قِطَارًا)
[in an] unorganized [way]	[بِ]فَوْضَوِيَّةٍ
her rags	مَلَابِسِهَا الرَّثَّةِ
young	مُقْتَبَلِ الْعُمُرِ
the irresponsible	الْمُسْتَهْتِرِ
[of] their reprimand	[لِ]تَوْبِيخِهِمَا
impolite	فَظٌّ
[in] firmness	[بِ]الْحَزْمِ

certain	يَقِينٍ
the genius	الْعَبْقَرِيَّةِ
cabin	الْمَقْصُورَةِ
to rise	تَعَالَتْ
appeared	بَدَا
terror	الذُّعْرُ
To flow in	تَرَدَّدَتْ
fear	خَوْفٍ
ruins	حُطَامِ
in fear of	خشْيَةً
the rescue team	النَّجْدَةِ
(he) aims to	يَرْمِي إِلَى
to decrease	يُقَلِّلَ
charity	جَمْعِيَّةً خَيرِيَّةً
scholarship	مِنْحَةً دِرَاسِيَّةً
early	مُبَكِّرًا
hesitant	مُتَرَدِّدَةً
to remain silent	الْتَزَمْتِ الصَّمْتَ
near / in the vicinity	عَلَى مَقْرُبَةٍ مِنْهُمْ
the debris	الْأَنْقَاضِ
change	تَغْيِيرًا

radical	جِذْرِيًّا
to lie in	تَكْمُنُ
the essence	الْجَوْهَرِ
diamonds	أَلْمَاسًا

Questions about the story

1. لِمَاذَا كَانَ النَّاسُ يَفْخَرُونَ بِعَلْيَاءَ؟

أ- لِتَفَوُّقِهَا فِي الدِّرَاسَةِ
ب-لِتَفَوُّقِهَا فِي العَمَلِ
ت-لِمُسَاعَدَتِهَا الآخَرِينَ
ث-لِطَاعَتِهَا لِوَالِدَيْهَا

2. مَا وَسِيلَةُ المُوَاصَلاَتِ التي اسْتَقَلَّتْهَا عَلْيَاءُ؟

أ- القِطَار
ب-السَّيَّارَةُ
ت-عَرَبَةٌ تَجُرُّهَا خُيُولٌ
ث-الدَّرَّاجَةُ الهَوَائِيَّةُ

3. مَاهِيَ نَظْرَةُ عَلْيَاءَ الأُولَى لِلسَّيِّدَة الثَّلاَثِينِيَّةِ؟

أ- نَظْرَةُ حُبٍّ وَعَطْفٍ
ب-نَظْرَةُ فَخْرٍ وَإعْجَابٍ
ت-نَظْرَةُ اسْتِيَاءٍ مِنْ مَظْهَرِهَا
ث-نَظْرَةُ سَعَادَةٍ بَالِغَةٍ

4. مَنْ الذِي حَاوَلَ تَهْدِئَةَ الرُّكَّابِ؟

أ- سَائِقُ القِطَار
ب-الرَّجُل السِّتِّينِيُّ
ت-الشَّابُّ
ث-المَرْأَةُ

5. مَا المَغْزَى مِنْ هَذِهِالقِصَّة؟

أ- عَدَمُ الحُكْمِ عَلَى الأَشْخَاصِ مِنْ المَظْهَرِ فَقَط
ب-مَظْهَرُ الإنْسَانِ أَهَمُّ مِنْ جَوْهَرِهِ
ت-حُبُّ الذَّاتِ لحَدِّ الغُرُور
ث-البُعْدُ عَنْ أصْدِقَاء السُّوء

Answers

1. Her hard work at school   أ- لتفوقها في الدراسة

2. The train   أ- القطار

3. A dissatisfied look   ت- نظرة استياء من مظهرها

4. The man in his sixties   ب- الرجل الستيني

5. Do not judge people by their appearance   أ- عدم الحكم على الأشخاص من المظهر فقط

Chapter 3

مِلْيُونِيرٌ مُسْتَقْبَلِيٌّ
A POTENTIAL MILLIONAIRE

كَانَ عُمَرُ **يَعْمَلُ** مُحَاسِبًا فِي إِحْدَى الشَّرِكَاتِ، وَكَانَ مِنَ الصَّعْبِ عَلَى **الْمَرْءِ** وَقْتَهَا أَنْ يَرْعَى عَائِلَةً مُكَوَّنَةً مِنْ خَمْسَةِ أَفْرَادٍ.

فِي أَحَدِ الْأَيَّامِ، نَادَاهُ مُدِيرُهُ، وَقَدْ كَانَ شَخْصًا غَيْرَ **لَطِيفٍ**، فَاسْتَوْلَى **الْخَوْفُ** عَلَى عُمَرَ، حَيْثُ أَنَّهُ تَوَقَّعَ أَنَّ **الْمُدِيرَ** قَدْ اتَّصلَ **بِالشُّرْطَةِ**، لَكِنَّهُ لَمْ يَفْعَلْ. وَلِأَوَّلِ مَرَّةٍ مُنْذُ سَبْعِ سَنَوَاتٍ، بَدَا مُدِيرُهُ لَطِيفًا **مُبْتَسِمًا.**

"تَفَضَّلْ وَاجْلِسْ يَا سَيِّدْ عُمَرْ."

جَلَسَ عُمَرُ عَلَى **الْكُرْسِيِّ** الْمُقَابِلِ لِمُدِيرِهِ.

"يَا سَيِّدْ عُمَرْ، قَدَّمْتُ إِلَيْكَ الْمُسَاعَدَاتِ قَدْرَ اسْتِطَاعَتِي لِمُدَّةِ سَبْعِ سَنَوَاتٍ. سَبْعُ سَنَوَاتٍ وَأَنْتَ وَأَوْلَادُكَ وَعَائِلَتُكَ تَأْكُلُونَ مِنْ خَيْرِي. دَخَلْتَ إِلَى مُؤَسَّسَتِي بِرَاتِبِ أَرْبَعِينَ لِيرَةً، فَرَفَعْتُ رَاتِبَكَ إِلَى تِسْعِينَ لِيرَةً. مَاذَا أَفْعَلُ لَكَ أَكْثَرَ مِنْ ذَلِكَ؟ كَيْفَ تَفْعَلُ بِي هَذَا؟ هَلْ أَسْتَحِقُّ مِنْكَ هَذَا التَّصَرُّفَ؟"

تَوَسَّمَ السَّيِّدُ عُمَرُ اللِّينَ مِنْ حَدِيثِ مُدِيرِهِ، وَتَوَقَّعَ أَنْ **يَصْفَحَ** عَنْهُ هَذِهِ الْمَرَّةَ لِأَنَّهُ سَرَقَ مِنَ الشَّرِكَةِ. كَانَتْ عَيْنَا عُمَرَ **مُثَبَّتَتَيْنِ عَلَى** حِذَائِهِ الْمُمَزَّقِ وَهُوَ جَالِسٌ عَلَى الْكُرْسِيِّ.

"الْحَقُّ مَعَكَ يَا سَيِّدِي. لَقَدْ فَعَلْتُ أَمْرًا سَيِّئًا. لَقَدْ كُنْتُ أَمُرُّ **بِضَائِقَةٍ مَالِيَّةٍ** شَدِيدَةٍ، وَأَخَذْتُ عِشْرِينَ لِيرَةً مِنَ الصُّنْدُوقِ، وَكُنْتُ أَنْوِي إِعَادَتَهَا فِي أَقْرَبِ **فُرْصَةٍ** مُمْكِنَةٍ. أَرْجُو أَنْ **تَخْصِمَهَا** مِنْ رَاتِبِ الشَّهْرِ الْقَادِمِ يَا سَيِّدِي."

عَبَسَ الْمُدِيرُ وَصَاحَ قَائِلًا: "أَبَدًا! أَنَا لَا أَسْتَطِيعُ ذَلِكَ. لَنْ أَثِقَ بِكَ مُجَدَّدًا. هَذَا غَيْرُ مُمْكِنٍ. لَا أَسْتَطِيعُ أَنْ أُغْمِضَ عَيْنَيَّ عَنْكَ يَا سَيِّدْ عُمَر."

نَالَ السَّيِّدُ عُمَرُ **جَزَاءَهُ** بِالْفِعْلِ، وَ**نَامَ** فِي **السِّجْنِ** عَامًا كَامِلًا لِأَنَّهُ خَانَ الْأَمَانَةَ. أَمَّا عَائِلَتُهُ، فَقَدْ عَاشَتْ عَلَى حِيَاكَةِ الْجَوَارِبِ الَّتِي تَأْخُذُهَا مِنَ الْمَعَامِلِ. وَبَعْدَ أَنْ خَرَجَ السَّيِّدُ عُمَرُ مِنَ السِّجْنِ، وَجَدَ أَدَاةَ حِيَاكَةٍ قَدِيمَةٍ. وَبَعْدَ **فَتْرَةٍ** قَصِيرَةٍ، أَصْبَحَ يَمْلِكُ **زَوْجَيْنِ** مِنَ الْمَاكِينَاتِ، ثُمَّ ثَلَاثَةً، ثُمَّ أَسَّسَ مَرْكَزًا لِلْحِيَاكَةِ بَدَأَ بِالْعَمَلِ فِيهِ هُوَ وَزَوْجَتُهُ وَأَوْلَادُهُ، ثُمَّ تَطَوَّرَ عَمَلُهُ لِدَرَجَةٍ كَبِيرَةٍ، حَيْثُ أَشَادَ مَجْمَعًا لِلْحِيَاكَةِ يَتَكَوَّنُ مِنْ عَشَرَةِ مَرَاكِزَ، وَكَانَ يَعْمَلُ تَحْتَ إِمْرَتِهِ أَكْثَرُ مِنْ مِئَةٍ وَأَرْبَعِينَ عَامِلًا.

فِي **صَبَاحِ** أَحَدِ **الْأَيَّامِ**، عِنْدَمَا بَدَأَ الْمُوَظَّفُونَ بِالتَّوَافُدِ إِلَى أَمَاكِنِهِمْ، وَجَدُوا صُنْدُوقَ الْخَزِينَةِ فِي قِسْمِ الْإِدَارَةِ الْمَالِيَّةِ مَفْتُوحًا، وَالْمَالُ فِي دَاخِلِهِ. فَاسْتَغْرَبَ الْمُوَظَّفُونَ وَاتَّصَلُوا بِالسَّيِّدِ عُمَرَ فَوْرًا.

كَانَ السَّيِّدُ عُمَرُ لَا يَزَالُ نَائِمًا فِي بَيْتِهِ حِينَ أَتَاهُ الِاتِّصَالُ. قَفَزَ مِنْ نَوْمِهِ هَرِعًا، وَقَامَ إِلَى مَقَرِّ الْمَجْمَعِ، ثُمَّ اسْتَدْعَى الْمُحَاسِبَ وَالشُّرْطَةَ.

بَدَأَتِ الشُّرْطَةُ بِالتَّحْقِيقِ فِي الْمَوْضُوعِ، وَقَدَّمَ الْمُحَاسِبُ **تَقْرِيرًا** كَامِلًا عَنْ حَادِثَةِ السَّرِقَةِ. فَالْمَبْلَغُ الْمَوْجُودُ فِي الصُّنْدُوقِ يُقَدَّرُ بِمِئَةٍ وَسِتِّينَ أَلْفَ لِيرَةٍ. عِنْدَمَا عَدَّهُ الْمُحَاسِبُ وَجَدَهُ نَاقِصًا ثَلَاثَمِائَةِ لِيرَةٍ. أَمَّا بَاقِي الْمَبْلَغِ وَالسَّنَدَاتِ وَالتَّحْوِيلَاتِ فَكَانَتْ فِي مَكَانِهَا.

لَمْ تَجِدِ الشُّرطَةُ أَثَرًا يَدُلُّ عَلَى الفَاعِلِ.

جَاءَ الْمُفَتِّشُ الْمُكَلَّفُ بِالتَّحْقِيقِ فِي الْحَادِثَةِ إِلَى السَّيِّدِ عُمَرَ مَسَاءً وَقَالَ لَهُ: "لَمْ نَسْتَطِعْ إِيجَادَ **السَّارِقِ**، لَكِنَّنِي أَشُكُّ فِي **الْحَارِسِ**..."

قَاطَعَهُ السَّيِّدُ عُمَرُ قَائِلًا: "الْحَارِسُ لَا يَسْرِقُ، فَهُوَ **عَازِبٌ** وَيَنَامُ دَائِمًا فِي الْعَمَلِ، وَحَاجَتُهُ لِلْمَالِ قَلِيلَةٌ."

"إِذَا كَانَ الْأَمْرُ كَمَا تَقُولُ، فَقَدْ يَكُونُ الْمُحَاسِبُ هُوَ السَّارِقُ."

"لَا، غَيْرُ مُمْكِنٍ. فَأَنَا أُعْطِيهِ رَاتِبًا شَهْرِيًّا قَدْرُهُ أَرْبَعُمِائَةِ لِيرَةٍ. فَلِمَاذَا قَدْ يَسْرِقُ مِقْدَارًا أَنَا أُعْطِيهِ أَكْثَرَ مِنْهُ؟"

"قَدْ يَكُونُ الْعَامِلُ هُوَ مَنْ سَرَقَ، رُبَّمَا..."

"لَا، إِذَا كَانَ الْعَامِلُ، فَلِمَاذَا يَسْرِقُ ثَلَاثَمِائَةِ لِيرَةٍ فَقَطْ؟ بَلْ يَسْرِقُ الْخَزِينَةَ بِأَكْمَلِهَا."

جَلَسَ الْمُفَتِّشُ يُعَدِّدُ أَصْحَابَ السَّوَابِقِ **وَاحِدًا تِلْوَ الْآخَرِ** وَكَانَ السَّيِّدُ عُمَرُ يُدَافِعُ عَنْهُمْ، وَيَجِدُ **الْمُبَرِّرَ** لَهُمْ فِي كُلِّ مَرَّةٍ، حَتَّى سَأَلَهُ الْمُفَتِّشُ: "بِمَنْ تَشُكُّ يَا سَيِّدِي؟"

فَكَّرَ السَّيِّدُ عُمَرُ لِلَحَظَاتٍ ثُمَّ قَالَ: "لَقَدْ وَجَدْتُهُ! أَجَلْ! لَقَدْ وَجَدْتُ السَّارِقَ. بِالتَّأْكِيدِ هُوَ مَنْ قَامَ بِهَذَا."

"مَنْ هُوَ الَّذِي تَشْتَبِهُ بِهِ يَا سَيِّدِي؟"

"الْكَاتِبُ زَكِي."

"لَكِنْ يَا سَيِّدِي، أَنَا **حَقَّقْتُ** مَعَ الْجَمِيعِ، وَكُلُّهُمْ قَالُوا إِنَّ الْكَاتِبَ زَكِي مُوَظَّفٌ **مُهَذَّبٌ** وَخَلُوقٌ وَيَعْمَلُ بِهِمَّةٍ عَالِيَةٍ."

"لَا، بَلْ هُوَ السَّارِقُ. إِنَّنِي أَشُكُّ فِيهِ."

سَألَ الْمُفَتِّشُ عَنْ سَبَبِ هَذَا الشَّكِّ مِنَ السَّيِّدِ عُمَرَ. فَأَجَابَ السَّيِّدُ عُمَرُ: "عِنْدِي دَلِيلٌ **قَوِيٌّ**، بَلْ قَوِيٌّ جِدًّا. إِنَّ هَذَا الرَّجُلَ يَعْمَلُ يَوْمِيًّا مَا يَزِيدُ عَنْ عَشْرِ سَاعَاتٍ، وَيَتْعَبُ مِنْ شِدَّةِ الْعَمَلِ، ثُمَّ بَعْدَ كُلِّ هَذَا الْعَمَلِ **الْمُرْهِقِ**، يَقْبِضُ فِي نِهَايَةِ الشَّهْرِ مِئَةَ لِيرَةٍ، وَهُوَ يُعِيلُ أُمَّهُ وَزَوْجَتَهُ وَأَطْفَالَهُ الْأَرْبَعَةَ. فَهَلْ يَسْتَطِيعُ أَنْ يُعِيلَهُمْ جَمِيعَهُمْ بِمِئَةِ لِيرَةٍ فَقَطْ؟ إِنْ لَمْ يَسْرِقْ هَذَا الرَّجُلُ، فَمَاذَا سَيَفْعَلُ؟ كَيْفَ سَيُدَبِّرُ قُوتَ عَائِلَتِهِ؟"

"لَكِنْ..."

"لَا. إِنَّ **شُبْهَتِي** تَتَأَكَّدُ تُجَاهَهُ. كَيْفَ سَيُدَبِّرُ إِيجَارَ **الْمَنْزِلِ** وَالطَّرِيقِ وَاللِّبَاسِ؟ هَلْ تَكْفِي مِئَةُ لِيرَةٍ؟ هُوَ السَّارِقُ بِكُلِّ تَأْكِيدٍ."

كَانَ الْمُفَتِّشُ يُدَافِعُ عَنِ الْكَاتِبِ زَكِي، لَكِنَّ السَّيِّدَ عُمَرَ كَانَ يُؤَكِّدُ فِي كُلِّ مَرَّةٍ عَلَى أَنَّهُ هُوَ السَّارِقُ، حَتَّى أَرْسَلَ السَّيِّدُ عُمَرُ إِلَى الْكَاتِبِ يَسْتَدْعِيهِ. دَخَلَ الْكَاتِبُ زَكِي إِلَى **الْمَكْتَبِ** وَهُوَ بِحَالَةٍ **مُزْرِيَةٍ**.

"تَفَضَّلْ يَا سَيِّدَ زَكِي."

تَقَوْقَعَ الشَّابُّ زَكِي عَلَى الْكُرْسِيِّ وَجَلَسَ بِوَجْهِهِ **الْأَصْفَرِ** وَعَيْنَيْهِ الْبَاهِتَتَيْنِ، ثُمَّ اسْتَرْسَلَ السَّيِّدُ عُمَرُ: "يَا سَيِّدَ زَكِي، قَدَّمْتُ إِلَيْكَ الْمُسَاعَدَاتِ قَدْرَ اسْتِطَاعَتِي لِمُدَّةِ خَمْسِ سَنَوَاتٍ. خَمْسُ سَنَوَاتٍ وَأَنْتَ وَأَوْلَادُكَ وَعَائِلَتُكَ تَأْكُلُونَ مِنْ خَيْرِي. دَخَلْتَ إِلَى **مُؤَسَّسَتِي** بِرَاتِبِ خَمْسِينَ لِيرَةً، فَرَفَعْتُ رَاتِبَكَ إِلَى مِئَةِ لِيرَةٍ. مَاذَا أَفْعَلُ لَكَ أَكْثَرَ مِنْ ذَلِكَ؟ كَيْفَ تَفْعَلُ بِي هَذَا؟ هَلْ **أَسْتَحِقُّ** مِنْكَ هَذَا **التَّصَرُّفَ**؟ أَلَمْ تَشْعُرْ **بِتَأْنِيبِ الضَّمِيرِ**؟"

امْتَلَأَتْ عَيْنَا السَّيِّدِ زَكِي بِالدُّمُوعِ وَانْهَالَ بِالْبُكَاءِ، فَقَالَ: "الْحَقُّ مَعَكُمْ يَا سَيِّدِي. لَقَدْ فَعَلْتُ شَيْئًا سَيِّئًا. لَقَدْ كُنْتُ فِي ضَائِقَةٍ مَالِيَّةٍ شَدِيدَةٍ، فَأَخَذْتُ مِنَ الصُّنْدُوقِ ثَلَاثِمِائَةِ لِيرَةٍ لِأَتَدَبَّرَ أَمْرَ عَائِلَتِي. اقْطَعُوا رَاتِبَ شَهْرَيْنِ يَا سَيِّدِي."

احْمَرَّ وَجْهُ السَّيِّدِ عُمَرَ وَقَالَ: "لَا، أَبَدًا! لَا يُمْكِنُنِي أَنْ أَتَجَاهَلَ فِعْلَتَكَ هَذِهِ. فِي **الْمَاضِي**، كُنْتُ أَعْمَلُ عِنْدَ رَجُلٍ **قَلِيلِ الْعَطَاءِ**. رَمَانِي فِي السِّجْنِ لِأَنَّنِي أَخَذْتُ مِنَ الصُّنْدُوقِ خَمْسِينَ لِيرَةً. يَجِبُ أَنْ يَنَالَ اللُّصُوصُ جَزَاءَهُمْ يَا سَيِّدَ زَكِي."

اعْتَرَفَ السَّيِّدُ زَكِي بِفِعْلَتِهِ أَمَامَ الْمُفَتِّشِ الْمَدَنِيِّ الَّذِي أَخَذَهُ بِدَوْرِهِ مَعَ رِجَالِ الشُّرْطَةِ إِلَى الْمُدَّعِي الْعَامِّ.

كَانَ السَّيِّدُ عُمَرُ فِي حَالَةٍ نَفْسِيَّةٍ سَيِّئَةٍ، **يَشْتَاطُ غَضَبًا**، وَكَانَ أَشْبَهَ بِالْحَيَوَانِ الْهَائِجِ، يَمْشِي فِي الْمَكْتَبِ **ذَهَابًا وَإِيَّابًا** وَيَصْرُخُ. فَاقْتَرَبَ مِنْهُ الْمُفَتِّشُ يُهَدِّئُهُ قَائِلًا: "لِمَاذَا أَنْتَ غَاضِبٌ لِهَذِهِ الدَّرَجَةِ يَا سَيِّدِي؟ هُوَ لَمْ يَأْخُذْ **مَالًا** كَثِيرًا؛ وَحَالُكَ جَيِّدَةٌ جِدًّا، مَا شَاءَ اللَّهُ؛ وَقَدِ **اعْتَرَفَ** الْكَاتِبُ بِفِعْلَتِهِ؛ وَسَيَنَالُ جَزَاءَهُ فِي السِّجْنِ."

قَالَ السَّيِّدُ عُمَرُ: "أَنَا لَسْتُ غَاضِبًا بِسَبَبِ ثَلَاثِمِائَةِ لِيرَةٍ، لَا، بَلْ لِأَنِّي صَنَعْتُ رَجُلَ أَعْمَالٍ نَاجِحٍ آخَرَ! فَهَذَا الْمَوْقِفُ نَفْسُهُ كَانَ قَدْ حَصَلَ مَعِي، وَأَنَا أَعْرِفُ **النَّتِيجَةَ**. أَنَا أَصْبَحْتُ فِي هَذَا الْمُسْتَوَى وَقَدْ سَلَكْتُ نَفْسَ **الطَّرِيقِ**. كُنْتُ أَعْمَلُ عِنْدَ رَجُلٍ **قَاسٍ** رَمَانِي فِي السِّجْنِ بِسَبَبِ خَمْسِينَ لِيرَةً، ثُمَّ أَشْرَقَتْ حَيَاتِي بَعْدَهَا. بَعْدَ عَامٍ مِنَ الْآنَ، **سَيُشْرِقُ** مِلْيُونِيرٌ جَدِيدٌ فِي عَالَمِ الْأَعْمَالِ، وَسَيَكُونُ **مُنَافِسًا** شَدِيدًا لِي، وَلِهَذَا السَّبَبِ أَنَا غَاضِبٌ الْآنَ."

مُلَخَّص الْقِصَّة

كَانَ عُمَرُ أَحَدَ الْعُمَّالِ الْمُجْتَهِدِينَ فِي إِحْدَى الشَّرِكَاتِ، لَكِنَّهُ لَمْ يَكْسِبِ الْكَثِيرَ مِنَ الْمَالِ، مَا صَعَّبَ عَلَيْهِ رِعَايَةَ أَطْفَالِهِ وَأَفْرَادِ عَائِلَتِهِ. وَفِي يَوْمٍ مِنَ الْأَيَّامِ، اضْطُرَّ عُمَرُ لِلسَّرِقَةِ لِأَنَّهُ لَمْ يَكُنْ يَمْتَلِكُ الْمَالَ الْكَافِي لِشِرَاءِ الطَّعَامِ لِعَائِلَتِهِ. عَلِمَ مُدِيرُهُ بِسَرِقَتِهِ، فَعَاقَبَهُ وَأَرْسَلَهُ إِلَى السِّجْنِ. وَبَعْدَ سَنَوَاتٍ، خَرَجَ عُمَرُ مِنَ السِّجْنِ، وَحَصَلَ عَلَى الْمَالِ، وَأَنْشَأَ شَرِكَةً كَبِيرَةً. وَفِي يَوْمٍ مِنَ الْأَيَّامِ، سَرَقَ أَحَدُ الْمُوَظَّفِينَ فِي شَرِكَتِهِ مِنَ الصُّنْدُوقِ، وَقَدْ كَانَ هَذَا الْمُوَظَّفُ يَمُرُّ بِظُرُوفٍ صَعْبَةٍ، وَلَمْ يَكُنْ يَمْتَلِكُ الْمَالَ الْكَافِيَ، فَاضْطُرَّ لِلسَّرِقَةِ. اسْتَدْعَى السَّيِّدُ عُمَرُ الشُّرْطَةَ، وَعَاقَبَهُ بِالسِّجْنِ. وَكَانَ السَّيِّدُ عُمَرُ يُؤْمِنُ أَنَّ هَذَا الرَّجُلَ سَيُصْبِحُ مِلْيُونِيرًا فِي نِهَايَةِ الْمَطَافِ، تَمَامًا كَمَا حَصَلَ مَعَهُ.

Summary of the story

Mr. Omar was a hard worker at a company. He did not earn much money, so it was difficult for him to feed his family and children. One day, he had to steal money, as he did not have enough money to buy food for his family. His manager knew that Omar had stolen the money, so he punished him and sent him to prison. After many years, Mr. Omar got out of jail, earned money, and founded numerous companies. One day, one of his employees stole some money from the treasury. The employee was dealing with difficult circumstances and did not have enough money, so he had to resort to stealing. Mr. Omar called the police and sent him to prison, and he believed that the man would eventually become a millionaire, just as he did.

Vocabulary

(he) works	يَعْمَلُ
one (person)	الْمَرْءِ
kind	لَطِيفٍ
the fear	الْخَوْفُ
the manager	الْمُدِيرَ
the police	[بِ]الشُّرْطَةِ
cheerful	مُبْتَسِمًا
(he) sat down	جَلَسَ
the chair	الْكُرْسِيِّ
to ask for	تَوَسَّمَ
forgive	يَصْفَحَ
fixed on	مُثَبَّتَتَيْنِ عَلَى
financial crisis	بِضَائِقَةٍ مَالِيَّةٍ
chance	فُرْصَةٍ
to deduct	تَخْصِمَهَا
to pout	عَبَسَ
he got what he deserved	نَالَ جَزَاءَه
(he) slept	نَامَ
the prison	السِّجْنِ
period	فَتْرَةٍ

two pairs	زَوْجَيْنِ
morning	صَبَاحِ
the days	الْأَيَّامِ
evening	مساء
a report	تَقْرِيرًا
the thief	السَّارِقِ
the watchman	الْحَارِسِ
single	عَازِبٌ
one after the other	وَاحِدًا تِلْوَ الْآخَرِ
excuses	الْمُبَرِّرَ
investigated	حَقَّقْتُ
polite	مُهَذَّبٌ
strong	قَوِيٌّ
exhausting	الْمُرْهِقِ
my suspicion	شُبْهَتِي
the house	الْمَنْزِلِ
the office	الْمَكْتَبِ
miserable	مُزْرِيَةٍ
the yellow	الْأَصْفَرِ
my company	مُؤَسَّسَتِي
to deserve	أَسْتَحِقُّ

behavior	التَّصَرُّفَ
guilt	تأنيب الضّمير
the past	الْمَاضِي
stingy	قَلِيلِ الْعَطَاءِ
getting very angry / furious	يَشْتَاطُ غَضَبًا
back and forth	ذَهَابًا وَإِيَّابًا
money	مَالًا
to admit	اعْتَرَفَ
the result	النَّتِيجَةَ
the road	الطَّرِيقِ
cruel	قَاسٍ
will shine	سَيُشْرِقُ
a competitor	مُنَافِسًا

1. كَانَ السَّيِّدُ عُمَرْ يَعْمَلُ

أ- مُزَارِعًا

ب- مُحَاسِبًا

ج- مُعَلِّمًا

د- طَبِيبًا

2. عَاقَبَ المُدِيرُ السَّيِّدَ عُمَر لِأَنَّهُ

أ- تَأَخَّرَ عَن عَمَله

ب- تَغَيَّبَ عَنْ عَمَلِه

ج- سَرَقَ مَبْلَغًا مِنَ المَال

د- لَا شَيْءَ مِمَّا ذُكِر

3. كَانت أُسْرَةُ السَّيِّدِ عُمَر تَتَكَوَّنُ مِن

أ- ثَلَاثَة

ب- أربَعَة

ج- خَمْسَة

د- سِتَّة

4. بَعْدَ خُرُوجِ السَّيِّد عُمَر من السِّجْن عَمِلَ فِي

أ- الحِيَاكَة

ب- المُحَاسَبَة

ج- الزِّرَاعَة

د- الصِّنَاعَة

5. السَّارِقُ فِي مَجْمَعِ الحِيَاكَةِ هُوَ

أ- الحَارِسُ

ب- الكَاتِب

ج- العَامِلُ

د- المُفَتِّشُ

Answers

1. Accountant   ب- محاسبا

2. He stole a sum of money   ج- سرق مبلغا من المال

3. Five   ج- خمسة

4. Sewing   أ- الحياكة

5. The writer   ب- الكاتب

Chapter 4

الْحَيَاةُ مُزْحَةٌ صَغِيرَةٌ

LIFE IS A LITTLE JOKE

الْحَيَاةُ مُرَّةٌ، وَهِيَ طَرِيقٌ **مُمْتَلِئٌ بِالْأَشْوَاكِ**. لَقَدْ كَتَبْتُ كَثِيرًا عَنْهَا، وَمَلَأْتُ دَفَاتِرِي **بِالْأَمَلِ** الْكَثِيفِ وَالْكَلِمَاتِ **الرَّائِعَةِ**.

الْحَيَاةُ بَاقَةٌ مِنَ **الْحُزْنِ** الْعَمِيقِ **وَالْوَجَعِ**. إِنَّهَا مُنْحَدَرَاتُ صُعُودٍ وَهُبُوطٍ، أَوْ هِيَ **نَهْرٌ** يَجْرِي، بَلْ قَاعَةُ مَسْرَحٍ.

لَيْسَ لَدَيَّ عَمَلٌ وَلَا طَاقَةٌ. إِنِّي أَتَضَوَّرُ جُوعًا. لَمْ يَدْخُلْ جَوْفِي لِمُدَّةِ يَوْمَيْنِ إِلَّا **الْمَاءُ**!

أَنَا أَحْمَد. ذَاتَ يَوْمٍ، كُنْتُ أَجْلِسُ فِي **حَدِيقَةٍ** عَامَّةٍ وَأَنَا أُفَكِّرُ فِي حَقِيقَةِ الْحَيَاةِ، حَتَّى نَظَرَ إِلَيَّ رَجُلٌ كَانَ يَجْلِسُ بِجَانِبِي. لَقَدْ كَانَ يَقْرَأُ **جَرِيدَةً** فَأَنْهَاهَا ثُمَّ طَوَاهَا وَهَمَّ بِوَضْعِهَا فِي جَيْبِهِ. فَصِحْتُ: "مِنْ فَضْلِكَ، إِذَا سَمَحْتَ، أَعْطِنِي الْجَرِيدَةَ."

أَعْطَانِي الرَّجُلُ الْجَرِيدَةَ، وَتَصَفَّحْتُهَا حَتَّى وَصَلْتُ إِلَى لَوْحَةِ الْإِعْلَانَاتِ الصَّغِيرَةِ، فَتَذَبْذَبَ قَلْبِي فَوْرًا، وَهَزَّ الْأَمَلُ أَعْمَاقِي عِنْدَمَا قَرَأْتُ الْعُنْوَانَ الَّذِي يَقُولُ: "مَطْلُوبٌ لِلْعَمَلِ مِنْ كِلَا الْجِنْسَيْنِ وَمِنْ مُخْتَلَفِ الْأَعْمَارِ."

أَعَدْتُ الْجَرِيدَةَ إِلَى الرَّجُلِ، وَقُلْتُ فِي نَفْسِي: "سَأُبَاشِرُ فِي هَذِهِ الْوَظِيفَةِ دُونَ تَأْخِيرٍ. يَجِبُ انْتِهَازُ الْفُرْصَةِ." ثُمَّ اتَّجَهْتُ فَوْرًا إِلَى الْعُنْوَانِ الْمَذْكُورِ فِي الْإِعْلَانِ.

وَصَلْتُ إِلَى الْمَكَانِ الْمَوْجُودِ وَسَطَ سُوقِ **الْمَدِينَةِ** التِّجَارِيِّ. كَانَ **الْبِنَاءُ** عَالِيًا وَيَتَكَوَّنُ مِنْ عِدَّةِ طَوَابِقَ. لَمْ أَسْتَخْدِمِ **الْمِصْعَدَ**، فَقَدْ كُنْتُ أَكْرَهُ التِّكْنُولُوجْيَا الْحَدِيثَةَ. صَعِدْتُ الدَّرَجَ بِسُرْعَةٍ حَتَّى وَصَلْتُ إِلَى الطَّابَقِ الْخَامِسِ. انْهَارَتْ قُوَايَ وَشَعَرْتُ بِالتَّعَبِ وَالْإِجْهَادِ، فَجَلَسْتُ عَلَى حَافَّةِ الدَّرَجِ.

الشُّقَّةُ رَقْم 23: هَذِهِ هِيَ الشُّقَّةُ الَّتِي مِنَ الْمُفْتَرَضِ أَنْ تَكُونَ الْمَكَانَ الَّذِي سَأَجِدُ فِيهِ الْعَمَلَ. رَأَيْتُ أَشْخَاصًا يَدْخُلُونَهَا وَيَخْرُجُونَ مِنْهَا. كَانَ الَّذِينَ يَدْخُلُونَ سَعِيدِينَ، بَيْنَمَا الَّذِينَ يَخْرُجُونَ غَاضِبِينَ وَعَابِسِينَ. بَعْدَمَا اسْتَعَدْتُ نَشَاطِي وَحَيَوِيَّتِي، دَخَلْتُ الْمَكَانَ. فَقُلْتُ لِأَوَّلِ شَخْصٍ صَادَفْتُهُ فِي وَجْهِي: "لَقَدْ قَرَأْتُ إِعْلَانَ عَمَلٍ فِي الْجَرِيدَةِ." فَأَشَارَ لِي بِالدُّخُولِ وَالِانْتِظَارِ فِي غُرْفَةِ الِاسْتِقْبَالِ الَّتِي كَانَتْ مُمْتَلِئَةً بِالْكَرَاسِي. سَأَلْتُ أَحَدَ الْمُنْتَظِرِينَ فِي **الْغُرْفَةِ**: "مَا هُوَ الْعَمَلُ؟" فَأَجَابَنِي بِأَنَّهُ لَا يَعْلَمُ، وَأَنَّهُ يَنْتَظِرُ الدُّخُولَ حِينَ يَحِينُ دَوْرُهُ، وَأَنَّ الْبَعْضَ **يَمْكُثُ** فِي الدَّاخِلِ مُدَّةَ خَمْسِ دَقَائِقَ، وَالْبَعْضُ الْآخَرُ نِصْفَ سَاعَةٍ. وَبَيْنَمَا كُنَّا نَتَحَاوَرُ، فُتِحَ الْبَابُ الْمُقَابِلُ، وَخَرَجَ مِنْهُ رَجُلٌ **سَمِينٌ** يَتَصَبَّبُ عَرَقًا وَهُوَ يَصِيحُ وَيَقْذِفُ بِالشَّتَائِمِ قَائِلًا: "أُنَاسٌ بِلَا ضَمِيرٍ وَبِلَا وِجْدَانٍ..."

قُلْتُ فِي نَفْسِي: "رُبَّمَا هُوَ غَاضِبٌ لِأَنَّهُ لَمْ يُقْبَلْ فِي الْعَمَلِ." ثُمَّ قَالَ لِي الرَّجُلُ الْوَاقِفُ بِجَانِبِي: "جَمِيعُهُمْ يَخْرُجُونَ بِهَذَا التَّذَمُّرِ وَالْعَصَبِيَّةِ."

سَأَلَ السِّكْرِتِيرُ بِصَوْتٍ مُرْتَفِعٍ: "لِمَنِ **الدَّوْرُ** الْآنَ؟"

أَشَارَت **امْرَأَةٌ** مِنَ الْوَاقِفِينَ، وَقَدْ تَزَيَّنَتْ **بِمَسَاحِيقِ التَّجْمِيلِ** وَ**الْحُلِيِّ** وَالْعُطُورِ، وَقَالَتْ: "الدَّوْرُ لِي." وَدَخَلَتِ الْغُرْفَةَ وَهِيَ تَتَبَخْتَرُ فِي مِشْيَتِهَا.

سَأَلْتُ أَحَدَ الْمُتَوَاجِدِينَ فِي **صَالَةِ الِانْتِظَارِ** مِثْلِي: "مَاذَا يَفْعَلُونَ فِي الدَّاخِلِ يَا تُرَى؟"

فَأَجَابَنِي: "أَظُنُّ أَنَّهُ يَتِمُّ اخْتِبَارُهُمْ."

حَاوَلْتُ اسْتِرْجَاعَ مَا أَمْلِكُهُ مِنْ مَعْلُومَاتٍ، وَمَا تَعَلَّمْتُهُ عَبْرَ سَنَوَاتِ عُمْرِي الشَّاقَّةِ. لَا أَتَوَقَّعُ أَنْ يَخْتَبِرُونِي فِي **التَّارِيخِ** وَ**الْجُغْرَافْيَا**؛ لَيْسَ لَهُمَا عَلَاقَةٌ هُنَا. مَنْ مِنَّا لَا يَعْرِفُ تَارِيخَ بَلَدِهِ وَحُدُودَهَا؟ وَالْمَكَانُ هُنَا مَكَانٌ تِجَارِيٌّ، إِذًا أَعْتَقِدُ أَنَّ الِامْتِحَانَ سَيَكُونُ حَوْلَ **الرِّيَاضِيَّاتِ**. اسْتَرْجَعْتُ جَدَاوِلَ الضَّرْبِ فِي ذَاكِرَتِي، وَمُعَادَلَاتِ حِسَابِ الرِّبْحِ وَالْفَوَائِدِ. وَبَيْنَمَا كُنْتُ مُسْتَغْرِقًا فِي التَّفْكِيرِ، سَمِعْتُ صُرَاخَ الْمَرْأَةِ يَصْدُرُ مِنْ دَاخِلِ الْغُرْفَةِ وَيَمْلَأُ الْمَكَانَ. وَبَعْدَ لَحَظَاتٍ، خَرَجَتِ الْمَرْأَةُ وَهِيَ تَسْتَشِيطُ غَضَبًا وَتَصْرُخُ بِأَعْلَى صَوْتٍ: "أَنْتُمْ بِلَا **أَخْلَاقٍ**..." ثُمَّ سَمِعْتُ قَهْقَهَةَ الرِّجَالِ تَصْدُرُ مِنَ الدَّاخِلِ.

سَأَلْتُ فِي صَالَةِ الِانْتِظَارِ: "هَلْ فَعَلُوا شَيْئًا لِلْمَرْأَةِ يَا تُرَى؟"

أَجَابَنِي أَحَدُ الْوَاقِفِينَ: "لَا أَظُنُّ أَنَّهُمْ فَعَلُوا شَيْئًا، لَكِنْ أَظُنُّ أَنَّهُمْ سَأَلُوهَا سُؤَالًا صَعْبًا."

ثُمَّ **أَيَّدَهُ** أَحَدُ الْحَاضِرِينَ وَقَالَ: "أَجَلْ، أَغْلَبُ الظَّنِّ أَنَّهُمْ سَأَلُوهَا سُؤَالًا صَعْبًا، فَالرِّجَالُ أَيْضًا يَخْرُجُونَ غَاضِبِينَ."

جَاءَ السِّكْرِتِيرُ وَسَأَلَ مَرَّةً أُخْرَى: "لِمَنِ الدَّوْرُ الْآنَ؟" نَهَضَ الشَّابُّ الَّذِي كَانَ يَتَحَدَّثُ لِلتَّوِّ، بَيْنَمَا عُدْتُ أَنَا إِلَى **اسْتِرْجَاعِ** عِلْمِ الرِّيَاضِيَّاتِ وَمَا دَرَسْتُهُ مِنَ الْحِسَابَاتِ فِي الْمَدْرَسَةِ. وَاسْتَرْجَعْتُ مُعَادَلَاتِ حِسَابِ الْفَائِدَةِ الْمُرَكَّبَةِ، حَتَّى خَرَجَ الشَّابُّ مِنَ الْغُرْفَةِ فَجْأَةً وَهُوَ يَشْتَاطُ غَضَبًا وَ**يَشْتُمُ**. مَسَكْتُ السِّكْرِتِيرَ وَسَأَلْتُهُ: "مَاذَا يَفْعَلُونَ بِالَّذِينَ يَدْخُلُونَ الْغُرْفَةَ؟"

أَجَابَ: "إِنَّهُمْ يُجَرِّبُونَ حَظَّهُمْ." وَعَادَ إِلَى مَكْتَبِهِ مُسْرِعًا.

كُلَّمَا خَرَجَ أَحَدٌ مِنَ الْغُرْفَةِ، كَانَ يَخْرُجُ غَاضِبًا، يَصْرُخُ وَيَشْتُمُ لِدَرَجَةٍ تَجْعَلُكَ تَظُنُّ أَنَّ الْمَوْتَ كَانَ يُلَاحِقُهُمْ فِي الدَّاخِلِ. وَفِي كُلِّ مَرَّةٍ يَحْدُثُ هَذَا، كُنْتُ أَسْمَعُ قَهْقَهَةَ الْمَوْجُودِينَ فِي الدَّاخِلِ وَضَحْكَاتِهِمْ.

كُنْتُ أَشْعُرُ بِالرَّاحَةِ عِنْدَمَا يَخْرُجُ الْمُتَقَدِّمُونَ وَهُمْ غَاضِبُونَ وَيَشْتُمُونَ، لِأَنَّ هَذَا يَعْنِي أَنَّهُ لَمْ يَتِمَّ قَبُولُهُمْ فِي الْعَمَلِ، وَأَنَّ فُرْصَتِي لَا زَالَتْ قَوِيَّةً. مِنْ جِهَةٍ أُخْرَى، كُنْتُ **أَرْتَعِشُ** مِنَ الْخَوْفِ وَأَتَسَاءَلُ: "مَا الَّذِي يَتِمُّ امْتِحَانُهُمْ فِيهِ بِالضَّبْطِ؟" بَدَأْتُ أَخَافُ حَقًّا. وَلَوْلَا أَنِّي بَقِيتُ بِلَا **طَعَامٍ** لِعِدَّةِ أَيَّامٍ، لَكُنْتُ تَرَكْتُ فُرْصَةَ الْعَمَلِ هَذِهِ وَفُرْصَةَ التَّجْرِبَةِ. فَبَقِيتُ **مُتَشَبِّثًا** بِهَذَا الْأَمَلِ الطَّفِيفِ لِإِيجَادِ عَمَلٍ، وَبَقِيتُ أَنْتَظِرُ دَوْرِي خَائِفًا مُرْتَعِبًا.

جَاءَ السِّكْرِتِيرُ بَعْدَ بُرْهَةٍ وَقَالَ لِي: "إِنَّهُ دَوْرُكَ!"

تَمَلَّكَتْنِي **قُشَعْرِيرَةٌ** وَارْتَجَفْتُ، لَكِنَّنِي عَزَمْتُ أَنْ أُحَاوِلَ. دَخَلْتُ بَابَ الْغُرْفَةِ وَأَلْقَيْتُ التَّحِيَّةَ عَلَى الْجَالِسِينَ. كَانُوا خَمْسَةَ رِجَالٍ وَبَدَوْا كَرِجَالِ أَعْمَالٍ. بَاشَرَ أَحَدُهُمْ بِالسُّؤَالِ: "هَلْ تُحِبُّ الْمُزَاحَ؟" فَأَجَبْتُ بِتَوَدُّدٍ: "أَجَلْ يَا سَيِّدِي، وَمَنْ مِنَّا لَا يُحِبُّ الْمُزَاحَ؟" طَلَبَ مِنِّي الْجُلُوسَ عَلَى الْكُرْسِيِّ الْمُقَابِلِ، وَقَدْ كُنْتُ مُنْهَكًا مِنَ التَّعَبِ؛ لَكِنْ مِنْ بَابِ التَّقْدِيرِ لِلْجَالِسِينَ، فَضَّلْتُ أَنْ أَبْقَى وَاقِفًا؛ وَأَجَبْتُ: "لَا يَا سَيِّدِي. أَنَا مُرْتَاحٌ هَكَذَا." أَصَرَّ عَلَيَّ فَجَلَسْتُ، وَاسْتَمَرَّ فِي سُؤَالِي. شَعَرْتُ **بِتَيَّارٍ كَهْرَبَائِيٍّ** يَسْرِي فِي الْمَقْعَدِ الَّذِي جَلَسْتُ عَلَيْهِ، وَفَضَّلْتُ أَنْ أَبْقَى صَامِتًا وَأَتَحَمَّلَ الْأَمْرَ كَيْ لَا أَبْدُو **فَظًّا** وَأُضَيِّعَ الْفُرْصَةَ مِنْ يَدَيَّ. عِنْدَمَا خَرَجَ الْأَمْرُ عَنِ السَّيْطَرَةِ، وَلَمْ أَعُدْ أَسْتَحْمِلُ، أَخْبَرْتُهُمْ أَنَّنِي مَرِيضٌ وَأَنَّنِي لَا أَسْتَطِيعُ الْجُلُوسَ لِمُدَّةٍ طَوِيلَةٍ. وَقَفْتُ وَأَنَا أَرْتَجِفُ وَهُمْ يَضْحَكُونَ. تَعَجَّبْتُ مِنْ ضِحْكَاتِهِمْ، فَقُلْتُ فِي نَفْسِي: "إِنَّهُمْ يُحِبُّونَ الْمُزَاحَ، لَا بَأْسَ."

طَلَبَ لِي أَحَدُ أَعْضَاءِ اللَّجْنَةِ كَأْسًا مِنَ **الشَّاي**. حَمَلْتُ الْكَأْسَ بِيَدِي وَأَخَذْتُ قِطْعَتَيْنِ مِنَ **السُّكَّرِ** وَوَضَعْتُهُمَا فِي الْكَأْسِ، فَإِذَا بِالشَّاي يَنْفَجِرُ فِي وَجْهِي؛ فَأَلْقَيْتُ الْكَأْسَ عَلَى الْأَرْضِ وَتَتَطَايَرَتْ قَطَرَاتُ الشَّاي وَابْتَلَّتْ ثِيَابِي بِهَا وَاحْتَرَقَتْ يَدَايَ.

قَهْقَهَ الرِّجَالُ مَرَّةً أُخْرَى ضَاحِكِينَ، رَغْمَ أَنَّ حَالَتِي لَمْ تَكُنْ تَسْتَدْعِي الضَّحِكَ. طَلَبَ أَحَدُهُمْ: "اِفْتَحِ **الدُّرْجَ** الْمُقَابِلَ وَأَحْضِرْ لَنَا الْمِلَفَّ الْأَزْرَقَ." فَتَحْتُ الدُّرْجَ وَلَمْ يَكُنْ هُنَاكَ أَيُّ مِلَفٍّ، بَلْ رُشَّتْ فِي وَجْهِي كُومَةٌ مِنَ الرَّذَاذِ، فَانْتَابَتْنِي مَوْجَةٌ مِنَ **الْعُطَاسِ**. أَغْلَقْتُ الدُّرْجَ وَبَدَأْتُ أَعْطِسُ فَإِذَا بِهِمْ يَضْحَكُونَ عَلَيَّ مَرَّةً أُخْرَى.

"يَا إِلَهِي! مَا هَذَا **الْحَظُّ** السَّيِّءُ! بِالتَّأْكِيدِ سَيَرْفُضُونَنِي مِنَ الْعَمَلِ! يَا إِلَهِي! الْفُرْصَةُ الْوَحِيدَةُ الَّتِي وَجَدْتُهَا بَعْدَ أَرْبَعِينَ عَامًا، أُضَيِّعُهَا الْآنَ!"

كَانَ الرِّجَالُ يَتَدَحْرَجُونَ مِنْ شِدَّةِ الضَّحِكِ. سَأَلَنِي أَحَدُهُمْ: "كَمْ عُمْرَكَ؟" أَجَبْتُ وَأَنَا أَعْطِسُ: "وَاحِدٌ وَأَرْبَعُونَ." وَكَانَ يَخْتَنِقُ مِنْ شِدَّةِ الضَّحِكِ. قَالَ لِي: "اِذْهَبْ وَاغْسِلْ وَجْهَكَ. هَا هِيَ **الْحَنَفِيَّةُ** هُنَاكَ." فَتَحْتُ الْحَنَفِيَّةَ فَهَبَّتْ **نَارٌ** فِي وَجْهِي! تَرَاجَعْتُ... وَكَانُوا يَمُوتُونَ مِنْ شِدَّةِ الضَّحِكِ، ثُمَّ عُدْتُ إِلَيْهِمْ.

قَالَ رَئِيسُ اللَّجْنَةِ: "أَحْسَنْتَ صُنْعًا. لَقَدْ تَحَمَّلْتَ جَيِّدًا."

أَجَبْتُ: "لَمْ أَفْهَمْ! هَلْ يَعْنِي هَذَا أَنِّي قُبِلْتُ لِلْعَمَلِ؟"

فَأَتْبَعَ: "نَحْنُ شَرِكَةٌ تَصْنَعُ أَدَوَاتَ الْمُزَاحِ وَالْمَقَالِبِ، وَنُرِيدُ أَنْ نَخْتَبِرَهَا وَنَتَأَكَّدَ أَنَّهَا لَيْسَتْ خَطِرَةً، وَقَدْ **أَثْبَتَّ** لَنَا هَذَا عَبْرَ تَحَمُّلِكَ." ثُمَّ أَشَارَ لِلرَّجُلِ الَّذِي يَجْلِسُ بِجَانِبِهِ: "أُكْتُبْ مِئَةَ لَوْحٍ كَهْرَبَائِيٍّ وَسَبْعِينَ حَنَفِيَّةً **مُتَفَجِّرَةً**. سَيَكُونُ الْبَيْعُ مُمْتَازًا هَذَا الْعَامَ."

قُلْتُ فِي نَفْسِي: "لَا بُدَّ أَنَّهُمْ قَبِلُونِي لِلْعَمَلِ، خَاصَّةً بَعْدَ أَنْ **أَثْنَوْا** عَلَى مَدَى تَحَمُّلِي."

كَانُوا قَدْ نَسُوا أَمْرِي، فَسَأَلْتُ صَاحِبَ الْأَسْئِلَةِ الْكَثِيرَةِ: "يَا سَيِّدِي، هَلْ قُبِلْتُ فِي الْعَمَلِ عِنْدَكُمْ؟"

"نَسِيتُكَ. لَقَدْ كُنْتَ أَنْتَ أَكْثَرَ الْمُتَقَدِّمِينَ تَحَمُّلًا، وَلَقَدْ قَبِلْنَاكَ لِلْعَمَلِ عِنْدَنَا."

ثُمَّ أَشَارَ إِلَى السِّكْرِتِيرِ وَقَالَ: "اطْلُبْ مِنَ الْمُحَاسِبِ أَنْ يَمْنَحَ هَذَا الرَّجُلَ لِيرَتَيْنِ."

ثُمَّ الْتَفَتَ نَحْوِي وَقَالَ: "إِنَّ شَرِكَتَنَا هَذِهِ تَقُومُ بِتَصْنِيعِ دُفْعَاتٍ جَدِيدَةٍ مِنْ أَدَوَاتِ الْمُزَاحِ وَ**الْمَقَالِبِ** كُلَّ **شَهْرٍ**. عَلَيْكَ أَنْ تَأْتِيَ فِي الْيَوْمِ الثَّانِي مِنْ كُلِّ شَهْرٍ لِنَقُومَ بِتَجْرِيبِ الْأَدَوَاتِ عَلَيْكَ ثُمَّ تَأْخُذ لِيرَتَيْنِ وَتَنْصَرِفَ."

ضَحِكْتُ بِغَضَبٍ، وَقُلْتُ: "بِالطَّبْعِ! أَنْتُمْ تُحِبُّونَ **الْمُزَاحَ**، وَأَنَا أُحِبُّهُ أَيْضًا." ثُمَّ **صَفَعْتُ** الرَّجُلَ الَّذِي أَمَامِي بِكُلِّ مَا اسْتَطَعْتُ مِنْ قُوَّةٍ، وَأَتْبَعْتُ قَائِلًا: "عُذْرًا يَا سَيِّدِي، إِنَّهَا مُزْحَةٌ. مَاذَا سَنَفْعَلُ نَحْنُ الْفُقَرَاءُ بِلِيرَتَيْنِ كُلَّ شَهْرٍ؟ لَا أَسْتَطِيعُ شِرَاءَ أَدَاةٍ وَاحِدَةٍ لِلْمُزَاحِ. أَلَا يَحِقُّ لَنَا الْمُزَاحُ دُونَ أَدَاةٍ؟" ثُمَّ خَرَجْتُ.

ذَهَبْتُ إِلَى مَنْزِلِي وَكَتَبْتُ فِي دَفْتَرِ مُذَكِّرَاتِي: "الْحَيَاةُ مُزْحَةٌ صَغِيرَةٌ."

مُلَخَّصُ الْقِصَّةِ

فِي يَوْمٍ مِنَ الْأَيَّامِ، قَرَأَ أَحَدُ الْفُقَرَاءِ فِي الْجَرِيدَةِ عَنْ فُرْصَةٍ لِلْعَمَلِ فِي إِحْدَى الْمُؤَسَّسَاتِ. أَسْرَعَ لِلتَّقْدِيمِ لِهَذِهِ الْوَظِيفَةِ وَكَانَ قَدْ تَجَهَّزَ جَيِّدًا لَهَا. انْتَظَرَ دَوْرَهُ لِلْمُقَابَلَةِ، وَعِنْدَمَا دَخَلَ غُرْفَةَ إِجْرَاءِ الْمُقَابَلَاتِ، تَفَاجَأَ أَنَّ الْعَمَلَ كَانَ عِبَارَةً عَنْ تَجْرِيبِ أَدَوَاتٍ لِلْمُزَاحِ عَلَيْهِ وَأَنَّ الرَّاتِبَ كَانَ مُنْخَفِضًا جِدًّا - لِيرَتَيْنِ فَقَطْ. تَرَكَ الرَّجُلُ الْفَقِيرُ الْمَكَانَ وَأَدْرَكَ أَنَّ الْفُقَرَاءَ لَيْسَ لَهُمْ حَظٌّ فِي هَذِهِ الْحَيَاةِ، وَأَنَّ هَذِهِ الْحَيَاةَ عِبَارَةٌ عَنْ مُزْحَةٍ.

Summary of the story

One day, a poor man read in the newspaper about a job opportunity in a company. He went to apply for the job and was well prepared. He waited for his turn in the interview. When he entered the interviewing room, he was surprised that the work consisted of just testing prank toys, and the salary was too low, only two Liras. The poor man left the place and realized that poor people do not have luck in life and that life is just a joke.

Vocabulary

life	الْحَيَاةُ
full	مُمْتَلِئٌ
spikes	بِالْأَشْوَاكِ
[with] hope	[بِ]الْأَمَلِ
the wonderful	الرَّائِعَةِ
the sadness	الْحُزْنِ
the pain	وَالْوَجَعِ
river	نَهْرٌ
the water	الْمَاء
garden	حَدِيقَةٍ
newspaper	جَرِيدَةً
the city	الْمَدِينَةِ
the building	الْبِنَاءُ
the elevator	الْمِصْعَدَ
the apartment / the flat	الشُّقَّةُ
the room	الْغُرْفَةِ
to remain	يَمْكُثُ
fat	سَمِينٌ
the turn	الدَّوْرُ
woman	امْرَأَةٌ

46

makeup	مسَاحِيق التَّجْمِيل
jewelry	الحُلِيِّ
the waiting room	صَالَةِ الِانْتِظَارِ
history	التَّارِيخِ
geography	الْجُغْرَافْيَا
math	الْجُغْرَافْيَا
ethics	أَخْلَاقٍ
to agree	أَيَّدَهُ
to recall	اسْتِرْجَاعِ
to insult	يَشْتُمُ
shaking	أَرْتَعِشُ
food	طَعَامٍ
rude	فَظًّا
holding onto	مُتَشَبِّثًا
shiver	قُشَعْرِيرَةٌ
electric current	تَيَّارٍ كَهْرَبَائِيٍّ
the tea	الشَّايِ
the sugar	السُّكَّرِ
drawer	الدُّرْجَ
sneezing	الْعُطَاسِ
the luck	الْحَظُّ

a tap	الْحَنَفِيَّةُ
fire	نَارٌ
you proved	أَثْبَتَّ
explosive	مُتَفَجِّرَةً
to praise	أَثْنَوْا
pranks	الْمَقَالِبِ
month	شَهْرٍ
joking	الْمُزَاحَ
I slapped	صَفَعْتُ

Questions about the story

1. كَانَ أَحْمَدُ يَجْلِسُ فِي

أ- البَيْتِ

ب- حَدِيقَةٍ عَامَّةٍ

ت- الشَّارِع

ث- السُّوقِ التِّجَارِيِّ

2. قَرَأ أَحْمَدُ فِي الجَرِيدَة

أ- إعْلَانًا عَنْ فُرْصَةِ عَمَلٍ

ب- إعْلَانَ بَيْع شُقَّة

ت- إعلانًا عَنْ افتتاحِ مَطْعَمٍ جَدِيدٍ

ث- إعْلَانًا في التِّلْفَازَ

3. كَانَ مَقَرُّ العَمَلِ يَقَعُ فِي

أ- القَرْيَة

ب- قُرْبَ الحَدِيقَةِ

ت- مقابِلَ البَيْتِ

ث- سُوقِ المَدِينَةِ التِّجَارِيِّ

4. صَعِدَ أَحْمَدُ في البِنَاية إلى الطَّابَق

أ- الرَّابِع

ب- الخَامِس

ت- السَّادِس

ث- السَّابِع

5. كانَ العَمَلُ عِبَارَةً عَنْ

أ- تَصْنيع أَدَوَاتٍ للمُزَاحِ

ب- بيع أدوات للمزاح

ت- تجْريبِ أَدَوات للمُزَاح

ث- جَمِيعُ مَا ذكر

Answers

1. Community garden

ب- حديقة عامة

2. A job opportunity announcement

أ- إعلان عن فرصة عمل

3. City Mall

ث- سوق المدينة التجاري

4. The fifth

ب- الخامس

5. Testing tools for practical jokes

ت- تجريب أدوات للمزاح

Chapter 5

زَهْرَةُ الْكَادِي
CADY FLOWER

تِلْكَ **الزَّهْرَةُ** الطَّيِّبَةُ ذَاتُ **الرَّائِحَةِ** الزَّكِيَّةِ، **ثَمَرُهَا** ذُو الطَّعْمِ الطَّيِّبِ الشَّبِيهِ **بِالْأَنَانَاسِ**، وَتُسْتَخْدَمُ بِكَثْرَةٍ فِي مَجَالِ **الْعُطُورِ** الَّذِي تَتَزَيَّنُ بِهِ النِّسَاءُ لِرَائِحَتِهَا الْمُمَيَّزَةِ وَقُوَّةِ عَبَقِهَا وَتَأْثِيرِهَا السَّاحِرِ عَلَى الْأَعْصَابِ، الْأَمْرُ الَّذِي يَجْعَلُهَا تُثِيرُ حَوَاسَّ الْمُسْتَنْشِقِ **وَتَأْسِرُ** لُبَّهُ وَتَأْخُذُهُ إِلَى عَالَمٍ مِنَ الرَّاحَةِ وَالسَّعَادَةِ.

لَيْلَى هِيَ **سَيِّدَةُ أَعْمَالٍ مَرْمُوقَةٍ**، وَتَبْلُغُ مِنَ الْعُمْرِ أَرْبَعِينَ عَامًا، وَتُحِبُّ زُهُورَ الْكَادِي. لِهَذَا اخْتَارَتْ هَذَا الِاسْمَ لِابْنَتِهَا الَّتِي جَاءَتْ إِلَى حَيَاتِهَا بَعْدَ طُولِ انْتِظَارٍ. هَذَا الِاسْمُ الْعَطِرُ يُشْبِهُ صَاحِبَتَهُ، فَهِيَ جَمِيلَةٌ ذَاتُ شَعْرٍ طَوِيلٍ **مُنْسَدِلٍ** عَلَى ظَهْرِهَا بِلَوْنٍ أَسْوَدَ كَسَوَادِ اللَّيْلِ. عَيْنَاهَا **الْبَرَّاقَتَانِ** تَأْسِرَانِ كُلَّ مَنْ يَنْظُرُ إِلَيْهِمَا. إِنَّهَا زِينَةُ الْمَنْزِلِ، وَوَرِيثَةُ جَمَالِ وَالِدَتِهَا.

نَشَأَتْ كَادِي ذَاتُ الْعِشْرِينَ رَبِيعًا فِي مَدِينَةِ إِسْطَنْبُول التُّرْكِيَّةِ مَعَ أُسْرَةٍ غَنِيَّةٍ **وَعَرِيقَةٍ** وَمَشْهُورَةٍ. وَكَانَتْ كَادِي مُدَلَّلَةً لِلْغَايَةِ، وَلَا يُمْكِنُ لِأَحَدٍ أَنْ يَرْفُضَ لَهَا طَلَبًا. فَقَدْ كَانَتْ مُتَنَعِّمَةً بِمَالِ وَالِدِهَا. كَانَتْ كَادِي تَفْخَرُ دَائِمًا بِمَنْصِبِ وَالِدِهَا وَمَكَانَتِهِ الْمَرْمُوقَةِ **وَالْمَشْهُورَةِ**، وَمَنْصِبِ وَالِدَتِهَا كَذَلِكَ. فَهِيَ تَسْكُنُ فِي أَرْقَى أَحْيَاءِ الْمَدِينَةِ، فِي قَصْرٍ مِنَ **الطِّرَازِ الْكْلَاسِيكِيِّ**، مَبْنِيٌّ عَلَى تَصَامِيمَ **تَمَخَّضَتْ** عَنْ **فِكْرٍ**

هَنْدَسِيٍّ رَاقٍ، بِدَايَةً مِنْ مَدْخَلِ الْقَصْرِ وُصولًا إِلَى الْحَدِيقَةِ الَّتِي تُشْبِهُ حَدَائِقَ **قُصُورِ السَّلَاطِينِ** فِي بَهَائِهَا وَجَمَالِهَا وَفَخَامَتِهَا. يَتَمَيَّزُ دَاخِلُ الْقَصْرِ **بِالْأَرَاضِي الرُّخَامِيَّةِ** الْبَيْضَاءِ اللَّامِعَةِ كَالزُّجَاجِ، وَالْأَثَاثِ الْفَاخِرِ، وَاللَّوْحَاتِ الْكْلَاسِيكِيَّةِ الَّتِي تُزَيِّنُ الْحَوَائِطَ، وَالْأَرَضِيَّاتِ **الْمُزَخْرَفَةِ بِنُقُوشٍ ذَهَبِيَّةٍ**. وَفِي **الْبَاحَةِ الْخَلْفِيَّةِ**، يُوجَدُ حَوْضُ السِّبَاحَةِ، وَمَلْعَبٌ لِكُرَةِ السَّلَّةِ. بَيْنَمَا يَعِجُّ الْقَصْرُ فِي الطَّابَقِ السُّفْلِيِّ بِالْخَدَمِ الَّذِينَ **يَجُوبُونَ** أَرْجَاءَهُ ذَهَابًا وَإِيَّابًا تَلْبِيَةً لِرَغَبَاتِ الزَّهْرَةِ الْمُدَلَّلَةِ.

فِي إِحْدَى لَيَالِي الرَّبِيعِ الْجَمِيلَةِ، وَأَثْنَاءَ تَنَاوُلِ وَجْبَةِ الْعَشَاءِ، طَلَبَتْ كَادِي مِنْ وَالِدَيْهَا أَنْ يَسْمَحَا لَهَا بِالذَّهَابِ مَعَ أَصْدِقَائِهَا فِي الْجَامِعَةِ إِلَى **رِحْلَةِ صَيْدٍ** فِي قَرْيَةِ طَرَابِزُون التُّرْكِيَّةِ. وَافَقَ وَالِدَاهَا فَوْرًا. **تَمْتَمَتْ** كَادِي بِبِضْعِ كَلِمَاتٍ وَقَامَتْ فَوْرًا مِنْ عَلَى مَائِدَةِ الْعَشَاءِ، مُسْرِعَةً بِالصُّعُودِ إِلَى غُرْفَتِهَا. ارْتَمَتْ عَلَى السَّرِيرِ وَصَاحَتْ بَاكِيَةً. بَدَأَتْ تَعُضُّ عَلَى وِسَادَتِهَا مِنَ الْأَلَمِ الَّذِي تَحِسُّ بِهِ، فَهِيَ لَا تَشْعُرُ **بِالسَّعَادَةِ** بِجَانِبِ وَالِدَيْهَا رَغْمَ كُلِّ ثَرَائِهِمَا الْفَاحِشِ، فَهُمَا دَائِمَا الِانْشِغَالِ، وَلَا يَهْتَمَّانِ بِهَا، وَيَلْتَقِيَانِ مَعَهَا كُلَّ يَوْمٍ عَلَى الْعَشَاءِ فَقَطْ. وَمَا أَنْ يَنْتَهِي كُلٌّ مِنْ طَعَامِهِ، حَتَّى يَصْعَدَ الْجَمِيعُ إِلَى غُرَفِهِمْ وَتُغْلَقَ الْأَبْوَابُ. يَتَكَرَّرُ هَذَا الْمَشْهَدُ كُلَّ يَوْمٍ، وَهِيَ تُفَكِّرُ فِي عَلَاقَتِهَا بِوَالِدَيْهَا الَّتِي تَكَادُ تَخْلُو مِنَ الْحُبِّ وَالِاهْتِمَامِ وَالسَّعَادَةِ، وَتَتَمَنَّى أَنْ تَجْلِسَ مَعَهُمَا طَوَالَ النَّهَارِ. لَكِنَّ هَذَا الْأَمْرَ تَظُنُّهُ مِنَ **الْمُسْتَحِيلَاتِ**. فَكَّرَتْ كَادِي بِكُلِّ هَذَا وَزَادَ نَحِيبُهَا. بَكَتْ حَتَّى نَامَتْ وَهِيَ تَتَوَسَّدُ دُمُوعَهَا **كَحَبَّاتِ اللُّؤْلُؤِ** الَّتِي انْفَرَطَتْ مِنْ عِقْدٍ ثَمِينٍ.

فِي الْيَوْمِ التَّالِي، قَامَتْ كَادِي بِحَزْمِ حَقَائِبِهَا، وَاتَّصَلَتْ بِصَدِيقَتَيْهَا تَالْيَا وَسِنَام حَتَّى تُخْبِرَهُمَا بِأَنَّهَا مُسْتَعِدَّةٌ لِلْمُغَادَرَةِ. خَرَجَتْ مِنَ الْمَنْزِلِ دُونَ إِخْبَارِ وَالِدَيْهَا، وَاسْتَقَلَّتْ

سَيَّارَتَهَا الْجِيب **الْفَاخِرَةَ** الَّتِي وَضَعَتْ فِيهَا حَقَائِبَهَا، وَقَادَتْهَا مُتَوَجِّهَةً إِلَى الْجَامِعَةِ. اجْتَمَعَ كُلُّ طُلَّابِ الْجَامِعَةِ اسْتِعْدَادًا لِلرَّحِيلِ. فِي هَذِهِ الْأَثْنَاءِ، رَنَّ هَاتِفُ كَادِي؛ نَظَرَتْ لِلْهَاتِفِ؛ كَانَتْ مُكَالَمَةً مِنْ وَالِدَتِهَا، لَكِنَّهَا أَغْلَقَتِ الْهَاتِفَ وَانْهَمَرَتْ مِنْهَا دُمُوعٌ حَارِقَةٌ مِنْ أَلَمِهَا. صَعِدَتْ سِنَام وَتَالْيَا مَعَ كَادِي فِي سَيَّارَتِهَا، وَرَكِبَ مَعَهُنَّ جَان وَمُظَفَّر، وَامْتَلَأَتْ بَاقِي الْحَافِلَاتِ بِبَقِيَّةِ الطُّلَّابِ.

تَحَرَّكَتِ الْمَرْكَبَاتُ مُتَّجِهَةً لِطَرَابِزُون. خِلَالَ الرِّحْلَةِ، كَانَتْ كَادِي تَقُودُ سَيَّارَتَهَا بِأَقْصَى سُرْعَةٍ، وَلَا تُفَكِّرُ إِلَّا فِي حُزْنِهَا. لَكِنْ اسْتَوْقَفَتْهَا تَالْيَا قَائِلَةً: "كَادِي، تَوَقَّفِي مِنْ فَضْلِكِ. يَجِبُ أَنْ يَقُودَ جَان السَّيَّارَةَ، فَأَنْتِي تَقُودِينَ بِجُنُونٍ. لَا أُرِيدُ أَنْ أَعُودَ إِلَى الْبَيْتِ فِي عَرَبَةِ إِسْعَافٍ."

تَوَقَّفَتْ كَادِي، وَتَوَلَّى جَان قِيَادَةَ السَّيَّارَةِ بَيْنَمَا جَلَسَتْ هِيَ فِي الْكُرْسِيِّ الْخَلْفِيِّ صَامِتَةً وَلَا تَتَفَوَّهُ بِكَلِمَةٍ. كَانَ أَصْدِقَائُهَا يَشِيدُونَ بِأُغْنِيَاتِهِمْ مَعَ الْمُوسِيقَى وَيَرْقُصُونَ وَيَسْتَمْتِعُونَ، حَيْثُ اسْتَنْشَقُوا الْهَوَاءَ النَّقِيَّ طُولَ الطَّرِيقِ وَشَاهَدُوا **السُّهُولَ الْخَضْرَاءَ** وَ**التِّلَالَ** الَّتِي يُغَطِّيهَا سَجَّادٌ مِنَ الْأَزْهَارِ الْمُلَوَّنَةِ تَرْقُصُ فَرَحًا بِفَصْلِ الرَّبِيعِ، وَبَعْضُ السَّحَابَاتِ الْمُتَفَرِّقَةِ هُنَا وَهُنَاكَ عَبْرَ السَّمَاءِ الزَّرْقَاءِ النَّقِيَّةِ. عِنْدَمَا بَلَغُوا وِجْهَتَهُمْ، بَدَأَ الطُّلَّابُ فِي اكْتِشَافِ الْقَرْيَةِ وَالِاسْتِمْتَاعِ بِمَنَاظِرِهَا **الْخَلَّابَةِ** وَبِصَيْدِ الْأَسْمَاكِ، بَيْنَمَا بَقِيَتْ كَادِي فِي غُرْفَتِهَا بِالْفُنْدُقِ، وَرَفَضَتِ الْخُرُوجَ لِلتَّنَزُّهِ مَعَهُمْ.

جَاءَتْ إِلَيْهَا تَالْيَا، وَمِنْ خَلْفِهَا سِنَام، وَسَأَلَتَاهَا: "لِمَاذَا تَرْفُضِينَ الْخُرُوجَ؟ الْجَوُّ فِي الْخَارِجِ رَائِعٌ وَزُهُورُ الرَّبِيعِ مُتَفَتِّحَةٌ فِي كُلِّ مَكَانٍ."

وَقَبْلَ أَنْ تُجِيبَ، اِنْهَمَرَتْ دُمُوعُهَا وَبَدَأَتْ بِالْبُكَاءِ. وَحَكَتْ لِصَدِيقَتَيْهَا مَا تَشْعُرُ بِهِ تُجَاهَ وَالِدَيْهَا وَأَنَّهَا، بِالرَّغْمِ مِنَ **الثَّرَاءِ** وَتَوَفُّرِ كُلِّ الْمُتَطَلَّبَاتِ الْمَادِّيَّةِ، لَا تَشْعُرُ بِالسَّعَادَةِ مَعَهُمَا. حَزِنَتِ الصَّدِيقَتَانِ لِمَا تَشْعُرُ بِهِ كَادِي وَتَعَاطَفَتَا مَعَهَا، وَأَخَذَتَا تُرَبِّتَانِ عَلَى كَتِفَيْهَا وَ**تُوَاسِيَانِهَا** وَتُهَدِّئَانِ مِنْ رَوْعِهَا. حَاوَلَتَا تَشْجِيعَهَا وَمَنْحَهَا بَعْضَ الْأَمَلِ، لَكِنَّ كَادِي كَانَتْ تُفَكِّرُ بِشَيْءٍ آخَرَ.

عِنْدَ غُرُوبِ الشَّمْسِ، قَامَتْ كَادِي **بِتَعَاطِي** كَمِّيَّةٍ كَبِيرَةٍ مِنَ الْمُخَدِّرَاتِ كَادَتْ أَنْ تُودِي بِحَيَاتِهَا، فَفَقَدَتْ وَعْيَهَا وَمَرَّ أَمَامَ عَيْنَيْهَا شَرِيطُ ذِكْرَيَاتِهَا مُنْذُ طُفُولَتِهَا حَتَّى هَذِهِ اللَّحْظَةِ. بَعْدَ دَقَائِقَ، ذَهَبَتْ تَالْيَا لِكَيْ تَدْعُو كَادِي لِتَنَاوُلِ طَعَامِ الْغَدَاءِ، فَصُدِمَتْ مِنَ الْمَنْظَرِ وَأَخَذَتْ تَصْرُخُ بِأَعْلَى صَوْتِهَا. **هَرَعَ** الْجَمِيعُ عَلَى صَوْتِ صَرَخَاتِ تَالْيَا لِمَعْرِفَةِ مَا حَدَثَ لَهَا، لَكِنَّهُمْ تَفَاجَؤُوا بِكَادِي الْمُمَدَّدَةِ عَلَى الْأَرْضِ بِلَا حَرَاكٍ؛ أَخَذُوهَا إِلَى الْمُسْتَشْفَى بِسُرْعَةٍ. بَعْدَ التَّحَالِيلِ، اتَّضَحَ أَنَّهَا تَعَاطَتْ كَمِّيَّةً كَبِيرَةً مِنَ الْهِيرُوِين كَادَتْ أَنْ تُودِيَ بِحَيَاتِهَا، وَلَوْلَا تَدَخُّلُ الْأَطِبَّاءِ الَّذِينَ أَجْرَوْا عَمَلِيَّةَ غَسِيلٍ عَاجِلَةً لَهَا، لَكَانَتِ الْآنَ فِي عِدَادِ الْأَمْوَاتِ. لَقَدْ تَمَّ إِنْقَاذُ حَيَاتِهَا! لَكِنَّهَا فِي **غَيْبُوبَةٍ** وَيَجِبُ الِانْتِظَارُ حَتَّى **تَفِيقَ** مِنْهَا.

اتَّصَلُوا بِوَالِدَيْهَا لِيُخْبِرُوهُمَا بِالْأَمْرِ، فَحَضَرَا مُسْرِعَيْنِ. كَانَتْ وَالِدَتُهَا تَنْتَفِضُ مِنَ الْخَوْفِ وَالْقَلَقِ، وَكَأَنَّهَا كَانَتْ فِي غَيْبُوبَةٍ وَأَفَاقَتْ مِنْهَا. شَعَرَتْ لِبُرْهَةٍ وَكَأَنَّهَا فَقَدَتْ ابْنَتَهَا الْوَحِيدَةَ، وَتَذَكَّرَتْ كَيْفَ أَتَتْ هَذِهِ الزَّهْرَةُ إِلَى الْحَيَاةِ بَعْدَ طُولِ انْتِظَارٍ، وَكَيْفَ أَهْمَلَتْهَا حَتَّى ذَبُلَتْ. **اِنْهَارَتْ** الْأُمُّ بَاكِيَةً وَكَذَلِكَ الْأَبُ. لَمْ تَتَصَوَّرْ أَنَّ هُنَاكَ شَيْءٌ يُمْكِنُ أَنْ يَأْخُذَ طِفْلَتَهَا مِنْهَا، وَلَا حَتَّى الْمَوْتُ نَفْسُهُ. كَانَ الْأَلَمُ **يَعْتَصِرُ** فُؤَادَهَا عَلَى فِلْذَةِ كَبِدِهَا الَّتِي أَفْنَتْ عُمْرَهَا فِي انْتِظَارِهَا وَجَمْعِ الْمَالِ لِتَجْعَلَهَا تَعِيشُ حَيَاةً سَعِيدَةً. لَمْ

تَتَوَقَّعْ أَنْ يَسْرِقَ هَذَا الْمَالُ ابْنَتَهَا مِنْهَا وَيَجْعَلَهَا تُشَاهِدُهَا تَمُوتُ أَمَامَ نَاظِرَيْهَا وَهِيَ **تَتَحَسَّرُ** عَلَى ذَلِكَ وَلَا تَسْتَطِيعُ حَتَّى إِنْقَاذَهَا. وَنَذَرَتِ الْأُمُّ إِنْ فَاقَتْ طِفْلَتُهَا، وَعَادَتْ لِلْحَيَاةِ مَرَّةً أُخْرَى، سَوْفَ تَهْتَمُّ بِهَا كَمَا يَهْتَمُّ **الْبُسْتَانِيُّ** بِالزُّهُورِ.

بَعْدَ مُرُورِ يَوْمَيْنِ **عَصِيبَيْنِ** عَلَى وَالِدَيْهَا وَأَصْدِقَائِهَا، أَفَاقَتْ كَادِي مِنَ الْغَيْبُوبَةِ، وَشَعَرَ الْجَمِيعُ بِالْفَرَحِ لِعَوْدَتِهَا لِلْحَيَاةِ، وَأَسْرَعَ وَالِدَاهَا لِاحْتِضَانِهَا وَ**تَوْبِيخِهَا** عَلَى فِعْلَتِهَا الشَّنِيعَةِ تِلْكَ، وَوَجَّهَتْ لَهَا أُمُّهَا الْحَدِيثَ بِنَظَرَاتٍ مِنَ اللَّوْمِ وَالْعِتَابِ وَالْأَلَمِ، قَائِلَةً: "لِمَاذَا فَعَلْتِ هَذَا يَا كَادِي؟ تُرِيدِينَ أَنْ تَمُوتِي وَتَجْعَلِينَا نَتَأَلَّمُ لِبَقِيَّةِ حَيَاتِنَا؟ لَيْسَ لَدَيْنَا ابْنَةٌ أُخْرَى غَيْرُكِ. أَنْتِ سَنَدُنَا فِي هَذِهِ الْحَيَاةِ وَابْنَتُنَا الْوَحِيدَةُ."

صَرَّحَتْ كَادِي لِوَالِدَيْهَا بِكُلِّ مَا تَشْعُرُ بِهِ وَمَا تَفْقِدُهُ، فَاعْتَذَرَا لَهَا عَلَى انْشِغَالِهِمَا الدَّائِمِ بِالْعَمَلِ وَالْحَيَاةِ وَعَلَى **إِهْمَالِهِمَا** لِلْعَائِلَةِ وَلِزَهْرَتِهِمَا الْجَمِيلَةِ. وَتَعَاهَدَا مَعَهَا عَلَى أَلَّا تُكَرِّرَ مَا فَعَلَتْ مَرَّةً أُخْرَى، وَسَوْفَ يَتَغَيَّرُ كُلُّ شَيْءٍ لِلْأَفْضَلِ.

عَادَ الْجَمِيعُ لِإِسْطَنْبُول بَعْدَ أَنْ تَمَّ إِلْغَاءُ الرِّحْلَةِ بِسَبَبِ مَا حَدَثَ لِكَادِي، لَكِنَّهُمْ كَانُوا يَشْعُرُونَ بِالْفَرَحِ لِشِفَائِهَا وَعَوْدَتِهَا إِلَى الْحَيَاةِ مَرَّةً أُخْرَى. بَعْدَ وُصُولِ كَادِي وَأُسْرَتِهَا لِلْقَصْرِ، احْتَضَنَهَا وَالِدَاهَا، **وَعَاهَدَاهَا** عَلَى أَلَّا يَفْتَرِقَا مَعَهَا ثَانِيَةً لِأَنَّهُمَا **يُحِبَّانِهَا**. قَالَتْ لَهَا أُمُّهَا لَيْلَى: "لَا تَفْعَلِي ذَلِكَ مَرَّةً أُخْرَى يَا زَهْرَتِي الْكَادِي." وَاحْتَضَنَتْهَا بِحُبٍّ.

مُلَخَّص الْقِصَّةِ

تَتَمَتَّعُ فَتَاةٌ شَابَّةٌ وَثَرِيَّةٌ وَجَمِيلَةٌ وَمُدَلَّلَةٌ بِجَمِيعِ وَسَائِلِ الرَّفَاهِيَةِ. لَكِنَّ إِهْمَالَ وَالِدَيْهَا لَهَا جَعَلَهَا تَفْقِدُ مَعْنَى السَّعَادَةِ وَتُفَكِّرُ بِالِانْتِحَارِ.

Summary of the story

A young, wealthy, beautiful, and spoiled girl has everything, but her parents' negligence made her lose sight of happiness. Her anger and frustration led her to attempt suicide, but, luckily, she survived. Her parents finally realized how much love and affection were lacking in the family, and promised to strengthen the bond and be more caring and supportive.

Vocabulary

the flower	الزَّهْرَةُ
the smell	الرَّائِحَةِ
its fruit	ثَمَرُهَا
the pineapple	[بِ]الْأَنَانَاسِ
the perfumes	الْعُطُورِ
to capture	تَأْسِرُ
businesswoman	سَيِّدَةُ أَعْمَالٍ
prestigious	مَرْمُوقَةٍ
slicked back	مُنْسَدِلٍ
the glamorous	الْبَرَّاقَتَانِ
ancient / long-standing	عَرِيقَةٍ
the famous	الْمَشْهُورَةِ
the classic style	الطِّرَازِ الْكْلَاسِيكِيِّ
churned	تَمَخَّضَتْ
geometric thinking	فِكْرٍ هَنْدَسِيٍّ
the palaces of the sultans	قُصُورِ السَّلَاطِينِ
the marble floors	[بِ]الْأَرَاضِي الرُّخَامِيَّةِ
patterned	الْمُزَخْرَفَةِ
[in] golden inscriptions	[بِ]نُقُوشٍ ذَهَبِيَّةٍ
the back patio	الْبَاحَةِ الْخَلْفِيَّةِ

(they) roam	يَجُوبُونَ
fishing trip	رِحْلَةِ صَيْدٍ
to mumble	تَمْتَمَتْ
the happiness	السَّعَادَةِ
the impossibilities	الْمُسْتَحِيلَاتِ
[like] pearl beads	[كَ]حَبَّاتِ اللُّؤْلُؤِ
luxurious	الْفَاخِرَةَ
the green plains	السُّهُولَ الْخَضْرَاءَ
the hills	التِّلَالَ
the bewitching	الْخَلَّابَةِ
wealth	الثَّرَاءِ
to console	تُوَاسِيَانِهَا
to consume	بِتَعَاطِي
(they) rushed	هَرَعَ
coma	غَيْبُوبَةٍ
(she) wakes up	تَفِيقَ
(she) collapsed	اِنْهَارَتْ
to squeeze	يَعْتَصِرُ
to mourn	تَتَحَسَّرُ
the gardener	الْبُسْتَانِيُّ
difficult	عَصِيبَيْنِ

to admit	صَرَّحَتْ
to blame	تَوْبِيخِهَا
to neglect	إِهْمَالِهِمَا
to promise	عَاهَدَاهَا
(they) love her	يُحِبَّانِهَا

Questions about the story

1. لمَاذَا اخْتَارَت لَيلى اسمَ كَادِي لابنتِهَا؟

أ- لأَنَّهَا تُحِبُّ زُهورَ الخَرِيف

ب-لأَنَّهَا تُحِبُّ زَهْرَةَ الكَادِي

ت-لأنها تحِبُّ الرَّيْحَان

ث-لأنَّهَا تحِبُّ زَهْرَ الجُورِي

2. أيْنَ نَشَأَتْ كَادِي؟

أ- مَدِينة اسْطَنْبُول

ب-مدينة انقرَة

ت-قَرْيَة طَرابزون

ث-مدينة أخْرَى

3. مَاذَا طَلَبَتْ كادي من والدَيْهَا؟

أ- الذَّهَابَ لرحْلَة صَيْد

ب-الذَّهَابَ للحَدِيقَة

ت-الذَّهَابَ للسُّوق

ث-الذَّهَابَ للكُلِّيَّة

4. أيْنَ كانت رحلَةُ الطلاَّب؟

أ- قرية طرابزون

ب-حَدِيقة المدينة

ت-مُول المدينة

ث-حَدِيقَة الأسمَاكِ

5. ماذا تَعَاطَتْ كَادِي؟

أ- الشَّاي

ب-المُخَدِّرَات

ت- العَسَل

ث- الحَلِيب

Answers

1. She loves the Cady flower

ب- لأنها تحب زهرة الكادي

2. Istanbul

أ- مدينة اسطنبول

3. Go for a fishing trip

أ- الذهاب لرحلة صيد

4. Trabzon Village

أ- قرية طرابزون

5. Drugs

ب- المخدرات

Chapter 6

الْعُمْرُ لَحْظَةٌ
LIFE IS A MOMENT

فِي إِحْدَى **ضَوَاحِي** بوسطن بِوِلَايَةِ ماساتشوستس الْأَمْرِيكِيَّةِ، **نَشَأَتْ** الشَّابَّةُ سَارَةُ ذَاتُ الْعِشْرِينَ عَامًا وَنَيِّفًا، بَعْدَ أَنْ انْتَقَلَتْ أُسْرَتُهَا قَبْلَ ثَلَاثِينَ عَامًا **مُهَاجِرَةً** إِلَى الْوِلَايَاتِ الْمُتَّحِدَةِ الْأَمْرِيكِيَّةِ.

تَتَكَوَّنُ أُسْرَتُهَا مِنْ أَبٍ وَأُمٍّ وَأَخَوَيْنِ؛ كَانَتْ هِيَ أَصْغَرَهُمْ سِنًّا؛ كَانَتْ فَتَاةً جَمِيلَةً **وَحَالِمَةً** وَطَمُوحَةً وَمُفْعَمَةً بِالْحَيَوِيَّةِ؛ أَحْلَامُهَا لَا تَحُدُّهَا أَرْضٌ وَلَا سَمَاءٌ.

دَرَسَتْ بِجَامِعَةِ هارفارد الْعَرِيقَةِ بَعْدَ أَنْ حَصَلَتْ عَلَى الْمِنْحَةِ الدِّرَاسِيَّةِ بِفَضْلِ تَفَوُّقِهَا وَإِحْرَازِهَا أَعْلَى دَرَجَاتِ الْقَبُولِ فِي الْمِنْحَةِ.

كَانَتْ الطَّالِبَاتُ يَتَقَرَّبْنَ مِنْهَا لِأَنَّهَا مُتَفَوِّقَةٌ، لَكِنَّهَا كَانَتْ تَشْعُرُ **بِالْغُرُورِ** الدَّائِمِ. وَرَغْمَ ذَلِكَ، كَانَ لَدَيْهَا بَعْضُ الصَّدِيقَاتِ الْمُقَرَّبَاتِ، وَمِنْ أَبْرَزِهِنَّ نُورُ وَأَمَلُ وَآيَةُ وَجِينِيفر وَلِيلِي.

سَارَةُ هِيَ الْمُتَفَوِّقَةُ عَلَى جَمِيعِ طُلَّابِ وَطَالِبَاتِ الْكُلِّيَّةِ، وَتَحُوزُ دَائِمًا عَلَى الْمَرْكَزِ الْأَوَّلِ فِي جَمِيعِ الِاخْتِبَارَاتِ.

جَعَلَهَا هَذَا التَّفَوُّق تَطْمَحُ فِي الْمَزِيدِ مِنْهُ، وَكَانَ كُلُّ هَمِّهَا الدِّرَاسَةُ وَالتَّفَوُّق فَحَسْبُ. وَبِسَبَبِ هَذَا، حَصَلَتْ عَلَى فُرْصَةٍ لِلْعَمَلِ كَأُسْتَاذَةٍ مُسَاعِدَةٍ بِالْكُلِّيَّةِ، فَتَمَّ

اخْتِبَارُهَا اخْتِبَارَاتٍ عَدِيدَةً وَصَعْبَةً حَتَّى تَتَمَكَّنَ مِنَ الْحُصُولِ عَلَى هَذِهِ الْوَظِيفَةِ بِكُلِّيَّةِ الْآدَابِ؛ وَنَجَحَتْ سَارَةُ فِي الِاخْتِبَارِ وَبَدَأَتْ **بِمُمَارَسَةِ** التَّدْرِيسِ.

فِي أَوَّلِ يَوْمٍ لَهَا فِي التَّدْرِيسِ، اِجْتَمَعَتْ صَدِيقَاتُهَا وَقُمْنَ بِإِعْدَادِ خُطَّةٍ لِيَحْتَفِلْنَ بِهَذِهِ الْمُنَاسَبَةِ. اِقْتَرَحَتْ نُورُ أَنْ يَقُمْنَ بِدَعْوَتِهَا إِلَى عَشَاءٍ **فَاخِرٍ** بِإِحْدَى الْمَطَاعِمِ **الْمُطِلَّةِ** عَلَى الْبَحْرِ، لَكِنْ دُونَ إِخْبَارِهَا بِذَلِكَ.

تَمَّ التَّخْطِيطُ وَتَحْدِيدُ الْمَوْعِدِ، وَقَامَتْ جِينِيفر بِالِاتِّصَالِ بِسَارَةَ وَطَلَبَتْ مِنْهَا أَنْ تَلْتَقِيَ بِهَا فِي الْيَوْمِ الْمُوَالِي عِنْدَ شَاطِئِ نَهْرِ تشارلز لِكَيْ تَحْكِيَ لَهَا بَعْضَ الْمُشْكِلَاتِ الْخَاصَّةِ بِعَائِلَتِهَا، لَكِنَّ الْأَمْرَ لَمْ يَكُنْ كَذَلِكَ، بَلْ كَانَ تَخْطِيطًا لِمُفَاجَأَةِ سَارَةَ **بِالْوَلِيمَةِ** الَّتِي تَنْتَظِرُهَا. وَافَقَتْ سَارَةُ وَاتَّفَقَتْ مَعَ جِينِيفر عَلَى الْمَوْعِدِ.

كَانَتْ سَارَةُ تَسْتَقِلُّ **الْمِتْرُو** كُلَّ يَوْمٍ مِنْ مَنْزِلِهَا إِلَى الْكُلِّيَّةِ، وَتَتَأَمَّلُ مِنْ نَافِذَتِهِ الطَّبِيعَةَ الْخَلَّابَةَ، أَوْ تُشَاهِدُ الْمَارَّةَ فِي الطَّرِيقِ وَأَصْوَاتُ السَّيَّارَاتِ تَمْلَأُ أُذُنَيْهَا، وَالْهَوَاءُ النَّقِيُّ يُحَرِّكُ خُصُلَاتِ شَعْرِهَا الْحَرِيرِيِّ، وَتَنْتَبِهُ لِكُلِّ التَّفَاصِيلِ الصَّغِيرَةِ الْمُحِيطَةِ بِالطَّرِيقِ: ذَاكَ يَجْلِسُ عَلَى **الرَّصِيفِ** يَعْزِفُ عَلَى **الْكَمَانِ** لِيَجْنِيَ بَعْضَ الْمَالِ، وَالْآخَرُ يَقُودُ رَجُلًا عَجُوزًا لِيُسَاعِدَهُ عَلَى عُبُورِ الطَّرِيقِ، وَالْأُخْرَى تَدْفَعُ عَرَبَةَ طِفْلِهَا الصَّغِيرِ. تَنْتَهِي كُلُّ هَذِهِ الْأَحْدَاثُ عِنْدَ نُزُولِهَا مِنَ الْمِتْرُو وَذَهَابِهَا بِخُطًى سَرِيعَةٍ لِلْكَافِيهِ الْمُقَابِلِ لِلْكُلِّيَّةِ **لِاحْتِسَاءِ** قَهْوَتِهَا الصَّبَاحِيَّةِ.

بَعْدَ أَنْ انْتَهَتْ مِنَ الدَّوَامِ، اتَّصَلَتْ سَارَةُ بِجِينِيفر لِكَيْ تُخْبِرَهَا أَنَّهَا سَتَذْهَبُ حَالًا لِمُلَاقَاتِهَا، لَكِنْ فَجْأَةً شَعَرَتْ بِأَلَمٍ فِي الظَّهْرِ وَكُحَّةٍ وَسُعَالٍ.

شَعَرَتْ **بِدُوَارٍ** شَدِيدٍ وَحُمَّى خَفِيفَةٍ. اعْتَذَرَتْ مِنْ جِينِيفر وَقَالَتْ لَهَا: "يَجِبُ أَنْ نَلْتَقِيَ غَدًا." لَكِنْ قَبْلَ أَنْ تُكْمِلَ الْحَدِيثَ مَعَهَا، وَقَعَتْ أَرْضًا.

حَمَلَهَا الطُّلَّابُ وَأَسْرَعُوا بِهَا لِلْمَشْفَى. وَبَعْدَ **الْفَحْصِ** الدَّقِيقِ، تَبَيَّنَ أَنَّهَا مُصَابَةٌ بِمَرَضٍ جَدِيدٍ **مُعْدٍ** يُسَمَّى كُوفِيدْ-19.

مَرَضُ كُوفِيدْ-19 هُوَ مَرَضٌ مُعْدٍ يُسَبِّبُهُ آخِرُ فَيْرُوسٍ تَمَّ اكْتِشَافُهُ مِنْ سُلَالَةِ فَيْرُوسَاتِ كُورُونَا.

لَمْ يَكُنْ هُنَاكَ أَيُّ عِلْمٍ بِوُجُودِ هَذَا الْفَيْرُوسِ الْجَدِيدِ وَالْمَرَضِ الَّذِي يُسَبِّبُهُ قَبْلَ بَدْءِ تَفَشِّيهِ فِي مَدِينَةِ وُوهَان الصِّينِيَّةِ، وَقَدْ تَحَوَّلَ الْآنَ إِلَى **جَائِحَةٍ** تُؤَثِّرُ عَلَى الْعَدِيدِ مِنْ بُلْدَانِ الْعَالَمِ.

كَانَتْ سَارَةُ أَوَّلَ حَالَةِ إِصَابَةٍ بِهَذَا الْمَرَضِ، مِمَّا أَثَارَ قَلَقَ الْجَمِيعِ. قَامَ الْمُسْتَشْفَى بِإِجْرَاءِ **حَجْرٍ صِحِّيٍّ** لِجَمِيعِ الطُّلَّابِ الَّذِينَ قَامُوا بِحَمْلِ سَارَةَ وَتَعْقِيمِهِمْ لِيَتَمَاثَلُوا بِالشِّفَاءِ.

اتَّصَلَ أَحَدُ الْمُمَرِّضِينَ بِآخِرِ مُكَالَمَةٍ مُسَجَّلَةٍ فِي هَاتِفِ سَارَةَ، وَهِيَ جِينِيفر. أَخْبَرَهَا بِمَا حَدَثَ لِصَدِيقَتِهَا وَطَلَبَ مِنْهَا إِخْبَارَ عَائِلَةِ سَارَةَ بِذَلِكَ. حَزِنَتْ جِينِيفر وَجَمِيعُ الصَّدِيقَاتِ. فَبِالرَّغْمِ مِنْ **غُرُورِ** سَارَةَ، إِلَّا أَنَّهُمْ يُحِبُّونَهَا. وَقَدْ أَخْبَرُوا أُسْرَتَهَا بِمَا ذَكَرَ الْمُمَرِّضُ.

تَأَثَّرَ أَعْضَاءُ الْأُسْرَةِ وَحَضَرُوا لِلْمَشْفَى، لَكِنْ لَمْ يُسْمَحْ لَهُمْ بِالدُّخُولِ تَفَادِيًا لِتَفَشِّي **الْعَدْوَى**.

رَجَعَتِ الْأُسْرَةُ وَالصَّدِيقَاتُ وَكَانَتْ **صَدْمَةً** لَهُمْ، لَكِنَّهُمْ لَمْ يَيْأَسُوا. دَعَوْا لِسَارَةَ لِكَيْ تَتَمَاثَلَ بِالشِّفَاءِ.

وَسَارَةُ لَمْ تَيْأَسْ أَيْضًا، بَلْ كَانَتْ صَابِرَةً رَغْمَ الْأَلَمِ الَّذِي كَانَتْ تُحِسُّ بِهِ.

اتَّبَعَتْ سَارَةُ **بُرُوتُوكُولًا** عِلَاجِيًّا: بِالْإِضَافَةِ إِلَى **أَجْهِزَةِ التَّنَفُّسِ** الصِّنَاعِيِّ، كَانَتْ تَتَنَاوَلُ **الْمُضَادَّ الْحَيَوِيَّ** وَفِيتَامِين C وَالزِّنْكَ وَالْأَسْبِرِين يَوْمِيًّا، **وَالْتَزَمَتْ** بِتَنَاوُلِ الْعَصَائِرِ الطَّبِيعِيَّةِ وَالسَّلَطَاتِ وَالْفَوَاكِهِ الْمُتَنَوِّعَةِ، وَمُمَارَسَةِ رِيَاضَةٍ بَسِيطَةٍ، مَعَ الِامْتِنَاعِ عَنِ السُّكَّرِيَّاتِ نِهَائِيًّا.

لَكِنْ بِالرَّغْمِ مِنَ الْأَلَمِ الَّذِي تَخَلَّلَ عِظَامَهَا، كَانَتْ **مُوقِنَةً** بِشِفَائِهَا فِي أَسْرَعِ وَقْتٍ وَأَنَّ هَذِهِ لَيْسَتْ النِّهَايَةَ.

فِي صَبِيحَةِ يَوْمٍ بَارِدٍ مِنْ أَيَّامِ بُوسْطن، شَعَرَتْ سَارَةُ بِضِيقٍ فِي التَّنَفُّسِ، حَتَّى كَادَتْ أَنْ تَمُوتَ.

هَرَعَ الْأَطِبَّاءُ إِلَيْهَا لَكِنَّهَا لَا تُحَرِّكُ سَاكِنًا. تُحِيطُ بِعَيْنَيْهَا زُرْقَةُ دُمُوعِهَا الْجَافَّةِ الَّتِي كَانَتْ تَبْكِيهَا طَوَالَ اللَّيَالِي السَّابِقَةِ. وَبَعْدَ لَحَظَاتٍ مِنْ **تَدَخُّلِ** الْأَطِبَّاءِ، عَادَتْ سَارَةُ إِلَى الْحَيَاةِ مَرَّةً أُخْرَى.

ذُهِلَ الْأَطِبَّاءُ **ذُهُولًا** تَامًّا وَتَعَجَّبُوا مِمَّا حَدَثَ.

خَرَجَتْ سَارَةُ مِنَ الْحَجْرِ **أَخِيرًا** وَوَجَدَتْ صَدِيقَاتِهَا مَعَ أُسْرَتِهَا فِي انْتِظَارِهَا، وَأَعَدُّوا لَهَا **احْتِفَالًا**، وَكَانَ الِاحْتِفَالُ تَعْوِيضًا لَهَا عَنِ الدَّعْوَةِ الْأُولَى الَّتِي كَانَتْ بِسَبَبِ الْوَظِيفَةِ، وَفَرِحُوا بِشِفَائِهَا وَخُرُوجِهَا مِنَ الْحَجْرِ الصِّحِّيِّ.

نَظَرَتْ سَارَةُ لِلسَّمَاءِ وَهِيَ فِي **سُرُورٍ** تَامٍّ وَرِضَاءٍ **وَامْتِنَانٍ** عَلَى شِفَائِهَا وَقُدْرَتِهَا عَلَى الْعَوْدَةِ إِلَى حَيَاتِهَا الطَّبِيعِيَّةِ.

بَعْدَ هَذِهِ **الْحَادِثَةِ**، قَرَّرَتْ سَارَةُ **الِاهْتِمَامَ** بِعَائِلَتِهَا وَالتَّفَرُّغَ لَهُمْ وَالْجُلُوسَ مَعَهُمْ عَلَى مَوَائِدِ الطَّعَامِ، وَمُوَاعَدَةِ صَدِيقَاتِهَا وَالْخُرُوجِ مَعَهُنَّ لِقَضَاءِ أَمْتَعِ الْأَوْقَاتِ لِأَنَّ **الْعُمْرَ** يُمْكِنُ أَنْ يَذْهَبَ فِي أَيِّ لَحْظَةٍ دُونَ أَنْ نَدْرِي.

مُلَخَّص الْقِصَّة

تُكَدِّسُ فَتَاةٌ شَابَّةٌ، وَمُفْعَمَةٌ بِالْحَيَوِيَّةِ، وَمُتَفَوِّقَةٌ، وَحَالِمَةٌ، وَجَمِيلَةٌ، لَكِنْ مَغْرُورَةٌ كُلَّ حَيَاتِهَا فِي الدِّرَاسَةِ، لَكِنْ سُرْعَانَ مَا تَحَوَّلَتْ حَيَاتُهَا إِلَى حَيَاةٍ أُخْرَى بِسَبَبِ مَرَضِهَا. لَكِنْ بَعْدَ شِفَائِهَا، تَغَيَّرَتْ نَظْرَتُهَا لِلْحَيَاةِ، وَأَدْرَكَتْ أَنَّ الْعُمْرَ لَحْظَةٌ، وَلَا قِيمَةَ لِلْوُجُودِ بَعِيدًا عَنِ الْعَائِلَةِ وَالْأَصْدِقَاءِ، وَتَعَلَّمَتْ أَنَّهُ، مَهْمَا نَظَرْنَا لِلْحَيَاةِ عَلَى أَنَّهَا طَوِيلَةٌ، يُمْكِنُ أَنْ تَنْتَهِيَ فِي لَحْظَةٍ.

Summary of the story

A spirited, overachieving young girl has big dreams. She is beautiful yet arrogant. All her life was dedicated to studying. However, her life was transformed completely due to illness. After she recovered, her outlook on life changed, and she realized that life is a moment, and it's not worth being away from family and friends. She learned that even if we think that we have much longer to live, it could all end in a moment.

Vocabulary

suburbs	ضَوَاحِي
(she) grew up in/at	نَشَأَتْ
immigrating	مُهَاجِرَةً
dreamy	حَالِمَةً
arrogance	الْغُرُورِ
practice	[بِ]مُمَارَسَةِ
luxurious	فَاخِرٍ
the overlooking	الْمُطِلَّةِ
a feast	الْوَلِيمَةِ
the metro	الْمِتْرُو
the sidewalk	الرَّصِيفِ
the violin	الْكَمَانِ
[to] sip	[لِ]احْتِسَاءِ
dizziness	[بِ]دُوَارٍ
examination	الْفَحْصِ
contagious	مُعْدٍ
pandemic	جَائِحَةٍ
quarantine	حَجْرٍ صِحِّيٍّ
arrogance	غُرُورٍ
the infection	الْعَدْوَى

a shock	صَدْمَةً
protocol	بُرُوتُوكُولًا
the breathing apparatus	أَجْهِزَةِ التَّنَفُّسِ
the antibiotic	الْمُضَادَّ الْحَيَوِيَّ
to commit	الْتَزَمَتْ
to be certain	مُوقِنَةً
to rush	هَرَعَ
intervention	تَدَخُّلِ
astonishment	ذُهُولًا
finally	أَخِيرًا
celebration	احْتِفَالًا
pleasure	سُرُورٍ
gratitude	امْتِنَانٍ
accident	الْحَادِثَةِ
to look after	الِاهْتِمَامَ
the age	الْعُمْرَ

Questions about the story

1. أيْنَ نَشَأت سَارَّة؟

أ- في مَدِينَة نيوتاون

ب-فِي مدينة نيوكَاسِلْ

ت-في مَدِينَة فرجينيَا

ث-في مدِينَة نِبْرَاسْكَا

2. فِي أَيِّ جَامِعَةٍ تَدْرُسُ سَارَّة؟

أ- جَامِعَةُ هَارْفَارْدْ

ب-جَامعة نيوكَاسِل

ت-جامعة اكسفُورد

ث-جامعة بوسْطن العَريقَة

3. علَى أَيِّ مِنْحَةٍ حَصَلَتْ؟

أ- أسْتَاذَةٌ مُسَاعِدَة

ب-مُدَرِّبَةُ مَهَارَاتٍ

ت-مُتَحَدِّثَةٌ في مِنَصَّات

ث-مُدَرِّبَةُ رِيَاضَة

4. مَا وسيلَة المُوَاصَلات التِي تَسْتَقِلُّهَا سَارَّة لِكَيْ تَصِلَ إلى الكُلّيَّة؟

أ- الحَافلة

ب-المِتْرو

ت-سيَّارة خَاصة

ث-الدَّرَّاجَةُ الهَوَائِيَّةُ

5. مَاذَا خَطَّطَتْ صَدِيقَاتُهَا لَهَا؟

أ- دَعْوَتَهَا عَلَى عشاءٍ فاخر والاحتفال بوظيفتِها الجَدِيدَة

ب-عقْدُ اجتِمَاع مَعَهَا والتَّحَدُّثُ عن الدِّرَاسَة

ت-الخُرُوج للاسْتِجْمَام

ث-الذَّهَابُ لِصَالُون التَّجْمِيل

6. بمَاذَا أصيبَتْ سارة؟

أ- بالتهابٍ حادٍّ

ب-بِمَرض مُعْدٍ وقَاتِل يعرف ب كوفيد-19

ت-بالتَّايفويد

ث- بمَرَضِ القَلْبِ

Answers

1. In Newtown, Massachusetts,
   on the outskirts of Boston

أ- في مدينة نيوتاون

2. Harvard University

أ- جامعة هارفارد

3. Teaching assistant

أ- أستاذة مساعدة

4. The metro

ب- المترو

5. Bought her a gourmet dinner
   and celebrated her new job

أ- عزومتها على عشاءٍ فاخر والاحتفال
بوظيفتها الجديدة

6. An infectious and fatal
   disease called COVID-19

ب- بمرض معدٍ وقاتل يعرف ب كوفيد-19

Chapter 7

مَمَرَّاتُ الْحَيَاةِ

LIFE PATHS

تَسَلَّلَتْ أَوَّلُ خُيُوطِ الشَّمْسِ الَّتِي أَشْرَقَتْ عَلَى اسْتِحْيَاءٍ مِنْ بَيْنِ السَّحَابَاتِ الْكَثِيفَةِ، حَيْثُ السَّمَاءُ مُلَبَّدَةٌ بِالْغُيُومِ وَرَذَاذُ الْمَطَرِ الْخَفِيفُ يَنْثُرُ نَدَى **قَطَرَاتِهِ** عَلَى الْأَرْضِ **الرَّطْبَةِ** لِيُنْعِشَ فِي تُرْبَتِهَا رَائِحَةَ الشِّتَاءِ وَالذِّكْرَيَاتِ؛ وَتَسَرَّبَ شُعَاعٌ مِنَ الضَّوْءِ الْخَفِيفِ إِلَى غُرْفَتِهَا. فَتَحَتْ أَجْفَانَهَا بِتَثَاقُلٍ وَسَرَحَتْ قَلِيلًا فِي **السَّقْفِ** وَهِيَ تَلْعَبُ بِخُصْلَاتِ شَعْرِهَا الْمُتَنَاثِرَةِ عَلَى **الْوِسَادَةِ** وَعَلَى خَدِّهَا **بِعَشْوَائِيَّةٍ**. أَخَذَتِ **الْأَفْكَارُ** الْعَشْوَائِيَّةُ تَقْفِزُ إِلَى ذِهْنِهَا، لَكِنَّهَا تَحْتَاجُ إِلَى شَيْءٍ لِيَجْعَلَ هَذَا الْيَوْمَ يَكْتَمِلُ.

قَفَزَتْ مِنْ سَرِيرِهَا وَتَوَجَّهَتْ إِلَى **الْمَطْبَخِ** لِتُحَضِّرَ كُوبًا مِنَ **الْقَهْوَةِ**؛ وَضَعَتْ حُبَيْبَاتِ الْقَهْوَةِ فِي الْفِنْجَانِ وَأَخَذَتْ تَمْزِجُهَا مَعَ الْمَاءِ السَّاخِنِ بِسُرْعَةٍ كَالْعَادَةِ. فَكُلُّ شَيْءٍ فِي حَيَاتِهَا تَفْعَلُهُ عَلَى عَجَلٍ، وَكَأَنَّ حَيَاتَهَا عِبَارَةٌ عَنْ مَمَرَّاتِ سِبَاقِ مَارَاثُونٍ، وَلَا تَنْفَكُّ عَنِ **الرَّكْضِ** الدَّائِمِ فِيهَا حَتَّى تَصِلَ إِلَى خَطِّ النِّهَايَةِ قَبْلَ أَنْ يَتِمَّ إِطْلَاقُ صَافِرَةِ النِّهَايَةِ.

غَسَلَتْ وَجْهَهَا سَرِيعًا، وَنَظَّفَتْ أَسْنَانَهَا وَارْتَدَتْ ثِيَابَهَا بِسُرْعَةٍ، وَتَنَاوَلَتْ **رَشَفَاتٍ** قَلِيلَةً مِنَ الْقَهْوَةِ وَهِيَ تَرْكُضُ مِنْ هُنَا إِلَى هُنَاكَ فِي مُحَاوَلَةٍ مِنْهَا لِجَلْبِ كَافَّةِ

احْتِيَاجَاتِهَا قَبْلَ أَنْ تُغَادِرَ الشُّقَّةَ، تَارِكَةً وَرَاءَهَا فِنْجَانَ قَهْوَةٍ نِصْفَ مُمْتَلِئٍ وَالْكَثِيرَ مِنَ الْفَوْضَى.

نَزَلَتِ **الدَّرَجَ** بِسُرْعَةٍ وَهِيَ تُمَنِّي نَفْسَهَا بِأَنْ تَلْحَقَ **بِالْحَافِلَةِ** قَبْلَ أَنْ تُغَادِرَ، وَكَانَتِ الْمُدِيرَةُ قَدْ أَعْطَتْهَا **إِنْذَارًا** بِالطَّرْدِ فِي حَالِ تَأَخُّرِهَا. لَمْ يَكُنْ يَوْمًا عَادِيًّا، فَقَدْ كَانَ لَدَيْهَا **اجْتِمَاعٌ** مُهِمٌّ الْيَوْمَ مَعَ إِدَارَةِ الشَّرِكَةِ **لِمُنَاقَشَةِ أَعْمَالِ** الشَّهْرِ الْجَدِيدِ. وَصَلَتْ إِلَى الْمَحَطَّةِ الَّتِي تَبْعُدُ مَسَافَةَ 10 دَقَائِقَ مَشْيًا عَنْ مَنْزِلِهَا، وَقَدْ أَوْشَكَتِ الْحَافِلَةُ عَلَى الْمُغَادَرَةِ. صَعِدَتْ إِلَى الْحَافِلَةِ وَهِيَ تَحْتَضِنُ **حَاسُوبَهَا** الشَّخْصِيَّ، فَقَدْ سَهِرَتِ اللَّيْلَةَ بِأَكْمَلِهَا لِتُنْجِزَ **الْمَشْرُوعَ** الْجَدِيدَ الْمَطْلُوبَ مِنْهَا. وَسَتَعْرِضُهُ الْآنَ عَلَى اللَّجْنَةِ لِتَقْيِيمِهِ.

سَرَحَتْ بِخَيَالِهَا إِلَى الِاجْتِمَاعِ وَأَخَذَتْ تَتَخَيَّلُ نَفْسَهَا فِيهِ، وَمَاذَا سَتَقُولُ وَكَيْفَ سَتَعْرِضُ مَشْرُوعَهَا، وَهَلْ **سَيَحُوزُ** عَلَى اسْتِحْسَانِ اللَّجْنَةِ وَصَاحِبِ الْمَشْرُوعِ، أَمْ أَنَّهَا سَتَتَعَرَّضُ لِلتَّوْبِيخِ. صَرَفَتْ هَذِهِ الْفِكْرَةَ الْمُزْعِجَةَ مِنْ بَالِهَا، فَهِيَ **وَاثِقَةٌ** أَنَّ تَعَبَهَا سَيُؤْتِي ثِمَارَهُ، وَأَنَّ عَمَلَهَا طَالَمَا حَازَ عَلَى إِعْجَابِ الزَّبَائِنِ وَ**مَدِيحِهِمْ**، فَلَطَالَمَا كَانَتْ مَوْضِعَ إِعْجَابِ مُدِيرَتِهَا، وَمَحَلَّ ثَنَاءِهَا وَمَدِيحِهَا.

وَصَلَتْ إِلَى عَمَلِهَا، فَنَزَلَتْ **مُسْرِعَةً** إِلَى الدَّاخِلِ وَهِيَ تَحْمِلُ ابْتِسَامَةً رَقِيقَةً تَتَسَلَّحُ بِهَا صَبَاحًا فِي وَجْهِ كُلِّ الْأَشْخَاصِ حَوْلَهَا، وَكَأَنَّمَا **تَحْنُو** عَلَيْهِمْ مِنْ صَبَاحَاتِ الْعَمَلِ الْمُتْعِبَةِ وَمَشَقَّةِ الْحَيَاةِ وَهُمُومِهَا. وَقَفَتْ لِدَقَائِقَ فِي انْتِظَارِ الْمِصْعَدِ، حَتَّى جَاءَتْ زَمِيلَتُهَا فِي الْعَمَلِ مَرْيَم، وَ**بَادَرَتْهَا** سُوزَان بِابْتِسَامَتِهَا الرَّقِيقَةِ قَائِلَةً: "صَبَاحُ الْخَيْرِ يَا مَرْيَم!"

رَدَّتْ مَرْيَم بِابْتِسَامَةٍ مُقْتَضَبَةٍ قَائِلَةً: "صَبَاحُ الْخَيْرِ!"

وَمِنْ ثَمَّ وَصَلَ الْمِصْعَدُ وَصَعِدَتْ الْفَتَاتَانِ إِلَى عَمَلِهِمَا. كَانَتْ سُوزَان **مُنْهَمِكَةً** فِي تَرْتِيبِ الْأَوْرَاقِ عَلَى مَكْتَبِهَا، فِي مُحَاوَلَةٍ مِنْهَا لِشَغْلِ نَفْسِهَا وَالتَّقْلِيلِ مِنْ **تَوَتُّرِهَا** وَإِعْدَادِ نَفْسِهَا لِلْمُقَابَلَةِ. جَاءَ آدَمُ عَامِلُ الْبُوفِيه يَسْأَلُهَا إِنْ كَانَتْ سَتَشْرَبُ قَهْوَتَهَا هَذَا الصَّبَاحَ أَمْ لَا، فَأَجَابَتْهُ بِأَنْ يَجْلِبَ لَهَا الْقَهْوَةَ خِلَالَ الِاجْتِمَاعِ، وَحَمَلَتْ أَوْرَاقَهَا وَحَاسُوبَهَا مُتَّجِهَةً إِلَى قَاعَةِ الِاجْتِمَاعَاتِ.

وَمَا إِنْ دَخَلَتِ الْقَاعَةُ، حَتَّى بَادَرَتْهَا الْمُدِيرَةُ بِابْتِسَامَتِهَا وَحَيَّتْهَا. وَمَا إِنْ جَلَسَ كُلٌّ فِي **مَجْلِسِهِ**، حَتَّى بَدَأَ الِاجْتِمَاعُ بِعَرْضِ وَمُنَاقَشَةِ الْمَشَارِيعِ السَّابِقَةِ. وَجَاءَ دَوْرُ سُوزَان لِعَرْضِ مَشْرُوعِهَا وَعَمَلِهَا الَّذِي أَمْضَتْ لَيَالٍ طَوِيلَةً فِي إِعْدَادِهِ، حَتَّى أَنَّهَا لَمْ تَنَمِ الْبَارِحَةَ لِيَخْرُجَ بِأَبْهَى مَا يَكُونُ. قَدَّمَتْ مَشْرُوعَهَا وَعَمَلَهَا وَطَالَ النِّقَاشُ مَعَهَا فِي تَفَاصِيلِهِ، لَكِنَّهَا **فِي النِّهَايَةِ** اسْتَطَاعَتْ أَنْ تُقْنِعَ أَعْضَاءَ اللَّجْنَةِ بِوِجْهَةِ نَظَرِهَا وَأَنْ تَحْصُلَ عَلَى **مُبَارَكَتِهِمْ** لَهَا وَلِأَفْكَارِهَا الْمُمَيَّزَةِ. صَفَّقَ الْجَمِيعُ لَهَا وَاتَّجَهَتْ إِلَى كُرْسِيِّهَا لِيُكْمِلُوا الِاجْتِمَاعَ بِعَرْضِ بَاقِي الْمَشَارِيعِ.

كَانَتِ الْمُدِيرَةُ تَشِيدُ بِهَا وَبِذَكَائِهَا وَ**تَفَانِيهَا** فِي عَمَلِهَا وَطَلَبَتْ مِنْهَا الْبَدْءَ فِي تَنْفِيذِ الْمَشْرُوعِ حَالًا، فَالْأَمْرُ لَا يَحْتَمِلُ التَّأْخِيرَ. وَكَانَتْ نَظَرَاتُ الْآخَرِينَ مُسَلَّطَةً عَلَيْهَا يُبَارِكُونَ لَهَا. فِي نِهَايَةِ الِاجْتِمَاعِ، شَكَرَتِ الْمُدِيرَةُ الْجَمِيعَ وَطَلَبَتْ مِنْهُمُ الْمُغَادَرَةَ إِلَى مَكَاتِبِهِمْ **لِاسْتِئْنَافِ** عَمَلِهِمْ. وَمَا إِنْ قَامَتْ سُوزَان مِنْ مَكَانِهَا لِتَحْمِلَ حَاسُوبَهَا وَتُغَادِرَ، حَتَّى تَفَاجَأَتْ بِكُوبِ مَاءٍ قَدْ انْسَكَبَ عَلَيْهِ! لَمْ تَسْتَوْعِبْ مَا حَدَثَ، وَوَقَفَتْ مَذْهُولَةً وَمَصْدُومَةً. تَسَاءَلَتْ سُوزَان: "مَا الَّذِي جَاءَ بِكُوبِ الْمَاءِ هَذَا هُنَا؟ وَكَيْفَ انْسَكَبَ عَلَى الْجِهَازِ؟" أَخَذَ زُمَلَائُهَا يُسَاعِدُونَهَا فِي تَجْفِيفِهِ بِسُرْعَةٍ حَتَّى لَا يَصِلَ الْمَاءُ إِلَى دَاخِلِ الْجِهَازِ وَيُسَبِّبَ أَضْرَارًا فَادِحَةً.

لَكِنْ وَقَعَ مَا لَمْ يَكُنْ فِي الْحُسْبَانِ؛ حَاوَلَتْ سُوزَان كَثِيرًا تَشْغِيلَ الْجِهَازِ، لَكِنْ لَمْ تَظْهَرْ لَهَا إِلَّا شَاشَةٌ سَوْدَاءُ. يَا لَلْهَوْلِ! مَاذَا سَتَفْعَلُ الْآنَ؟ لَقَدْ بَاءَتْ كُلُّ مُحَاوَلَاتِهَا بِالْفَشَلِ، وَيَجِبُ عَلَيْهَا أَنْ تَبْدَأَ فِي تَنْفِيذِ مَشْرُوعِهَا صَبَاحَ الْيَوْمِ التَّالِي. أَرْسَلَتِ الْحَاسُوبَ إِلَى **الصِّيَانَةِ**، وَجَلَسَتْ تَنْتَظِرُ، لَعَلَّ وَعَسَى أَنْ يَتِمَّ تَصْلِيحُهُ الْيَوْمَ وَتُبَاشِرَ هِيَ عَمَلَهَا فِي الْغَدِ. طَالَ انْتِظَارُهَا، لَكِنْ فِي النِّهَايَةِ، لَمْ تَسْتَطِعِ الْحُصُولَ عَلَى رَدِّ فَرِيقِ الصِّيَانَةِ بِاسْتِلَامِهِ الْيَوْمَ.

جَرْجَرَتْ أَذْيَالَهَا عَائِدَةً إِلَى الْمَنْزِلِ وَهِيَ تَبْكِي عَلَى تَعَبِهَا وَمَشَارِيعِهَا السَّابِقَةِ الَّتِي كَانَتْ تَحْتَفِظُ بِهَا عَلَى الْحَاسُوبِ، إِضَافَةً إِلَى ذِكْرَيَاتِهَا وَصُوَرِهَا وَصُوَرِ صَدِيقَاتِهَا وَعَائِلَتِهَا. أَخَذَتْ **تَسْتَرْجِعُ وَقَائِعَ** هَذَا الْيَوْمِ **الْمَشْؤُومِ** بِالنِّسْبَةِ لَهَا، **وَتَلُومُ وَتُعَاتِبُ** نَفْسَهَا وَتُحَاوِلُ أَنْ تَتَذَكَّرَ كَيْفَ وَصَلَ ذَلِكَ الْكَأْسُ إِلَى جِهَازِهَا الْمَحْمُولِ، وَتَوَصَّلَتْ إِلَى أَنَّ مَرْيَم هِيَ الَّتِي كَانَتْ تَجْلِسُ بِجِوَارِهَا. لَرُبَّمَا انْسَكَبَ الْكُوبُ مِنْ يَدِ مَرْيَم، وَلَرُبَّمَا تَعَمَّدَتْ سَكْبَهُ عَلَى جِهَازِهَا. وَقَدِ افْتَرَضَتْ سُوزَان أَنَّ مَرْيَم تَشْعُرُ **بِالْغَيْرَةِ** مِنْهَا وَتَحْقِدُ عَلَيْهَا لِنَجَاحِهَا وَبِالتَّالِي سَكَبَتِ الْمَاءَ مُتَعَمِّدَةً عَلَى حَاسُوبِهَا الشَّخْصِيِّ لِكَيْ تُفْسِدَ عَمَلَهَا وَتُعَرْقِلَ سَيْرَ مَشْرُوعِهَا، لِذَا قَرَّرَتِ التَّوَجُّهَ إِلَى مَكْتَبِ الْمُدِيرَةِ فِي الصَّبَاحِ **لِتَشْكُوهَا**.

وَبِالْفِعْلِ، اسْتَيْقَظَتْ فِي صَبَاحِ الْيَوْمِ التَّالِي، وَتَوَجَّهَتْ إِلَى مَكْتَبِ الْمُدِيرَةِ، وَتَقَدَّمَتْ بِشَكْوَتِهَا ضِدَّ مَرْيَم. تَفَاجَأَتِ الْمُدِيرَةُ مِنْ طَلَبِ سُوزَان **وَاتِّهَامِهَا** لِمَرْيَم، وَسَأَلَتْهَا إِنْ كَانَتْ تَمْلِكُ دَلِيلًا يُثْبِتُ صِحَّةَ ادِّعَاءِهَا. صَمَتَتْ سُوزَان قَلِيلًا ثُمَّ قَالَتْ: "لَكِنَّنِي وَاثِقَةٌ مِنْ أَنَّ هَذَا مَا حَدَثَ بِالْفِعْلِ!"

أَجَابَتْهَا الْمُدِيرَةُ: "هَلْ رَأَيْتِهَا **بِأُمِّ عَيْنَيْكِ**؟"

تَلَعْثَمَتْ سُوزَان: "همم، لَكِنِّي أَظُنُّ..."

قَالَتِ الْمُدِيرَةُ: "لَا مَجَالَ لِلظَّنِّ يَا سُوزَان. إِنْ أَرَدْتِ اتِّهَامَ شَخْصٍ مَا، يَتَوَجَّبُ عَلَيْكِ إِحْضَارُ دَلِيلٍ يُؤَكِّدُ صِحَّةَ اتِّهَامِكِ أَوَّلًا. وَبِالرَّغْمِ مِنْ ذَلِكَ، سَأُفْرِغُ مُحْتَوَى الْكَامِيرَاتِ فِي الْمَكْتَبِ، لِأَتَأَكَّدَ بِنَفْسِي مِنْ هَذِهِ **الِادِّعَاءَاتِ**."

وَبِالْفِعْلِ، أَمَرَتِ الْمُدِيرَةُ بِمُرَاجَعَةِ شَرِيطِ التَّسْجِيلِ لِلْجَلْسَةِ، وَقَدْ **رَصَدَتِ** الْكَامِيرَاتُ الْمَوْقِفَ: لَمْ تَقُمْ مَرْيَم بِسَكْبِ الْكُوبِ عَلَى جِهَازِ سُوزَان بَلْ كَانَتْ تَبْعُدُ عَنْهَا قُرَابَةَ مَسَافَةِ مِتْرٍ. نَظَرَتِ الْمُدِيرَةُ إِلَى سُوزَان نَظْرَةَ **لَوْمٍ** وَقَالَتْ لَهَا: "حَسَنًا، هَا قَدْ رَأَيْتِ التَّسْجِيلَ بِنَفْسِكِ، وَلَا يُوجَدُ فِيهِ أَيُّ دَلِيلٍ عَلَى اتِّهَامِكِ لِمَرْيَم. مَاذَا لَوْ أَنَّنِي صَدَّقْتُ كَلَامَكِ وَتَوَجَّهْتُ بِهِ إِلَى مَرْيَم؟ مَاذَا كَانَ مِنَ الْمُمْكِنِ أَنْ يَحْدُثَ الْآنَ؟"

شَعَرَتْ سُوزَان **بِالْخِزْيِ** لِتَسَرُّعِهَا فِي الْحُكْمِ عَلَى مَرْيَم، وَاعْتَذَرَتْ لِلْمُدِيرَةِ: "أَنَا آسِفَةٌ. أَعْتَذِرُ عَلَى خَطَئِي فِي حَقِّ زَمِيلَتِي؛ لَقَدْ **أَعْمَى** الْغَضَبُ **بَصِيرَتِي**، وَفَرْحَتِي بِنَجَاحِي جَعَلَتْنِي أَشْعُرُ أَنَّهَا **تَكِيدُ** لِي."

نَظَرَتْ إِلَيْهَا الْمُدِيرَةُ نَظْرَةَ عِتَابٍ، وَقَالَتْ لَهَا: "لَيْسَتْ كُلُّ مُشْكِلَةٍ تُصَادِفُنَا مَكِيدَةً مِنْ مَكَائِدِ الْآخَرِينَ. يَجِبُ أَنْ **نَتَحَمَّلَ** نَتَائِجَ أَفْعَالِنَا دَائِمًا وَلَا نُلْقِي بِاللَّوْمِ عَلَى الْآخَرِينَ قَبْلَ أَنْ نَتَأَكَّدَ." خَرَجَتْ سُوزَان مِنْ مَكْتَبِ الْمُدِيرَةِ تَجُرُّ أَذْيَالَ الْخَيْبَةِ وَالنَّدَمِ عَلَى اتِّهَامِهَا الْبَاطِلِ لِزَمِيلَتِهَا.

مُلَخَّص الْقِصَّة

كَانَتْ سُوزَان فَتَاةً مُجْتَهِدَةً فِي عَمَلِهَا. وَقَدْ بَذَلَتْ كُلَّ جُهْدِهَا لِتُنْجِزَ مَشْرُوعَهَا بِالشَّكْلِ الْمِثَالِيِّ. وَأَثْنَاءَ الِاجْتِمَاعِ، انْسَكَبَ كُوبٌ مِنَ الْمَاءِ عَلَى حَاسُوبِهَا الْمَحْمُولِ. اتَّهَمَتْ سُوزَان زَمِيلَتَهَا فِي الْعَمَلِ بِأَنَّهَا سَكَبَتِ الْمَاءَ مُتَعَمِّدَةً، لَكِنَّهَا نَدِمَتْ فِيمَا بَعْدُ.

Summary of the story

Susan was a hardworking girl. She made every effort to do a good job on her project. During a meeting, a glass of water was spilled on her laptop. She accused her colleague of doing it deliberately, but she later regretted that accusation.

Vocabulary

to sneak in	تَسَلَّلَتْ
droplets	قَطَرَاتِهِ
the damp	الرَّطْبَةِ
the roof	السَّقْفِ
the pillow	الْوِسَادَةِ
randomly	بِعَشْوَائِيَّةٍ
the thoughts / the ideas	الْأَفْكَارُ
the kitchen	الْمَطْبَخِ
the coffee	الْقَهْوَةِ
running	الرَّكْضِ
sips	رَشَفَاتٍ
the steps	الدَّرَجَ
bus	[بِ]الْحَافِلَةِ
a warning	إِنْذَارًا
meeting	اجْتِمَاعٌ
[to] discuss	[لِ]مُنَاقَشَةِ
business	أَعْمَالِ
her laptop	حَاسُوبَهَا
the project	الْمَشْرُوعَ
to gain	سَيَحُوزُ
confident	وَاثِقَةٌ

compliments	مَدِيحِهِمْ
in a hurry	مُسْرِعَةً
to sympathize	تَحْنُو
to initiate	بَادَرَتْهَا
busy	مُنْهَمِكَةً
her stress	تَوَتُّرِهَا
a seat	مَجْلِسِهِ
at the end	فِي النِّهَايَةِ
their blessings	مُبَارَكَتِهِمْ
professionalism	تَفَانِيهَا
to resume	لِاسْتِئْنَافِ
maintenance	الصِّيَانَةِ
to drag	جَرْجَرَتْ
recalling	تَسْتَرْجِعُ
the events	وَقَائِعَ
unfortunate	الْمَشْؤُومِ
blaming	وَتَلُومُ
scolding	وَتُعَاتِبُ
jealousy	الْغَيْرَةِ
to complain	لِتَشْكُوهَا
accusation	اتِّهَامِهَا

with your own eyes	بِأُمِّ عَيْنَيْكِ
to mumble	تَلَعْثَمَتْ
allegations	الِادِّعَاءَاتِ
to examine	رَصَدَتِ
blaming	لَوْمٍ
mortification	بِالْخِزْيِ
to blind	أَعْمَى
a judgment	بَصِيرَتِي
to assume	نَتَحَمَّلَ

Questions about the story

1. مَاذَا فَعَلَتْ سُوزَان عِنْد اسْتيقَاظِهَا؟

أ- تناوُل الحلوى

ب- تناول البَطِّيخ

ج- شُرْبُ القَهْوَة

د- تنَاوُل الإفْطَار

2. كيْف ذهَبَت إلى العَمَلِ؟

أ- مُسْتَقِلَّة الحَافِلَة

ب-مُسْتَقِلَّة القطار

ت-مَشْيا عَلَى الأَقْدَام

ث-راكبة الدَّرَّاجَة

3. مَا الذي كَانَتْ تُخَطِّطُ سوزَان لِفِعْلِه عِنْدَ الوُصُول؟

أ- الذَّهَاب إلى الاجْتِمَاع

ب-طَلَب القَهْوَة

ت-الإفْطَار

ث-العَمَل عَلَى المَشْرُوع

4. من قَابلَتْ سوزان في المِصْعَد؟

أ- مُنَى

ب-وفَاء

ت-مرْيَم

ث-سَارَّة

5. كيْفَ تَعَرَّضَ الحَاسُوب للتَّلَفِ؟ مَاذَا انْسَكَبَ عَلَيْه؟

أ- المَاء

ب-القَهْوَة

ت-العَصِير

ث- الطَّعَام

Answers

1. Drinking coffee   ج- شرب القهوة

2. Bus   أ- مستقلة الحافلة

3. Going to the meeting   أ- الذهاب إلى الاجتماع

4. Mariam   ت- مريم

5. Water   أ- الماء

Chapter 8

سَوْسَنُ
SAWSAN

نَهَضَتْ مِنْ فِرَاشِهَا صَبَاحًا بَعْدَ أَنْ تَسَلَّلَتِ الشَّمْسُ عَبْرَ **السَّتَائِرِ** إِلَى الدَّاخِلِ **وَلَسَعَتْ** جُدْرَانَ الْغُرْفَةِ. تَوَجَّهَتْ إِلَى الْمَطْبَخِ لِتُحَضِّرَ لِنَفْسِهَا كُوبًا مِنَ الْقَهْوَةِ، فَوَجَدَتْ قِطَّهَا الصَّغِيرَ كِيتِي **يَرْقُدُ** عَلَى بَابِ الْمَطْبَخِ فِي انْتِظَارِهَا. قَالَتْ السَّيِّدَةُ سَوْسَن، الَّتِي نَاهَزَ عُمْرُهَا السِّتِّينَ عَامًا: "كِيتِي، هَلْ أَنْتَ **جَائِعٌ**؟" ضَحِكَتْ ضَحْكَةً طَوِيلَةً وَأَضَافَتْ: "هَيَّا مَعِي لِأُعِدَّ لَكَ إِفْطَارَكَ." **فَلَحِقَهَا** الْقِطُّ الصَّغِيرُ إِلَى الْمَطْبَخِ.

وَضَعَتْ الطَّعَامَ فِي الطَّبَقِ الصَّغِيرِ لِكِيتِي الَّذِي انْقَضَّ عَلَيْهِ **بِنَهَمٍ** شَدِيدٍ، وَمِنْ ثَمَّ وَضَعَتْ إِبْرِيقَ الْقَهْوَةِ عَلَى النَّارِ، وَوَقَفَتْ تُرَاقِبُ **حُبَيْبَاتِ** الْقَهْوَةِ النَّاعِمَةِ وَهِيَ تَذُوبُ **وَتَتَغَلْغَلُ** فِي الْمَاءِ وَتَتَدَفَّقُ الرَّائِحَةُ الْمُنْعِشَةُ لِتُدَغْدِغَ حَوَاسَّهَا، وَتَمْنَحَهَا إِحْسَاسًا **بِالِانْتِعَاشِ** وَالسَّعَادَةِ.

أَخَذَتِ الْفِنْجَانَ إِلَى **الشُّرْفَةِ**، وَتَنَاوَلَتِ **الْجَرِيدَةَ** الْمُلْقَاةَ أَمَامَ الْبَابِ. كَانَ مِنْ عَادَةِ بَائِعِ الْجَرَائِدِ أَنْ يَضَعَ لَهَا نُسْخَةَ الْجَرِيدَةِ الْيَوْمِيَّةِ أَمَامَ الْبَابِ كُلَّ صَبَاحٍ. جَلَسَتْ عَلَى كُرْسِيِّهَا فِي الشُّرْفَةِ تُمَارِسُ **طُقُوسَهَا** الصَّبَاحِيَّةَ الْمُفَضَّلَةَ، حَيْثُ **تَحْتَسِي** قَهْوَتَهَا وَهِيَ تَقْرَأُ الْجَرِيدَةَ وَتُرَاقِبُ الْمَارَّةَ، بَيْنَمَا يَنْطَلِقُ صَوْتُ **الْمِذْيَاعِ** يَشْدُو بِصَوْتِ السَّيِّدَةِ أُمِّ كُلْثُوم مِنَ **الْمَقْهَى** الْمُقَابِلِ لِبَيْتِهَا. كَانَتْ **شُقَّتُهَا** فِي الطَّابَقِ الثَّانِي مِنَ

الْمَنْزِلِ **الْعَتِيقِ** ذِي الطَّوَابِقِ السَّبْعَةِ، وَيُحِيطُهُ مَنَازِلُ **مُمَاثِلَةٌ** فِي حَارَةٍ صَغِيرَةٍ فِي أَحَدِ الْأَحْيَاءِ **الشَّعْبِيَّةِ** فِي مِصْرَ.

تَتَكَوَّنُ شُقَّتُهَا **الْمُتَوَاضِعَةُ** مِنْ ثَلَاثِ غُرَفٍ وَمَطْبَخٍ صَغِيرٍ وَحَمَّامَيْنِ وَقَاعَةِ اسْتِقْبَالٍ بِشُرْفَةٍ صَغِيرَةٍ تُطِلُّ عَلَى الشَّارِعِ مُبَاشَرَةً. وَعَلَى الرَّغْمِ مِنْ بَسَاطَةِ الشُّقَّةِ، إِلَّا أَنَّهَا كَانَتْ بِمَثَابَةِ **الْجَنَّةِ** لَهَا، فَقَدْ اهْتَمَّتْ بِهَا وَبِنَظَافَتِهَا وَزَيَّنَتْهَا بِأَثَاثٍ **بَسِيطٍ** مِنَ الطِّرَازِ الْقَدِيمِ. لَقَدْ كَانَ هَذَا الْأَثَاثُ هُوَ نَفْسُهُ الَّذِي اقْتَنَتْهُ مَعَ زَوْجِهَا -رَحِمَهُ اللَّهُ- وَعَاشَ مَعَهَا سَنَوَاتِ عُمْرِهَا كُلَّهَا. لَمْ تَكُنْ مَدَامَ سَوْسَن شَخْصِيَّةً **ثَرْثَارَةً**، بَلْ كَانَتْ شَخْصًا بَسِيطًا **وَسَلِسًا** وَطَيِّبَ الْقَلْبِ وَالْمَعْشَرِ، لِذَلِكَ أَحَبَّهَا السُّكَّانُ كَثِيرًا.

لَمْ يَرْزُقْهَا اللَّهُ بِالْبَنِينِ، وَكَانَتْ طُولَ حَيَاتِهَا تَتَمَنَّى لَوْ يَمْنَحُهَا طِفْلًا يُؤْنِسُ وِحْدَتَهَا، وَيُشْبِعُ **غَرِيزَةَ** أُمُومَتِهَا؛ فَهِيَ كَأَيِّ أُنْثَى، تَشْتَاقُ لِتَسْمَعَ كَلِمَةَ مَامَا مِنْ أَحَدِهِمْ؛ وَتَتَمَنَّى أَنْ تَحْمِلَ طِفْلَهَا عَلَى كَتِفِهَا وَتُرَبِّتَ عَلَى ظَهْرِهِ؛ وَأَنْ تَسْهَرَ لَيَالٍ طِوَالٍ بِجَانِبِهِ تَعْتَنِي بِهِ؛ **وَتَشْتَهِي** أَنْ تَعِيشَ مَعَهُ شُعُورَ أُولَى خَطَوَاتِهِ فِي هَذَا الْعَالَمِ؛ وَأَنْ تُشَاهِدَهُ فِي أَوَّلِ يَوْمٍ دِرَاسِيٍّ لَهُ وَهُوَ يَحْمِلُ حَقِيبَتَهُ مُتَّجِهًا إِلَى مَدْرَسَتِهِ؛ وَتَرَاهُ يَكْبُرُ شَيْئًا فَشَيْئًا أَمَامَ **نَاظِرَيْهَا**، لِيُصْبِحَ مُرَاهِقًا، وَيَتَخَطَّى مَرْحَلَةَ الثَّانَوِيَّةِ الْعَامَّةِ بِنَجَاحٍ، وَيَلْتَحِقَ بِكُلِّيَّةٍ، وَيَتَخَرَّجَ مِنْهَا، وَيَحْصُلَ عَلَى عَمَلٍ، وَمِنْ ثَمَّ تَرَى أَوْلَادَهُ يَلْعَبُونَ فِي كَنَفِهَا...

أَفَاقَتْ مِنْ أَفْكَارِهَا عَلَى صَوْتِ بَائِعِ **الْخُضَارِ** الْمُتَجَوِّلِ -عَم مُحَمَّد- يُنَادِي عَلَى بِضَاعَتِهِ. وَعِنْدَمَا وَصَلَ إِلَى تَحْتِ شُرْفَتِهَا، نَادَاهَا لِيُحَيِّيهَا بِابْتِسَامَتِهِ الْمَعْهُودَةِ وَصَوْتِهِ الْجَهْوَرِيِّ الَّذِي لَا يَنِمُّ عَنْ عُمْرِهِ السِّتِّينِيِّ قَائِلًا: "صَبَاحُ الْخَيْرِ يَا سِت سَوْسَن! كَيْفَ لِي أَنْ أَخْدِمَكِ؟"

ابْتَسَمَتْ لَهُ، وَرَدَّتْ: "أَسْعَدَ اللَّهُ صَبَاحَكَ يَا عَم مُحَمَّد. سَأَرْمِي لَكَ **السَّلَّةَ** الصَّغِيرَةَ (الْمَرْبُوطَةَ بِحَبْلٍ إِلَى شُرْفَتِهَا). ضَعْ لِي بَعْضَ الْخُضَارِ فِيهَا، مِنْ فَضْلِكَ."

ابْتَسَمَ وَتَمْتَمَ: "أَنَا فِي **خِدْمَتِكِ**، سَيِّدَتِي!" وَوَضَعَ لَهَا الْخُضَارَ فِي السَّلَّةِ **وَسَحَبَتْهَا** إِلَيْهَا وَشَكَرَتْهُ. وَفِي هَذِهِ الْأَثْنَاءِ، مَرَّ الْمُهَنْدِسُ أَحْمَد مِنَ الشَّارِعِ **فَلَمَحَهَا** عَلَى الشُّرْفَةِ فَابْتَسَمَ وَحَيَّاهَا وَسَأَلَهَا إِنْ كَانَتْ تَحْتَاجُ أَيَّ شَيْءٍ، فَشَكَرَتْهُ وَمَضَى إِلَى عَمَلِهِ.

مَا هِيَ إِلَّا دَقَائِقُ حَتَّى مَرَّتْ جَارَتُهَا عَفِيفَة مِنْ أَمَامِ الشُّرْفَةِ أَيْضًا، فَضَحِكَتْ لَهَا وَوَقَفَتْ لِتُجَاذِبَهَا أَطْرَافَ الْحَدِيثِ وَتَحْكِي لَهَا عَنْ أَوْلَادِهَا وَمَا حَصَلَ مُؤَخَّرًا مِنْ أَحْدَاثٍ مَعَهُمْ. **اسْتَأْذَنَتْهَا** بَعْدَهَا لِتَذْهَبَ إِلَى **السُّوقِ** لِشِرَاءِ احْتِيَاجَاتِهَا. وَدَّعَتْهَا مَدَام سَوْسَن وَهِيَ تَنْظُرُ صَوْبَ الشَّارِعِ مُنْتَظِرَةً أَنْ يَأْتِيَ **أَطْفَالُ** جَارِهَا الْحَاج إِبْرَاهِيم مِنَ الْمَدْرَسَةِ وَيُلْقُوا التَّحِيَّةَ عَلَيْهَا، فَقَدْ كَانَتْ تُحِبُّ أَوْلَادَ جِيرَانِهَا كَثِيرًا وَتَعْطِفُ عَلَيْهِمْ. وَكَانُوا هُمْ بِدَوْرِهِمْ يُبَادِلُونَهَا نَفْسَ الْمَشَاعِرِ مِنْ حُبٍّ وَاحْتِرَامٍ، وَيَعْتَبِرُونَهَا كَجَدَّتِهِمْ. كَانَ الْأَطْفَالُ يَرْكُضُونَ عِنْدَ الْعَوْدَةِ مِنْ مَدَارِسِهِمْ إِلَى بَيْتِهَا لِيُلْقُوا التَّحِيَّةَ عَلَيْهَا، وَيَحْصُلُوا عَلَى قِطَعِ **الْحَلْوَى** الَّتِي أَعَدَّتْهَا لَهُمْ مُسْبَقًا، أَوْ بِضْعَ قُرُوشٍ لِيَشْتَرُوا بِهَا الْحَلْوَى، أَوْ حِضْنًا وَكَلِمَةً طَيِّبَةً مِنْهَا. لَقَدْ كَانَتْ الصَّدْرَ الْحَنُونَ الدَّافِئَ لَهُمْ.

فِي هَذِهِ الْأَثْنَاءِ، سَمِعَتْ طَرْقًا خَفِيفًا عَلَى بَابِ شُقَّتِهَا. تَوَجَّهَتْ إِلَى الْبَابِ لِتَفْتَحَ فَوَجَدَتْ شَيْمَاء، ابْنَةَ جَارِهِمِ **الْمُحَامِي** سَعِيد، وَاقِفَةً بِالْبَابِ تَعْلُو وَجْهَهَا ابْتِسَامَةٌ. مَا إِنْ لَمَحَتْهَا حَتَّى سَارَعَتْ بِاحْتِضَانِهَا قَائِلَةً: "مَدَام سَوْسَن، سَأَذْهَبُ إِلَى **الْكُلِّيَّةِ** الْآنَ. هَلْ تُرِيدِينَ أَنْ أَجْلِبَ مَعِي شَيْئًا لَكِ عِنْدَ عَوْدَتِي؟"

ضَحِكَتْ مَدَام سَوْسَن قَائِلَةً: "شُكْرًا لَكِ يَا ابْنَتِي. رَافَقَتْكِ دَعَوَاتِي أَيْنَمَا ذَهَبْتِ." وَأَثْنَاءَ حَدِيثِهِمَا، جَاءَ مَحْمُود الصَّغِيرُ، الَّذِي لَمْ يَبْلُغْ الْخَمْسَ سَنَوَاتٍ بَعْدُ، يَحْمِلُ مَعَهُ طَبَقًا مِنَ **الْحَسَاءِ**، قَائِلًا: "مَدَام سَوْسَن، أَرْسَلَتْ لَكِ أُمِّي هَذَا الطَّبَقَ."

ابْتَسَمَتْ لَهُ وَأَخَذَتْ مِنْهُ الطَّبَقَ **وَدَعَتْهُ** لِلدُّخُولِ وَاللَّعِبِ مَعَ كِيتِي الْمُشَاكِسِ قَلِيلًا **رَيْثَمَا** تُحْضِرُ لَهُ بَعْضَ الْحَلْوَى الَّتِي يُحِبُّهَا. شَعَرَ مَحْمُود **بِالْغِبْطَةِ**، فَهُوَ يُحِبُّ أَنْ يَلْعَبَ مَعَ كِيتِي وَيُحِبُّ أَيْضًا الْحَلَوِيَّاتِ الَّتِي تُعْطِيهِ إِيَّاهَا مَدَام سَوْسَن. جَلَبَتْ طَبَقًا مِنَ الْحَلْوَى وَجَلَسَتْ تَتَنَاوَلُ بَعْضًا مِنْهَا مَعَ مَحْمُود الصَّغِيرِ، لِيَنْشَغِلَ عَنْهَا بَعْدَهَا بِاللَّعِبِ مَعَ كِيتِي الَّذِي **يَعْشَقُ** النَّاسَ وَيُحِبُّ اللَّعِبَ مَعَهُمْ.

فِي غُضُونِ ذَلِكَ، أَخَذَتْ تَتَأَمَّلُ مَحْمُودًا وَتَتَذَكَّرُ أَيَّامَ عُمْرِهَا الَّتِي قَضَتْهَا وَهِيَ تُمَنِّي نَفْسَهَا بِالْحُصُولِ عَلَى طِفْلٍ كَبَاقِي السَّيِّدَاتِ. قَدَّرَ اللَّهُ أَنْ تَكُونَ السَّيِّدَةُ سَوْسَن **عَقِيمَةً**، لَكِنَّهَا ظَلَّتْ تُفَكِّرُ لَيْلَ نَهَارٍ فِي طِفْلِهَا **الْخَيَالِيِّ** وَتَتَأَمَّلُ تَفَاصِيلَ حَيَاتِهَا مَعَهُ وَنَسِيَتِ الْأَهَمَّ مِنْ ذَلِكَ، أَنَّ اللَّهَ عَوَّضَهَا بِأَوْلَادٍ وَبَنَاتٍ كُثُرٍ لَمْ تُنْجِبْهُمْ. تَذَكَّرَتْ أَنَّهُ عِنْدَمَا مَرِضَتْ وَرَقَدَتْ فِي سَرِيرِهَا الشَّهْرَ الْمَاضِي، لَمْ يَمْضِ أَقَلُّ مِنْ نِصْفِ النَّهَارِ إِلَّا وَكَانَ نِصْفُ أَهْلِ **الْحَارَةِ** فِي بَيْتِهَا يَطْمَئِنُّونَ عَلَيْهَا وَيَسْأَلُونَ عَنْهَا وَعَنْ أَحْوَالِهَا. كَمَا أَنَّ بَيْتَهَا فِي الْأَيَّامِ الْعَادِيَةِ لَا يَكَادُ يَخْلُو مِنْ **زَائِرٍ** مِنْهُمْ أَوْ مِنْ أَطْفَالِهِمْ أَوْ حَتَّى مِنَ الطَّعَامِ أَوِ الْحَلْوَى أَوِ الْمُفَاجَآتِ الْبَسِيطَةِ الَّتِي يُرْسِلُونَهَا.

أَنَّبَهَا ضَمِيرُهَا عَلَى مَا أَضَاعَتْهُ مِنْ عُمْرِهَا فِي حَسْرَةٍ وَأَلَمٍ عَلَى الْحُلْمِ الَّذِي لَمْ يُقَدَّرْ أَنْ تُحَقِّقَهُ، بَيْنَمَا فِي الْمُقَابِلِ مَنَحَهَا اللَّهُ أَفْضَلَ مِنْهُ؛ وَشَعَرَتْ بِالِامْتِنَانِ لِهَذَا الْحَيِّ الَّذِي تَقْطُنُ فِيهِ وَالَّذِي يَعِيشُ سُكَّانُهُ **كَأُسْرَةٍ** وَاحِدَةٍ. لَمْ **يَتَوَانَى** أَيُّ فَرْدٍ مِنْهَا لَحْظَةً

وَاحِدَةً عَنْ مَدِّ يَدِ الْعَوْنِ وَالْمُسَاعَدَةِ لَهَا، حَتَّى وَإِنْ لَمْ تَطلُبْهَا. لِذَا قَرَّرت بَيْنَهَا وَبَيْنَ نَفسِهَا أَنْ تَفْعَلَ شَيئًا لَهُمْ، لِيَتَذَكَّرُوهَا بِهِ وَتَرُدَّ لَهُمْ جُزْءًا مِنْ هَذَا الْجَمِيلِ.

قَرَّرَتْ إِقَامَةَ وَلِيمَةِ غَذَاءٍ، وَدَعْوَتَهُمْ جَمِيعًا لِتَسْتَمْتِعَ بِرِفْقَتِهِمْ وَالْجُلُوسِ مَعَهُمْ. طَلَبَتْ مِنْ مَحْمُودٍ أَنْ يُخْبِرَ أُمَّهُ أَنَّهَا تَحْتَاجُهَا، وَلَمْ تَمْضِ إِلَّا بِضْعُ دَقَائِق حَتَّى كَانَتْ أُمُّ مَحْمُودٍ عَلَى بَابِهَا، فَهِيَ الْجَارَةُ الْأَصْلِيَّةُ الَّتِي لَا تَتَوَانَى عَنْ مُسَاعَدَةِ جَارَاتِهَا. أَخْبَرَتْهَا مَدَام سَوْسَن بِأَمْرِ الْوَلِيمَةِ وَدَعْوَةِ أَهْلِ الْحَارَةِ، وَمَا إِنْ عَلِمَ أَهْلُ الْحَارَةِ بِهَذَا الْأَمْرِ حَتَّى نَصَبُوا الْوَلِيمَةَ فِي الشَّارِعِ وَجَلَبُوا مَعَهُمْ مَا لَذَّ وَطَابَ مِنَ الطَّعَامِ، بِالْإِضَافَةِ إِلَى الطَّعَامِ الَّذِي أَحْضَرَتْهُ مَدَام سَوْسَن. وَبَعْدَ الْغَذَاءِ، جَلَسُوا يَتَسَامَرُونَ. بَعْدَهَا، تَنَاوَلَ إِبْرَاهِيمُ الْعُودَ وَشَرَعُوا فِي غِنَاءِ أُغْنِيَاتِ التُّرَاثِ وَأَغَانِي السَّيِّدَةِ أُمّ كَلْثُوم وَأَطَالُوا السَّهَرَ وَهُمْ فِي سَمَرٍ وَسَعَادَةٍ وَسُرُورٍ. كَانَتْ مَدَام سَوْسَن تَشْعُرُ أَنَّهُمْ عَائِلَتُهَا الْحَقِيقِيَّةُ وَسَنَدُهَا فِي هَذِهِ الْحَيَاةِ الْمَرِيرَةِ.

مُلَخَّص الْقِصَّةِ

كَانَتْ مَدَام سَوْسَن عَقِيمَةً وَلَمْ تُنْجِبْ أَيَّ أَطْفَالٍ. كَانَتْ تَحْلُمُ طَوَالَ الْوَقْتِ بِإِنْجَابِ طِفْلٍ صَغِيرٍ لَكِنَّ اللَّهَ لَمْ يَمْنَحْهَا أَيَّةَ ذُرِّيَّةٍ. وَبِالرَّغْمِ مِنْ ذَلِكَ، فَقَدْ كَانَ أَهْلُ حَارَتِهَا بِمَثَابَةِ عَائِلَتِهَا، يَعْطِفُونَ عَلَيْهَا وَيُحِبُّونَهَا.

Summary of the story

Madam Sawsan was sterile. She dreamed all the time about having a baby. But God did not bless her with a child. Nevertheless, the people in her neighborhood were her true family.

Vocabulary

curtains	السَّتَائِرِ
a sting	لَسَعَتْ
to sleep	يَرْقُدُ
hungry	جَائِعٌ
to go after	لَحِقَهَا
voraciously	بِنَهَمٍ
granules	حُبَيْبَاتِ
penetrating	تَتَغَلْغَلُ
revival	الِانْتِعَاشِ
balcony	الشُّرْفَةِ
newspaper	الْجَرِيدَةَ
rituals	طُقُوسَهَا
to sip	تَحْتَسِي
the radio	الْمِذْيَاعِ
the café	الْمَقْهَى
her apartment	شُقَّتُهَا
similar	مُمَاثِلَةٌ
popular	الشَّعْبِيَّةِ
talkative	ثَرْثَارَةً
smooth	سَلِسًا

instinct	غَرِيزَة
antique	الْعَتِيقِ
simple	بَسِيطٍ
paradise	الْجَنَّةِ
modest	الْمُتَوَاضِعَةُ
(she) wishes / craves	وَتَشْتَهِي
her eyes	نَاظِرَيْهَا
the vegetables	الْخُضَارِ
the basket	السَّلَّةَ
your service	خِدْمَتِكِ
to pull	سَحَبَتْهَا
to notice	لَمَحَهَا
to excuse one's self	اسْتَأْذَنَتْهَا
the market	السُّوقِ
kids	أَطْفَالُ
the candy	الْحَلْوَى
the lawyer	الْمُحَامِي
the college	الْكُلِّيَّةِ
the soup	الْحَسَاءِ
to invite	دَعَتْهُ
until	رَيْثَمَا

91

extreme joy	بِالْغِبْطَةِ
to adore	يَعْشَقُ
meanwhile	فِي غُضُونِ ذَلِكَ
sterile	عَقِيمَةً
imaginary	الْخَيَالِيِّ
the neighborhood	الْحَارَةِ
visitor	زَائِرٍ
[as a] family	[كَ]أُسْرَةٍ
to hesitate	يَتَوَانَى

Questions about the story

1. **فِي أيِّ بَلَد تَعيشُ مَدام سَوْسَن؟**

أ- أمرِيكَا

ب- مِصْر

ت- سْويسْرَا

ث- كَنَدَا

2. **كَمْ عَدَدُ أَطْفَالِ مَدام سَوْسَن؟**

أ- كَانَتْ عَقيمًا لَيْسَ لَدَيْهَا أطْفَال

ب- ثَلَاثة أطْفَال

ت- أرْبَعَةُ أَطْفَال

ث- ستّة أطفال

3. **مَاذَا فَعَلَتْ مَدَام سَوْسَن عنْدَ اسْتيقَاظِهَا؟**

أ- تنَاوُل الحَلْوَى

ب- تناول البَطّيخ

ت- شُرْبُ القَهْوَة

ث- تناول الإفطَار

4. **مَا اسْمُ قِطِّ مَدَام سَوْسَن؟**

أ- كيتِي

ب- سلْفِسْتَر

ت- مارِي

ث- لولُو

5. **مَاذَا قرَّرَت مَدَام سوْسَن أَنْ تَفْعَل ؟**

أ- حَفْلَة طَرَبِيَّة

ب- أُمْسية شعْرِيَّة

ت- وَلِيمَةُ غَذَاء

ث- بيت عزاء

Answers

1. Egypt

ب- مصر

2. She was infertile

أ- كانت عقيما ليس لديها أطفال

3. Drink coffee

ت- شرب القهوة

4. Kity

أ- كيتي

5. Feast

ت- وليمة غذاء

Chapter 9

صَديقِي الْقَدِيمُ: الْبَحْرُ
MY OLD FRIEND, THE SEA

نَشَأْتُ فِي مِنْطَقَةٍ صَغِيرَةٍ بَعِيدَةٍ عَنْ **مَرْكَزِ الْمَدِينَةِ** مُنْذُ نُعُومَةِ أَظَافِرِي. تُطِلُّ هَذِهِ الْمِنْطَقَةُ عَلَى **الْبَحْرِ** وَيُمَكِنُنِي مُشَاهَدَتُه مِنْ نَافِذَةِ غُرْفَتِي مُبَاشَرَةً. وَعَادَةً مَا أَذْهَبُ إِلَيْهِ **مُحَمَّلَةً** بِالْكَثِيرِ. إِنَّهُ الْمَكَانُ الْوَحِيدُ الَّذِي أَشْعُرُ فِيهِ -وَلَوْ لِفَتْرَةٍ قَصِيرَةٍ- **بِالْحُرِّيَّةِ** وَبِالِانْطِلَاقِ بِلَا تَرَدُّدٍ؛ أَشْعُرُ كَأَنَّنِي أُحَلِّقُ فِي **السَّمَاءِ**، وَكَأَنَّنِي طَيْرُ نَوْرَسٍ مِنْ تِلْكَ الْأَسْرَابِ الَّتِي تَطِيرُ عَلَى شَاطِئِهِ. فَطَالَمَا كَانَ الْمَكَانَ الْمُفَضَّلَ لِي، الْمَكَانَ الَّذِي أُحِبُّهُ دَائِمًا وَأَبَدًا، وَأَشْعُرُ بِأَنَّهُ يُبَادِلُنِي هَذَا الْحُبَّ. أَشْعُرُ بِالصَّفَاءِ وَ**الْهُدُوءِ** النَّفْسِيِّ أَمَامَهُ. عِنْدَمَا أَذْهَبُ إِلَى الْبَحْرِ، أَشْعُرُ بِأَنَّنِي أَعُودُ إِلَى نَفْسِي الْقَدِيمَةِ، إِلَى الطِّفْلَةِ الَّتِي كُنْتُهَا قَبْلَ أَنْ أَكْبُرَ وَأُدْرِكَ الْعَدِيدَ مِنَ الْأَشْيَاءِ وَأَنْضَجَ.

قِصَّتِي مَعَ الْبَحْرِ مُخْتَلِفَةٌ عَنْ غَيْرِهَا مِنَ الْقِصَصِ، لِأَنَّنِي أَعْتَبِرُهُ صَدِيقِي الْقَدِيمَ الْمَوْجُودَ دَائِمًا لِلِاسْتِمَاعِ إِلَى أَفْكَارِي وَكَلِمَاتِي الصَّامِتَةِ. إِنَّهُ الْمَكَانُ الَّذِي أَذْهَبُ إِلَيْهِ فِي فَرَحِي وَحُزْنِي. يَجْعَلُنِي أَكْثَرَ سَعَادَةً فِي أَوْقَاتِ الْفَرَحِ، وَيَمْسَحُ عَنِّي حُزْنِي حِينَ أَكُونُ حَزِينَةً. قَضَيْتُ أَنَا وَعَائِلَتِي الْكَثِيرَ مِنَ الْوَقْتِ هُنَاكَ، حَيْثُ نَذْهَبُ لِلِاحْتِفَالِ بِاللَّحَظَاتِ الْجَمِيلَةِ، وَأَيْضًا لِلتَّرْوِيحِ عَنْ أَنْفُسِنَا.

يَحمِلُ الْبَحرُ الْكَثِيرَ مِنَ **الذِّكْرَيَاتِ** السَّعِيدَةِ لَنَا: أَتَذَكَّرُ تِلْكَ الْأَيَّامَ الَّتِي كُنَّا فِيهَا أَطفَالًا صِغَارًا، وَكَانَ وَالِدِي يَأْخُذُنَا كُلَّ يَوْمٍ إِلَى الْبَحْرِ، وَنَقْضِي أَجْمَلَ أَيَّامِ عُمْرِنَا عَلَى شَاطِئِهِ. كُنَّا نَضْحَكُ، وَنَلْعَبُ، وَنُسَبِّحُ، وَنَلْتَقِطُ الصُّوَرَ طَوَالَ الْيَوْمِ. مَا زِلْتُ أَتَذَكَّرُ الْيَوْمَ الَّذِي بَدَأَ فِيهِ **أَخِي** الصَّغِيرُ الْمَشْيَ. لَقَدْ خَطَا أُولَى خُطَوَاتِهِ عَلَى رِمَالِهِ الرَّقِيقَةِ، وَكُنَّا نَلْعَبُ مَعَهُ أَلْعَابَ **الشَّاطِئِ** الطَّرِيفَةَ وَلَا زَالَتْ ضِحْكَاتُ هَذَا الصَّغِيرِ **تَرِنُّ** فِي أُذُنَيَّ.

لَكِنَّ الذِّكْرَى الَّتِي لَنْ تَغِيبَ عَنْ بَالِي أَبَدًا هِيَ الَّتِي وَقَعَتْ فِي أَحَدِ الْأَيَّامِ عِنْدَمَا كَانَ عُمْرِي لَا يَتَجَاوَزُ الْعَشْرَ سَنَوَاتٍ. لَقَدْ كَانَ يَوْمًا حَارًّا مِنْ أَيَّامِ تَمُّوزَ، وَالشَّمْسُ قَدْ لَوَّحَتِ الْأَرْضَ بِأَشِعَّتِهَا السَّاخِنَةِ، حَتَّى بَدَا **رَمْلُ** الْبَحْرِ كَرَغِيفِ خُبْزٍ مُحَمَّصٍ خَرَجَ لِتَوِّهِ مِنَ الْفُرْنِ. كُنْتُ مَعَ عَائِلَتِي فِي الْبَحْرِ، هَرَبًا مِنْ هَذِهِ الْأَجْوَاءِ الْحَارَّةِ، وَلِقَضَاءِ بَعْضِ الْوَقْتِ فِي الِاسْتِمْتَاعِ وَالِاسْتِجْمَامِ عَلَى شَاطِئِهِ. جَلَسْنَا أَنَا وَإِخْوَتِي نَلْعَبُ بِالرَّمْلِ عَلَى الشَّاطِئِ وَنَبْنِي **قَصْرًا** كَبِيرًا وَبُيُوتًا رَمْلِيَّةً. وَمَا أَنْ تَوَسَّطَتِ الشَّمْسُ السَّمَاءَ حَتَّى نَادَتْنَا أُمِّي لِتَنَاوُلِ طَعَامِ الْغَذَاءِ. مَا زِلْتُ أَشْعُرُ حَتَّى الْآنَ بِالطَّعْمِ الْمُخْتَلِفِ وَالْمُمَيَّزِ لِأَيِّ وَجْبَةٍ أَتَنَاوَلُهَا عَلَى الشَّاطِئِ. يُصْبِحُ مَذَاقُ الطَّعَامِ لَذِيذًا جِدًّا وَكَأَنَّ الْبَحْرَ يُضْفِي سِحْرًا عَلَيْهِ لِيَجْعَلَهُ مُخْتَلِفًا وَشَهِيًّا. أَتَذَكَّرُ ضِحْكَاتِ أُمِّي حِينَ تَرَانَا نَأْكُلُ بِنَهَمٍ وَهِيَ تَقُولُ لَنَا: "يَبْدُو أَنَّ الْبَحْرَ يَفْتَحُ شَهِيَّتَكُمْ لِلطَّعَامِ يَا صِغَارِي."

بَعْدَ أَنِ انْتَهَيْنَا مِنْ تَنَاوُلِ طَعَامِ الْغَذَاءِ، اقْتَرَحَ أَخِي أَنْ نَلْعَبَ **الْكُرَةَ** مَعًا. وَبِالْفِعْلِ، انْقَسَمْنَا إِلَى فَرِيقَيْنِ، وَلَعِبْنَا الْكُرَةَ وَسَطَ ضَحْكَاتِ وَتَشْجِيعِ أُمِّي وَأُخْتِي **الرَّضِيعَةِ**. وَلِحُسْنِ الْحَظِّ، فَقَدْ كُنْتُ ضِمْنَ الْفَرِيقِ الْفَائِزِ. بَعْدَهَا بِقَلِيلٍ، جَلَسْنَا لِلِاسْتِرَاحَةِ وَتَنَاوُلِ بَعْضِ الْحَلْوَى احْتِفَالًا **بِالنَّصْرِ**.

وَمِنْ ثَمَّ طَلَبْنَا مِنْ أَبِي الْعَوْمَ فِي الْبَحْرِ وَ**السِّبَاحَةَ**. كَانَ أَبِي يَسْبَحُ بِجَانِبِنَا عَلَى الشَّاطِئِ **وَيَرْعَى** إِخْوَتِي. لَمْ يَكُنْ عَلَيْهِ **الْقَلَقُ** بِشَأْنِي أَوِ الِالْتِفَاتَ نَحْوِي لِأَنَّنِي كُنْتُ لَا أَبْتَعِدُ عَنْهُ أَبَدًا، وَلَا **أُغَامِرُ** بِالدُّخُولِ إِلَى مَسَافَاتٍ بَعِيدَةٍ، وَأُفَضِّلُ أَنْ أَسْبَحَ حَوْلَهُ فَقَطْ. لَكِنَّ عُيُونَهُ لَمْ تَتَوَقَّفْ عَنْ **مُرَاقَبَتِنَا** جَمِيعًا، إِلَى أَنْ تَأَكَّدَ أَنَّ مَنْسُوبَ الْمِيَاهِ لَيْسَ مُرْتَفِعًا جِدًّا، وَلَا يُشَكِّلُ خَطَرًا عَلَيْنَا. فَأَخَذَ يَسْتَمْتِعُ بِاللَّعِبِ وَالسِّبَاحَةِ مَعَ أَخِي الصَّغِيرِ.

فِي هَذِهِ الْأَثْنَاءِ، انْزَلَقَتْ **قَدَمِي** بِسَبَبِ **الطَّحَالِبِ الْبَحْرِيَّةِ اللَّزِجَةِ** الَّتِي كَانَتْ **تَكْسُو** صَخْرَةً فِي قَاعِ الْبَحْرِ، **وَجَرَّتْنِي** مَوْجَةٌ جَارِزَةٌ مِنَ الشَّاطِئِ. وَرَغْمَ أَنَّنِي حَاوَلْتُ أَنْ أَسْبَحَ **عَكْسَ** التَّيَّارِ وَأَنْ أَعُودَ أَدْرَاجِي، إِلَّا أَنَّنِي لَمْ أَتَمَكَّنْ مِنْ ذَلِكَ. لَقَدْ كَانَتْ قَدَمِي تُؤْلِمُنِي **وَتَأْبَى** أَنْ **تُطَاوِعَنِي** فِي الْمَشْيِ أَوِ السِّبَاحَةِ، وَوَجَدْتُ نَفْسِي عَلَى بُعْدِ مَسَافَةٍ بَعِيدَةٍ عَنِ الشَّاطِئِ، تَتَلَقَّفُنِي الْأَمْوَاجُ يُمْنَةً وَيَسَارًا. وَبَعْدَهَا، لَمْ أَسْتَطِعْ رُؤْيَةَ الشَّاطِئِ، وَشَعَرْتُ بِشَيْءٍ مَا يَجْذِبُنِي إِلَى الْأَسْفَلِ وَيَشُدُّنِي تَحْتَ الْمَاءِ.

وَقْتَهَا، سَمِعْتُ عَائِلَتِي تُنَادِي بِاسْمِي وَتَبْحَثُ عَنِّي فِي الْمَاءِ. حَاوَلْتُ أَنْ أُجِيبَهُمْ، لَكِنْ نَظَرًا **لِضَآلَةِ** حَجْمِي، **ابْتَلَعَتْنِي** الْمَوْجَةُ بِالْكَامِلِ، وَلَمْ يَكُنْ يَظْهَرُ مِنِّي أَيُّ شَيْءٍ **لِلْعِيَانِ**. لَمْ يَسْتَطِعْ أَحَدٌ أَنْ يَرَانِي.

بَعْدَهَا فَقَدْتُ السَّيْطَرَةَ، فَقَدْ كُنْتُ غَارِقَةً فِي الْمِيَاهِ لِدَرَجَةِ أَنَّنِي لَمْ أَعُدْ أَسْتَطِيعُ السِّبَاحَةَ أَوِ **الصُّرَاخَ** حَتَّى، وَلَمْ أَسْتَطِعْ فَتْحَ عَيْنَيَّ بِسَبَبِ مُلُوحَةِ الْمِيَاهِ، وَالْأَمْوَاجُ تَجْذِبُنِي إِلَى الْأَسْفَلِ أَكْثَرَ فَأَكْثَرَ. كُلَّمَا غَرِقْتُ أَكْثَرَ، زَادَتْ **قَتَامَةُ** الْمِيَاهِ. كُنْتُ أَنْتَظِرُ مِنْ أَحَدٍ أَنْ يَرْفَعَنِي أَوْ يُنْقِذَنِي أَوْ يَنْتَبِهَ لِغِيَابِي حَتَّى، وَتَمَنَّيْتُ ذَلِكَ بِشِدَّةٍ، لَكِنْ نَظَرًا لِكَثْرَةِ

النَّاسِ عَلَى الشَّاطِئِ يَوْمَهَا، لَمْ أَعْتَقِدْ أَنَّ أَحَدًا سَيَفْعَلُ، حَتَّى الْمُنْقِذُ الْبَحْرِيُّ لَنْ يُمْكِنَهُ الْعُثُورُ عَلَيّ بِسُهُولَةٍ وَسَطَ هَذِهِ الْأَمْوَاجِ.

الْآنَ، أَنَا غَيْرُ ظَاهِرَةٍ بِالْمَرَّةِ، كَسَمَكَةٍ دَاخِلَ الْمَاءِ، لَا يَظْهَرُ مِنِّي أَيُّ شَيْءٍ فَوْقَ الْمَاءِ **لِيُمَيِّزَنِي** أَحَدٌ وَيُنْقِذَنِي. وَبَيْنَمَا كُنْتُ فِي مُنْتَصَفِ **الظَّلَامِ**، يَتَمَلَّكُنِي الْخَوْفُ، وَأَدْعُو اللَّهَ بِكُلِّ جَوَارِحِي أَنْ يُنْقِذَنِي، شَعَرْتُ بِيَدٍ كَبِيرَةٍ وَقَوِيَّةٍ تَسْحَبُنِي لِلْأَعْلَى.

لَمْ أَكُنْ عَلَى **دِرَايَةٍ** كَامِلَةٍ بِمَا يَحْدُثُ حَوْلِي، لَكِنِّي أَدْرَكْتُ **بِبُطْءٍ** أَنَّ اللَّهَ قَدْ أَرْسَلَ شَخْصًا أَوْ شَيْئًا لِإِنْقَاذِي. عِنْدَمَا بَدَأْتُ أَفِيقُ، أَحْسَسْتُ بِوَالِدِي يُمْسِكُ بِي بِقُوَّةٍ وَيَسْحَبُنِي نَحْوَ الشَّاطِئِ بِأَسْرَعِ مَا يُمْكِنُهُ لِإِنْقَاذِ حَيَاتِي. شَعَرْتُ **بِالْأَمَانِ** وَقْتَهَا بَيْنَ ذِرَاعَيْهِ. وَبَعْدَ أَنْ قُدِّمَتْ لِي **الرِّعَايَةُ الْأَوَّلِيَّةُ**، عُدْتُ إِلَى وَعْيِي وَفَتَحْتُ عَيْنَيَّ لِأَجِدَ وَالِدَيَّ وَإِخْوَتِي وَالنَّاسَ مِنْ حَوْلِي يَمْلَؤُهُمُ **الْقَلَقُ وَالْفَزَعُ**. لَمْ **أَسْتَوْعِبْ** وَقْتَهَا مَا حَدَثَ بِشَكْلٍ كَامِلٍ، فَقَدْ كُنْتُ أَجْلِسُ فِي حِضْنِ أَبِي **مُلْتَفَّةً** بِمِنْشَفَةٍ، وَفِي يَدِهِ كُوبٌ مِنَ الشَّايِ السَّاخِنِ يُحَاوِلُ أَنْ يُشْرِبَنِي إِيَّاه لِيُدْفِئَ مَعِدَتِي الصَّغِيرَةَ. كُنْتُ **أَرْتَعِشُ** مِنَ الْخَوْفِ وَالْبَرْدِ، وَشَعَرْتُ أَنَّنِي فِي حُلْمٍ، بَلْ فِي **كَابُوسٍ**، حَيْثُ لَمْ يَكُنْ بَيْنِي وَبَيْنَ الْمَوْتِ سِوَى خَطْوَةٍ وَاحِدَةٍ فَقَطْ!

بَعْدَ أَنْ **أَفَقْتُ** تَمَامًا، سَأَلْتُ أَبِي: "كَيْفَ اسْتَطَعْتَ رُؤْيَتِي بَيْنَمَا كُنْتُ غَارِقَةً بِالْكَامِلِ بَيْنَ الْأَمْوَاجِ وَغَيْرُ ظَاهِرَةٍ؟"

أَخْبَرَنِي أَنَّهُ لَمْ يَرَانِي، لَكِنَّهُ شَعَرَ فَقَطْ أَنَّنِي فِي تِلْكَ الْبُقْعَةِ، فَسَبَحَ لِلْبَحْثِ عَنِّي. كَانَ قَلْبُ **الْأُبُوَّةِ** مَا **أَرْشَدَهُ** إِلَيَّ فِي ذَلِكَ الْيَوْمِ، كَمَا أَظْهَرَ صَدِيقِي الْبَحْرُ لِأَبِي الطَّرِيقَ.

مُنْذُ ذَلِكَ الْوَقْتِ، تَوَقَّعَتْ أُمِّي وَكُلُّ مَنْ حَوْلِي بِأَنَّنِي **سَأَتَجَنَّبُ** الْبَحْرَ، وَسَأُصَابُ **بِرُهَابٍ** تُجَاهَهُ، وَلَنْ **أَتَجَرَّأَ** عَلَى السِّبَاحَةِ فِيهِ مُجَدَّدًا، بَلْ وَسَأَخَافُ حَتَّى مِنْ أَنْ يَلْمَسَ

الْمَاءُ قَدَمَيّ؛ لَكِنْ مَا حَدَثَ هُوَ الْعَكْسُ تَمَامًا: لَقَدْ جَعَلَتْنِي هَذِهِ **التَّجْرِبَةُ** أَشْعُرُ بِتَوَاصُلٍ رُوحِيٍّ مَعَهُ. أَصْبَحْتُ أَشْعُرُ أَنَّنِي أَنْتَمِي إِلَيْهِ وَهُوَ يَنْتَمِي إِلَيَّ، وَكَأَنَّهُ صَدِيقِي الْأَقْرَبُ وَالْأَحَبُّ وَالْأَفْضَلُ. أَصْبَحْتُ أَتُوقُ إِلَى الِارْتِمَاءِ بَيْنَ أَمْوَاجِهِ، وَزِيَارَتِهِ كُلَّمَا سَنَحَتْ لِي الْفُرْصَةُ بِذَلِكَ.

مُلَخَّص الْقِصَّةِ

مَا زَالَتِ الْفَتَاةُ الصَّغِيرَةُ تَعْشَقُ الْبَحْرَ وَتُحِبُّ أَنْ تَجْلِسَ أَمَامَهُ لِسَاعَاتٍ عَلَى الرَّغْمِ مِنَ الْحَادِثَةِ الَّتِي وَقَعَتْ لَهَا فِي الْمَاضِي، إِذْ تَعَرَّضَتْ لِحَادِثَةِ غَرَقٍ تَمَّ إِنْقَاذُهَا مِنْهَا بِأُعْجُوبَةٍ. وَمَعَ ذَلِكَ، لَمْ تَمْتَنِعِ الْفَتَاةُ عَنِ الاسْتِمْتَاعِ بِالْبَحْرِ وَالسِّبَاحَةِ فِيهِ، بَلْ ازْدَادَتْ تَعَلُّقًا بِهِ وَحُبًّا لَهُ، وَمَا زَالَتْ تَنْظُرُ إِلَيْهِ مِنْ نَافِذَةِ غُرْفَتِهَا كُلَّ صَبَاحٍ بَحْثًا عَنِ الْهُدُوءِ وَالسَّكِينَةِ.

Summary of the story

The little girl loved the sea. She still liked to sit in front of it for hours, despite an accident in her past. She had had a drowning incident, from which she was miraculously saved. However, she did not end up fearing the sea. Instead, she felt that her bond with it got stronger and more personal. Years after the accident, the girl still observes the sea from her window and feels comforted and relaxed.

Vocabulary

to grow up	نَشَأْتُ
city center	مَرْكَزِ الْمَدِينَةِ
the sea	الْبَحْرِ
loaded with	مُحَمَّلَةً
freedom	الْحُرِّيَّةِ
the sky	السَّمَاءِ
the calm	الْهُدُوءِ
the memories	الذِّكْرَيَاتِ
my brother	أَخِي
the beach	الشَّاطِئِ
to resonate	تَرُنُّ
sand	رَمْلُ
palace	قَصْرًا
the ball	الْكُرَةَ
toddler	الرَّضِيعَةِ
victory	النَّصْرِ
swimming	السِّبَاحَةَ
to look after	يَرْعَى
to watch over	مُرَاقَبَتِنَا
worry	الْقَلَقَ

to take the risk	أُغَامِرُ
my foot	قَدَمِي
seaweed	الطَّحَالِبِ الْبَحْرِيَّةِ
sticky	اللَّزِجَةِ
to cover	تَكْسُو
to drag	جَرَّتْنِي
against	عَكْسَ
to refuse	تَأْبَى
to obey	تُطَاوِعَنِي
tiny	ضَآلَةِ
to swallow	ابْتَلَعَتْنِي
to the naked eye	لِلْعِيَانِ
shouting / screaming	الصُّرَاخَ
bleakness	قَتَامَةُ
to distinguish	يُمَيِّزَنِي
darkness	الظَّلَامِ
knowledge	دِرَايَةٍ
slowly	بِبُطْءٍ
safety	بِالْأَمَانِ
primary care	الرِّعَايَةُ الْأَوَّلِيَّةُ
worry	الْقَلَقُ

horror	وَالْفَزَعُ
to realize	أَسْتَوْعِبْ
wrapped in	مُلْتَفَّةً
shaking	أَرْتَعِشُ
nightmare	كَابُوسٍ
to wake up	أَفَقْتُ
fatherhood	الْأُبُوَّةِ
to guide	أَرْشَدَهُ
to avoid	سَأَتَجَنَّبُ
phobia	بِرُهَابٍ
to dare	أَتَجَرَّأُ
the experience	التَّجْرِبَةُ

Questions about the story

1. **مَا هُوَ صَديقُ الفَتَاةِ المُفَضَّلُ؟**
   - أ- المَطَار
   - ب- البَحْر
   - ج- السِّينِمَا
   - د- المَهْرَج

2. **مَاذَا فَعَلَتِ العَائِلَةُ بَعْدَ تَنَاوُلِ طَعَامِ الغَذَاءِ؟**
   - أ- لعبوا الكرة
   - ب- رقصُوا
   - ج- غَنُّوا
   - د- نَامُوا

3. **بِمَاذَا احتَفَلوا بَعْدَ فَوْزِهِم بِالمُبَارَاةِ؟**
   - أ- تَنَاول الحَلْوَى
   - ب- تناوُل البَطِّيخ
   - ج- شُرْبُ العَصِير
   - د- الرَّقْصُ

4. **كَيْفَ غرِقَتِ الفَتَاة؟**
   - أ- انزلَقَتْ قَدَمُهَا
   - ب- شربتْ مَاءً كَثيرًا
   - ج- جلَسَتْ عَلَى الرَّمْل
   - د- سَبَحَتْ حَتَّى الأعْمَاق

5. **مَن الذي أَنْقَذَ الفَتَاة؟**
   - أ- أبُوهَا
   - ب- أَخُوهَا
   - ج- المُنْقِذُ البَحْرِي
   - د- أمُّهَا

Answers

1. The sea   ب- البحر

2. They played soccer   أ- لعبوا الكرة

3. They ate sweets   أ- تناول الحلوى

4. Her foot slid   أ- انزلقت قدمها

5. Her father   أ- أبوها

Chapter 10

ذِكْرَيَاتٌ
MEMORIES

فِي بَعْضِ الْأَحْيَانِ، **نَغْرَقُ** فِي تَفَاصِيلِ الْحَيَاةِ أَكْثَرَ مِنَ الِاسْتِمْتَاعِ بِهَا، فَتَأْخُذُنَا إِلَى **دُرُوبٍ** لَمْ نَكُنْ نَنْوِي الْخَوْضَ فِيهَا، وَتَكُونُ بَصِيرَتُنَا **مَحْدُودَةً**، فَلَا نُلْقِي بَالًا لِأَبْعَدَ مِنَ النُّقْطَةِ الَّتِي نَقِفُ عَلَيْهَا، وَنَنْسَى أَنَّنَا نَعِيشُ فَتْرَةَ اخْتِبَارٍ قَصِيرَةً، قَصِيرَةً جِدًّا. كُلُّ هَذِهِ الْأَشْيَاءِ الصَّغِيرَةِ الَّتِي **تَقُضُّ مَضَاجِعَنَا**، وَتَشْغَلُ بَالَنَا وَتَفْكِيرَنَا، سَتَمْضِي فِي يَوْمٍ مَا وَتُصْبِحُ ذِكْرَيَاتٍ لَاحِقًا، إِمَّا أَنْ نَتَذَكَّرَهَا **فَنَبْتَسِمَ** أَوْ نَتَذَكَّرَهَا فَنَتَأَلَّمَ؛ فَكُلُّ مَا يَحْدُثُ فِي حَيَاتِكَ الْآنَ سَيُصْبِحُ ذِكْرَى، لِذَا احْرِصْ عَلَى مَلْءِ صُنْدُوقِ ذِكْرَيَاتِكَ بِالْأَحْدَاثِ السَّعِيدَةِ الْجَيِّدَةِ الَّتِي تَجْعَلُكَ، عِنْدَمَا تَصِلُ إِلَى لَحْظَةِ النِّهَايَةِ، تَبْتَسِمُ وَتُخْبِرُ نَفْسَكَ بِأَنَّكَ أَنْجَزْتَ شَيْئًا يَجْعَلُكَ **فَخُورًا**، أَوْ أَنَّكَ تَرَكْتَ أَثَرًا طَيِّبًا فِي حَيَاةِ مَنْ حَوْلَكَ يَتَذَكَّرُونَكَ بِهِ بَعْدَ رَحِيلِكَ وَبَعْدَ تَغَيُّرِ الطُّرُقِ وَالدُّرُوبِ.

أَذْكُرُ فِي طُفُولَتِي أَنَّنِي لَمْ أَكُنْ مُقَرَّبَةً مِنِ **ابْنَةِ عَمِّي**، وَكَثِيرًا مَا كَانَتْ تَحْدُثُ بَيْنَنَا شِجَارَاتٌ كَمَا هِيَ الْعَادَةُ بَيْنَ الْأَطْفَالِ، فَقَدْ كُنَّا مُتَحَيِّزَتَيْنِ لِنَفْسَيْنَا، وَكِلْتَانَا تُرِيدُ أَنْ تُثْبِتَ لِنَفْسِهَا وَلِمَنْ حَوْلَهَا أَنَّهَا الْأَفْضَلُ. وَعِنْدَمَا كَبُرْنَا، تَغَيَّرَ وَتَبَدَّلَ حَالُنَا، فَقَدْ نَضَجْنَا وَأَصْبَحْنَا أَكْثَرَ وَعْيًا وَنَسْتَوْعِبُ مَعْنَى **الْعَلَاقَاتِ** وَالْفَرْقَ بَيْنَ **التَّضْحِيَةِ** مِنْ أَجْلِ سَعَادَتِنَا وَمِنْ أَجْلِ سَعَادَةِ غَيْرِنَا. عِنْدَمَا أُفَكِّرُ فِي عَلَاقَتِنَا وَحُبِّنَا **وَسَلَامِنَا**

الدَّاخِلِيِّ تُجَاهَ بَعْضِنَا الْبَعْضِ. أَشْعُرُ **بِالنَّدَمِ** عَلَى طُفُولَتِنَا الَّتِي **اسْتُنْزِفَتْ** مِنَّا بِهَذَا الشَّكْلِ وَفِي **الصِّرَاعَاتِ** وَالْمَشَاكِلِ.

قَبْلَ خَمْسَةِ أَعْوَامٍ، كُنَّا نَقْضِي مُعْظَمَ وَقْتِنَا مَعًا. كُنَّا لَا نَحْتَاجُ إِلَى أَنْ نَحْكِي يَوْمِيَّاتِنَا أَوْ نَسْرُدَ أَخْبَارَنَا لِبَعْضِنَا الْبَعْضِ، فَقَدْ كُنَّا نَعِيشُ لَحَظَاتِنَا مَعًا. هَذِهِ فَتْرَةٌ مِنْ حَيَاتِي لَا أَسْتَطِيعُ **نِسْيَانَهَا** وَأَعْتَقِدُ أَنَّهَا لَنْ تَتَكَرَّرَ. أَتَذَكَّرُ بِوُضُوحٍ أَثْنَاءَ حَفْلِ تَخَرُّجِهَا كَمْ كُنْتُ سَعِيدَةً بِهَا. هَلْ حَقًّا نَحْنُ نَحْتَفِلُ الْيَوْمَ بِنَجَاحِ وَاحِدَةٍ مِنْ مَجْمُوعَتِنَا؟ لَقَدْ كَانَتْ أَوَّلَ مَنْ فَرِحْنَا بِنَجَاحِهِ، وَكَانَ أَوَّلُ حَفْلٍ احْتَفَلْنَا بِهِ هُوَ حَفْلُ نَجَاحِهَا، حَيْثُ قَضَيْنَا الْيَوْمَ بِأَكْمَلِهِ مَعًا مِنَ الصَّبَاحِ حَتَّى الْمَسَاءِ. فِي ذَلِكَ الْيَوْمِ، انْطَلَقْنَا نَشْدُو بِأُغْنِيَاتِنَا مَعًا وَرَقَصْنَا طَرَبًا بِهَذِهِ الْفَرْحَةِ، ثُمَّ تَوَجَّهْنَا لِتَنَاوُلِ وَجْبَتِنَا **الْمُفَضَّلَةِ**، وَاسْتَمَرَّتْ احْتِفَالَاتُنَا إِلَى الْمَسَاءِ، لِنَخْتِمَهَا بِذَهَابِنَا إِلَى شَاطِئِ الْبَحْرِ. كَانَتْ سَعَادَتُنَا غَامِرَةً فِي ذَلِكَ الْيَوْمِ؛ شَعَرْنَا بِأَنَّنَا كَبُرْنَا وَأَصْبَحْنَا نُشَارِكُ بَعْضَنَا نَجَاحَاتِنَا وَصِرْتُ أَحْلُمُ **بِنَجَاحِي** وَيَوْمِ تَخَرُّجِي أَيْضًا.

قَبْلَ سَفَرِهَا بِيَوْمٍ، أَرَادَتْ تَوْدِيعَنَا بِطَرِيقَتِهَا الْخَاصَّةِ، فَهِيَ لَمْ تَكُنْ تُحِبُّ لَحَظَاتِ الْوَدَاعِ وَالدُّمُوعَ عَلَى الْفِرَاقِ. قَامَتْ بِتَرْتِيبِ **حَفْلَةٍ** مُوسِيقِيَّةٍ احْتَفَلْنَا بِهَا مَعًا وَرَقَصْنَا وَغَنَّيْنَا كَثِيرًا. بَدَتْ وَكَأَنَّهَا **حَفْلَةُ زَفَافٍ** مِنْ شِدَّةِ سَعَادَتِنَا؛ لَكِنْ بِدَاخِلِي، عَرَفْتُ أَنَّ مُضِيَّ كُلِّ دَقِيقَةٍ يَعْنِي اقْتِرَابَ وَقْتِ بُعْدِنَا عَنْ بَعْضِنَا. كُنْتُ أَبْتَسِمُ فَتَضْحَكُ لِي عِنْدَمَا أَنْظُرُ إِلَيْهَا؛ نَحْنُ لَا نُرِيدُ أَنْ **نَبْكِي**، وَبِالْكَادِ نَسْتَطِيعُ حَبْسَ دُمُوعِنَا. وَنُحَاوِلُ الْمُحَافَظَةَ عَلَى وَعْدِنَا لِبَعْضِنَا بِأَنْ نَكُونَ مَعًا فِي **السَّرَّاءِ وَالضَّرَّاءِ**، وَلَا مَكَانَ الْيَوْمَ لِلدُّمُوعِ وَالْبُكَاءِ.

عِنْدَمَا **شَارَفَ** الْحَفْلُ **عَلَى الِانْتِهَاءِ**، وَبَدَأَ الضُّيُوفُ **يُحَيُّونَهَا** تَحِيَّةَ الْوَدَاعِ وَيُقَبِّلُونَهَا وَيَحْضُنُونَهَا، لَمْ أَتَمَالَكْ نَفْسِي، **وَخَانَتْنِي** دُمُوعِي، وَانْهَمَرْتُ بِالْبُكَاءِ، وَوَقَعْتُ مَغْشِيَّةً عَلَيَّ مِنَ **الصَّدْمَةِ**. عِنْدَمَا أَفَقْتُ، وَجَدْتُهَا جَالِسَةً عِنْدَ رَأْسِي، وَقَدْ وَضَعَتْهُ عَلَى حِجْرِهَا. احْتَضَنَتْنِي بِقُوَّةٍ وَأَطَلْنَا الْبُكَاءَ وَأَعْتَقِدُ أَنِّي حَضَنْتُهَا بِطَرِيقَةٍ لَمْ أَحْضُنْ بِهَا أَحَدًا مِنْ قَبْلُ، وَأَظُنُّ أَنَّ هَذَا لَنْ يَتَكَرَّرَ إِلَّا عِنْدَ رُؤْيَتِي لَهَا مَرَّةً أُخْرَى.

لَمْ أَتَوَقَّعْ أَنْ نَبْكِي فِي يَوْمٍ مِنَ الْأَيَّامِ لِأَيِّ سَبَبٍ كَانَ. كُنَّا دَائِمًا نَدْعَمُ بَعْضَنَا وَنُشْعِرُ بَعْضَنَا بِالْأَمَانِ بِقُرْبِنَا. كُنَّا نُحَاوِلُ مَعًا حَلَّ كُلِّ شَيْءٍ. لَا أَتَذَكَّرُ أَنِّي بَكَيْتُ وَهِيَ بِقُرْبِي مِنْ قَبْلُ، سِوَى هَذِهِ الْمَرَّةَ الْوَحِيدَةَ قَبْلَ خَمْسَةِ أَعْوَامٍ: بَكَيْنَا كَثِيرًا حَتَّى شُرُوقِ الشَّمْسِ؛ بَكَيْنَا عِنْدَمَا أَبْعَدَتْنَا **الْمَسَافَةُ** عَنْ بَعْضِنَا. أَمَّا الْآنَ، فَنَحْنُ نَتَحَدَّثُ كَثِيرًا عَبْرَ مَوَاقِعِ التَّوَاصُلِ الِاجْتِمَاعِيِّ، وَخِلَالَ كُلِّ اتِّصَالٍ، نَسْتَرْجِعُ ذِكْرَيَاتِنَا وَمَوَاقِفَنَا مَعًا.

نَتَحَدَّثُ عَنْ **طَاقَتِنَا الْإِيجَابِيَّةِ** عِنْدَمَا نَكُونُ بِجَانِبِ بَعْضِنَا الْبَعْضِ، وَعَنِ ابْتِسَامَتَيْنَا وَضَحِكِنَا الْمُفْرِطِ فِي مَوَاقِفَ بَعْضُهَا عَادِيٌّ وَبَعْضُهَا يَسْتَحِقُّ ذَلِكَ. كُنَّا دَائِمًا نَضْحَكُ وَنَزْرَعُ رُوحَ **التَّفَاؤُلِ** وَالْإِيجَابِيَّةَ دَاخِلَ بَعْضِنَا الْبَعْضِ. فِي كَثِيرٍ مِنَ الْأَحْيَانِ، أَشْعُرُ أَنِّي بِحَاجَةٍ إِلَى اسْتِرْجَاعِ هَذِهِ الْأَيَّامِ وَأَحَادِيثِنَا الْبَرِيئَةِ وَضَحِكِنَا الْهِسْتِيرِيِّ الْمَجْنُونِ وَسَهَرَاتِنَا مَعًا؛ وَأَكْثَرُ مَا أَشْتَاقُ إِلَيْهِ الْآنَ حَقًّا هُوَ رُؤْيَتُهَا. كُنْتُ أَعْلَمُ أَنَّنَا سَنَبْتَعِدُ عَنْ بَعْضِنَا يَوْمًا مَا، فَقَدْ كَانَ حُلْمُهَا الْوَحِيدُ هُوَ **السَّفَرُ**، لَكِنْ فِي تِلْكَ الْفَتْرَةِ، لَمْ آخُذِ الْوَضْعَ عَلَى مَحْمَلِ الْجِدِّ، لَكِنِ الْآنَ بَعْدَ أَنِ افْتَرَقْنَا، أَدْرَكْتُ أَنَّهُ كَانَ يَجِبُ عَلَيْنَا الِاسْتِمْتَاعُ أَكْثَرَ وَأَكْثَرَ فِي تِلْكَ الْأَيَّامِ.

وَأَشَدُّ مَا أندم عَلَيْهِ الْآنَ هُوَ شُعُورِي فِي بِدَايَةِ صَدَاقَتِنَا **بِالْغَيْرَةِ وَالْأَنَانِيَّةِ**. يُرِيدُ الْجَمِيعُ أَنْ يُثْبِتَ لِنَفْسِهِ وَلِلْمُجْتَمَعِ أَنَّهُ الْأَفْضَلُ؛ أَنْ يُشْعِرَ الْجَمِيعَ بِأَنَّهُ **الْبَطَلُ**

الْخَارِقُ فِي مُحَاوَلَةٍ مِنْهُ **لِإِرْضَاءِ** الْمُجْتَمَعِ الَّذِي يَعْتَمِدُ عَلَى سِيَاسَةِ إِرْضَاءِ الْقَطِيعِ. كُلٌّ مِنَّا يَرْغَبُ بِالْفَوْزِ بِالْمَرْكَزِ الْأَوَّلِ، **لِيَحْظَى** بِالْإِعْجَابِ **وَالتَّقْدِيرِ** وَالِاحْتِفَاءِ مِنَ الْمُجْتَمَعِ.

لَقَدِ اتَّخَذْتُ قَرَارًا سَيُغَيِّرُ مَصِيرِي. قَرَّرْتُ أَنْ أَعُودَ إِلَى مَقَاعِدِ الدِّرَاسَةِ مَرَّةً أُخْرَى لِأَنِّي لَمْ أَحْصُلْ عَلَى **دَرَجَاتٍ** جَيِّدَةٍ فِي الْجَامِعَةِ، إِذْ لَمْ يَكُنْ مُعَدَّلِي الْجَامِعِيُّ يُؤَهِّلُنِي لِلْحُصُولِ عَلَى وَظِيفَةٍ وَلَا لِلتَّقْدِيمِ **لِلدِّرَاسَاتِ الْعُلْيَا**. تَقَدَّمْتُ بِطَلَبٍ لِلْجَامِعَةِ مِنْ أَجْلِ أَنْ أَلْتَحِقَ بِهَا مَرَّةً أُخْرَى لِدِرَاسَةِ بَعْضِ الْمَوَادِّ الَّتِي أَخْفَقْتُ فِيهَا فِي السَّابِقِ. وَبِالْفِعْلِ، اسْتَطَعْتُ الْحُصُولَ عَلَى مَقْعَدٍ وَوَضَعْتُ أَمَامِي هَدَفًا أَنَّنِي سَأَلْحَقُ بِصَدِيقَتِي وَابْنَةِ عَمِّي وَرَفِيقَةِ الْعُمْرِ وَالدَّرْبِ، وَسَأَنْجَحُ فِي هَذَا الطَّرِيقِ وَالْخُطَّةِ الَّتِي وَضَعْتُهَا لِأَجْلِ أَنْ أَلْتَقِيَهَا مَرَّةً أُخْرَى.

لِهَذَا السَّبَبِ، شَحَنْتُ كُلَّ طَاقَتِي، وَوَجَّهْتُ نَفْسِي صَوْبَ هَذَا الْهَدَفِ، وَاجْتَهَدْتُ فِي دِرَاسَتِي حَتَّى حَصَلْتُ عَلَى مُعَدَّلَاتٍ عَالِيَةٍ طَوَالَ السَّنَةِ. أَكْمَلْتُ بَعْدَهَا طَرِيقِي لِلْحُصُولِ عَلَى مِنْحَةٍ لِمُتَابَعَةِ الدِّرَاسَةِ فِي الْخَارِجِ، لَكِنَّ الْمُنَافَسَةَ كَانَتْ قَوِيَّةً وَلَمْ أُوَفَّقْ. بَحَثْتُ مِرَارًا وَتِكْرَارًا عَلَى الْإِنْتَرْنِت، وَتَوَاصَلْتُ مَعَ أَشْخَاصٍ حَصَلُوا سَابِقًا عَلَى مِنَحٍ دِرَاسِيَّةٍ، وَأَعَدْتُ صِيَاغَةَ **سِيرَتِي الذَّاتِيَّةِ** وَ**خِطَابِي التَّقْدِيمِيِّ**، كَمَا قُمْتُ بِالتَّدَرُّبِ عَلَى الِاخْتِبَارَاتِ وَالْمُقَابَلَاتِ مُسْتَعِينَةً بِاليوتيوب وَالْعَدِيدِ مِنَ الْمُسَابَقَاتِ الْمَجَّانِيَّةِ عَلَى الْمَوَاقِعِ الْأُخْرَى. جَاءَ يَوْمُ مُقَابَلَتِي لِلْمِنْحَةِ. كُنْتُ أَشْعُرُ بِالْخَوْفِ وَالتَّوَتُّرِ وَالضَّيَاعِ، وَكَانَ يَظْهَرُ عَلَى وَجْهِي آثَارُ تَعَبِ الْأَيَّامِ الْمَاضِيَةِ. أَخَذْتُ نَفَسًا طَوِيلًا وَحَاوَلْتُ تَذَكُّرَ قِصَّتِي مَعَ ابْنَةِ عَمِّي؛ تَذَكَّرْتُ هَدَفِي وَتَجَاوُزِي لِمَوَاقِفَ أَصْعَبَ مِنْ هَذِهِ، وَأَنَّ كُلَّ مَا بَذَلْتُهُ مِنْ جُهْدٍ هُوَ مِنْ أَجْلِ الْوُصُولِ إِلَى هَذِهِ اللَّحْظَةِ. هَذِهِ هِيَ فُرْصَتِي الْوَحِيدَةُ

وَطوْقُ النَّجَاةِ الْأَخِيرُ، لَيْسَ فَقَطْ لِأُقَابِلَ صَدِيقَتِي فِي الْخَارِجِ وَإِنَّمَا لَأُصْبِحَ أُسْتَاذَةً أَيْضًا. فَتَحْتُ عَيْنَيَّ وَقُمْتُ مِنْ مَكَانِي وَمَضَيْتُ بِخَطَوَاتٍ وَاثِقَةٍ وَدَخَلْتُ لِلْمُقَابَلَةِ. لَقَدْ خَرَجْتُ مِنْهَا شَخْصًا آخَرَ، شَخْصًا وَاثِقًا بِنَفْسِهِ، وَلَدَيْهِ الْقُوَّةُ وَالْقُدْرَةُ عَلَى فِعْلِ أَيِّ شَيْءٍ فِي الْحَيَاةِ. وَمَا زِلْتُ أَشْعُرُ بِالِامْتِنَانِ لِهَذِهِ الصِّدِيقَةِ الَّتِي غَيَّرَتْ حَيَاتِي فِي وُجُودِهَا وَغِيَابِهَا.

مُلَخَّصُ الْقِصَّةِ

تَتَغَيَّرُ أَحْوَالُنَا مِنْ يَوْمٍ لِآخَرَ. فَعَدُوُّ الْأَمْسِ قَدْ يُصْبِحُ حَبِيبَ الْيَوْمِ. بَعْدَ أَنْ جَمَعَتْنَا الدُّرُوبُ بِرَابِطَةِ الْقَرَابَةِ كَبِنْتَيْ عُمُومَةٍ، تَجَاوَزْنَا خِلَافَاتِنَا وَأَصْبَحْنَا صَدِيقَتَيْنِ. لَكِنَّ الْقَدَرَ فَرَّقَنَا وَسَافَرَتْ ابْنَةُ عَمِّي لِلدِّرَاسَةِ. مِنْ يَوْمِهَا وَأَنَا أَتَحَسَّرُ عَلَى أَيَّامِنَا وَذِكْرَيَاتِنَا مَعًا. قَرَّرْتُ أَنْ أَعُودَ إِلَى الدِّرَاسَةِ مِنْ جَدِيدٍ وَأَنْ أَحُوزَ عَلَى مُعَدَّلٍ عَالٍ. تَقَدَّمْتُ لِلْعَدِيدِ مِنَ الْمِنَحِ الَّتِي قُوبِلَتْ بِالرَّفْضِ، حَتَّى حَصَلْتُ أَخِيرًا عَلَى وَاحِدَةٍ.

Summary of the story

Our conditions change from day to day, so that yesterday's enemy might become today's lover. Our paths brought us together as blood relations and cousins; we got over our problems with each other and became friends. However, fate separated us, and my cousin traveled away to study. Since that day, I miss our days together and our memories. Then I decided to go back to studying again, to get high grades. I applied for many scholarships and was rejected every time, until I finally got one.

Vocabulary

to drawn	نَغْرَقُ
paths	دُرُوبٍ
limited	مَحْدُودَةً
disturb our sleep	تَقُضُّ مَضَاجِعَنَا
[so] we smile	[فَ]نَبْتَسِمَ
proud	فَخُورًا
my cousin	ابْنَةِ عَمِّي
the relationships	الْعَلَاقَاتِ
sacrifice	التَّضْحِيَةِ
regret	بِالنَّدَمِ
to drain	اسْتُنْزِفَتْ
conflicts	الصِّرَاعَاتِ
inner peace	سَلَامِنَا الدَّاخِلِيِّ
forget it	نِسْيَانَهَا
the favorite	الْمُفَضَّلَةِ
my success	[بِ]نَجَاحِي
party	حَفْلَةٍ
a wedding party	حَفْلَةُ زَفَافٍ
we cry	نَبْكِي
through thick and thin	السَّرَّاءِ وَالضَّرَّاءِ

to near the end	شَارَفَ عَلَى الِانْتِهَاءِ
to greet	يُحِيُّونَهَا
to betray	خَانَتْنِي
the shock	الصَّدْمَةِ
the distance	الْمَسَافَةُ
our positive energy	طَاقَتِنَا الْإِيجَابِيَّةِ
the optimism	التَّفَاؤُلِ
the travel	السَّفَرُ
the jealousy	[بِ]الْغَيْرَةِ
selfishness	الْأَنَانِيَّةِ
a super hero	الْبَطَلُ الْخَارِقُ
to please	لِإِرْضَاءِ
to win	لِيَحْظَى
gratitude	التَّقْدِيرِ
grades	دَرَجَاتٍ
[for] higher education	[لِ]الدِّرَاسَاتِ الْعُلْيَا
my C.V.	سِيرَتِي الذَّاتِيَّةِ
my cover letter	خِطَابِي التَّقْدِيمِيِّ

Questions about the story

1. كَانَ أَوَّلُ احتِفَالٍ للأَصْدِقَاء بِسَبَب؟

أ- التَّخَرج

ب- الزواجِ

ج- السَّفَر

د- النَّجَاح في الثَّانَويَّة العَامَّة

2. مَاذَا فَعَلُوا بَعْدَ حَفْلَة التَّخَرُّجِ؟ ذَهَبوا إلى

أ- المَقْهَى

ب- البَحْر

ج- السينِمَا

د- الحَدِيقَة

3. لمَاذَا أَقَامَتْ ابنَةُ عَمِّهَا حَفْلَةَ وَدَاعٍ؟

أ- تهنئة بالمولود

ب- بمناسبة الزواج

ج- بمناسبة السَّفَر

د- بمناسَبَة النجاح

4. كيفَ كَانَت الفتَاتَان تتواصَلاَن بعْدَ سَفَر إحْدَاهِمَا؟

أ- عَبْرَ وَسَائِل التَّوَاصُل الاجْتِمَاعِي

ب- عَبْرَ الهَاتف

ج- عبْرَ الرَّسَائل الوَرَقِيَّة

د- عَبْرَ التِّلْفَاز

5. على ماذا حصلت الفتاة فيما بعد؟

أ- منحة

ب- وسام شرف

ج- شهادة تقدير

د- تذكرة سينما

Answers

1. Graduation   أ- التخرج

2. Sea   ب- البحر

3. Traveling   ج- بمناسبة السفر

4. Social media   أ- عبر وسائل التواصل الاجتماعي

5. Scholarship   أ- منحة

Chapter 11

مَرْيَمُ

MARYAM

لَمْ تَكُنْ رِيهَامُ تَعْلَمُ مَا يُخَبِّئُهُ لَهَا الْقَدَرُ. عِنْدَمَا خَطَتْ أُولَى خَطَوَاتِهَا دَاخِلَ **الْجَامِعَةِ**، جَلَسَتْ فِي مَقْعَدٍ مُحَاذٍ لِلْبَابِ وَاسْتَمَعَتْ إِلَى **الْمُحَاضِرِ** بِكُلِّ تَرْكِيزٍ. وَبَعْدَ أَنْ أَنْهَتْ مُحَاضَرَتَهَا، تَوَجَّهَتْ إِلَى **الْكَافِتِيرْيَا** لِتَتَنَاوَلَ طَعَامَ الْإِفْطَارِ. هُنَاكَ تَعَرَّفَتْ عَلَى رَفِيقَاتِهَا، وَكَوَّنَتْ عَلَاقَاتٍ وَطِيدَةً مَعَهُنَّ حَتَّى أَصْبَحْنَ مُقَرَّبَاتٍ جِدًّا، وَكُنَّ دَائِمًا مَا يَجْلِسْنَ مَعًا، وَيُذَاكِرْنَ دُرُوسَهُنَّ مَعًا، وَيَتَسَوَّقْنَ وَيَخْرُجْنَ وَيَمْرَحْنَ.

وَفِي يَوْمٍ مِنْ أَيَّامِ **الشِّتَاءِ** الْمُمْطِرَةِ، كَانَتْ رِيهَامُ تَحْمِلُ مِظَلَّتَهَا وَتَسِيرُ بِعُجَالَةٍ لِتَلْحَقَ بِالْمُحَاضَرَةِ قَبْلَ أَنْ تَبْدَأَ. وَفِي هَذِهِ الْأَثْنَاءِ، اصْطَدَمَتْ بِشَابٍّ طَوِيلٍ أَسْمَرَ اللَّوْنِ، وَسَقَطَ **دَفْتَرُهَا** عَلَى الْأَرْضِ وَابْتَلَّ بِالْمَاءِ. شَعَرَتْ رِيهَامُ **بِالْغَضَبِ** الشَّدِيدِ لِمَا حَصَلَ، وَالْتَقَطَتْ دَفْتَرَهَا وَمَضَتْ، لَكِنَّهُ كَانَ قَدْ غَرِقَ فِي الْمَاءِ بِشَكْلٍ كَامِلٍ، حَيْثُ كَانَتِ **الْأَمْطَارُ** غَزِيرَةً فِي ذَلِكَ الْيَوْمِ. تَوَجَّهَتْ إِلَى الْقَاعَةِ وَهِيَ تَشْعُرُ بِالْحُزْنِ الشَّدِيدِ لِمَا حَدَثَ لِدَفْتَرِهَا، إِذْ لَا يُمْكِنُهَا أَنْ تَكْتُبَ فِيهِ، وَلَا حَتَّى أَنْ تَتَبَيَّنَ الْحُرُوفَ الَّتِي كَتَبَتْهَا مُسْبَقًا، وَجَلَسَتْ فِي صَمْتٍ وَالدُّمُوعُ تَتَلَأْلَأُ فِي عَيْنَيْهَا. أَفَاقَتْ عَلَى صَوْتِ الْمُدَرِّسِ يَسْأَلُهَا سُؤَالًا فِي نِطَاقِ الشَّرْحِ، لَكِنَّهَا لَمْ تَسْتَطِعِ **الْإِجَابَةَ**. فَشَعَرَ مُدَرِّسُهَا بِأَنَّ شَيْئًا مَا يُزْعِجُهَا.

بَعْدَ انْتِهَاءِ الْمُحَاضَرَةِ، كَانَتِ الْعَوَاصِفُ قَدِ اشْتَدَّتْ وَالْمَطَرُ قَدْ زَادَ، فَشَعَرَتْ بِالْقَلَقِ وَأَخَذَتْ تُفَكِّرُ كَيْفَ سَتَصِلُ إِلَى مَنْزِلِهَا فِي هَذَا الْجَوِّ **الْعَاصِفِ**، وَهِيَ الَّتِي تَسْكُنُ عَلَى بُعْدِ مَسَافَةٍ كَبِيرَةٍ مِنَ الْجَامِعَةِ. وَقَفَتْ عِنْدَ الْبَابِ فِي انْتِظَارِ حَافِلَةٍ أَوْ سَيَّارَةِ أُجْرَةٍ **تَنْقُلُهَا** إِلَى مَنْزِلِهَا. رَأَتِ الْحَافِلَةَ مَا زَالَتْ مُنْتَظِرَةً، **فَصَعِدَتْ** فِيهَا، لَكِنَّهَا لَمْ تَجِدْ **مَقْعَدًا**، فَوَقَفَتْ فِي مَمَرِّ الْحَافِلَةِ. وَمَا إِنْ نَظَرَتْ إِلَى يَمِينِهَا حَتَّى رَأَتِ الشَّابَّ الَّذِي اصْطَدَمَ بِهَا **وَأَتْلَفَ** دَفْتَرَهَا. كَانَتْ لَا تَزَالُ تَشْعُرُ بِالْغَضَبِ تُجَاهَهُ، لَكِنَّهَا أَمْسَكَتْ أَعْصَابَهَا عَنِ الِانْفِعَالِ أَوِ الْقِيَامِ بِأَيِّ حَرَكَةٍ عَصَبِيَّةٍ.

ابْتَسَمَ لَهَا الشَّابُّ، وَوَقَفَ مِنْ مَكَانِهِ، وَقَالَ لَهَا: "**تَفَضَّلِي بِالْجُلُوسِ**؛ سَأَقِفُ أَنَا، وَأَرْجُو أَنْ **تُسَامِحِينِي** عَلَى مَا حَدَثَ مُنْذُ قَلِيلٍ."

انْفَرَجَتْ أَسَارِيرُهَا وَجَلَسَتْ دُونَ أَنْ تَتَفَوَّهَ بِحَرْفٍ، وَأَخَذَتْ تُحَدِّثُ نَفْسَهَا بِأَنَّ الْأَمْرَ كُلَّهُ كَانَ مُجَرَّدَ حَادِثٍ غَيْرِ مَقْصُودٍ، فَلِمَ كُلُّ هَذَا الْغَضَبِ وَالْحُزْنِ؟ يَجِبُ عَلَيْهَا أَنْ **تَغْفِرَ** لَهُ. يَكْفِي أَنَّهُ فَضَّلَ **الْوُقُوفَ** لِمَسَافَةِ سَاعَتَيْنِ عَلَى أَنْ يَتْرُكَهَا وَاقِفَةً فِي الْحَافِلَةِ. وَأَخَذَتْ تَلُومُ نَفْسَهَا كَمْ هِيَ إِنْسَانَةٌ سَيِّئَةٌ، إِذْ لَمْ **تَشْكُرْهُ** عَلَى مَوْقِفِهِ **النَّبِيلِ**، وَلَا حَتَّى رَدَّتْ عَلَى **اعْتِذَارِهِ** بِأَدَبٍ. نَظَرَتْ إِلَيْهِ فَكَانَ قَدِ انْصَرَفَ إِلَى قِرَاءَةِ **كِتَابٍ** صَغِيرٍ مِنْ كُتُبِ الْجَيْبِ يُمْسِكُهُ فِي يَدِهِ بَيْنَمَا كَانَ يُمْسِكُ بِيَدِهِ الْأُخْرَى مِقْبَضًا فِي سَقْفِ الْحَافِلَةِ.

ظَلَّتْ تَنْظُرُ إِلَيْهِ لِدَقَائِقَ لَكِنَّهُ لَمْ يَلْتَفِتْ نَحْوَهَا، فَأَرْخَتْ رَأْسَهَا عَلَى الْكُرْسِيِّ وَأَخَذَتْ تَتَأَمَّلُهُ. إِنَّهُ شَابٌّ لَطِيفٌ جَمِيلُ الْمَظْهَرِ، طَوِيلُ الْقَامَةِ، **يَمِيلُ إِلَى** النَّحَافَةِ، لَوَّحَتِ الشَّمْسُ بَشْرَتَهُ فَأَصْبَحَ لَوْنُهَا حِنْطِيًّا، ذُو عَيْنَيْنِ بَرَّاقَتَيْنِ **وَأَهْدَابٍ** طَوِيلَةٍ. أَخَذَتْ

تُفكِّرُ فِي أَيِّ **كُلِّيَّةٍ** يَدْرُسُ؟ شَعَرَ بِأَنَّ نَظَرَاتِهَا مُصَوَّبَةٌ نَحْوَهُ **وَمُحَدِّقَةٌ** فِيهِ مِنْ غَيْرِ مُبَرِّرٍ، فَرَفَعَ رَأْسَهُ قَلِيلًا وَنَظَرَ إِلَيْهَا وَابْتَسَمَ، وَلَمْ يَنْطِقَا بِحَرْفٍ حَتَّى نَزَلَا مِنَ الْحَافِلَةِ.

بَعْدَ عِدَّةِ أَيَّامٍ، رَأَتْهُ رِيهَامُ يَجْلِسُ وَسَطَ مَجْمُوعَةٍ مِنَ الشَّبَابِ يَضْحَكُونَ، فَكَانَ **ثَغْرُهُ** الْمُبْتَسِمُ يُشْبِهُ **اللُّؤْلُؤَ** فِي بَيَاضِهِ. وَمَا إِنْ وَقَعَتْ عَيْنُهُ عَلَيْهَا حَتَّى قَامَ مِنْ مَكَانِهِ وَاتَّجَهَ نَحْوَهَا وَهُوَ يَحْمِلُ فِي يَدِهِ **دَفْتَرًا**، وَقَالَ لَهَا: "أَتَعْلَمِينَ، لَقَدِ اشْتَرَيْتُ هَذَا الدَّفْتَرَ مُنْذُ عِدَّةِ أَيَّامٍ، وَفِي كُلِّ يَوْمٍ، أَنْتَظِرُ أَنْ أُقَابِلَكِ لِأُعْطِيَكِ إِيَّاهُ تَعْوِيضًا عَنْ دَفْتَرِكِ الَّذِي سَقَطَ فِي الْمَاءِ."

ضَحِكَتْ رِيهَامُ وَأَجَابَتْ: "شُكْرًا، لَا دَاعِي."

لَكِنَّهُ **أَصَرَّ** عَلَى أَنْ تَأْخُذَ مِنْهُ الدَّفْتَرَ، وَتَعَرَّفَا عَلَى بَعْضِهِمَا الْبَعْضِ. كَانَتْ رِيهَامُ تَدْرُسُ أَدَبَ اللُّغَةِ الْإِنْجِلِيزِيَّةِ وَكَانَتْ تِلْمِيذَةً مُتَفَوِّقَةً مُجْتَهِدَةً، بَيْنَمَا كَانَ يَحْيَى يَدْرُسُ الْهَنْدَسَةَ. وَبِمُجَرَّدِ تَخَرُّجِهِمَا، تَزَوَّجَا وَسَافَرَا مَعًا فِي بَعْثَةِ عَمَلٍ أُرْسِلَ فِيهَا يَحْيَى. وَلِحُسْنِ الْحَظِّ، كَانَ صَدِيقُهُمَا مُنْذِر قَدْ حَصَلَ عَلَى **عَقْدٍ** فِي نَفْسِ الْمَدِينَةِ بَعْدَ سَنَةٍ مِنْ زَوَاجِهِمَا. كَانَ **أَعْزَبًا** وَيَرْغَبُ فِي اقْتِنَاءِ بَعْضِ **الْأَثَاثِ** مِنَ الْمَدِينَةِ الْجَدِيدَةِ لِشُقَّتِهِ، فَطَلَبَ مِنْ يَحْيَى مُسَاعَدَتَهُ فِي ذَلِكَ، فَوَافَقَ يَحْيَى فَوْرًا. اتَّصَلَ مُنْذِر بِرِيهَامَ وَطَلَبَ مِنْهَا **تَجْهِيزَ** وَجْبَةِ الْعَشَاءِ لِأَنَّهُ سَيَكُونُ **ضَيْفَهَا** الْيَوْمَ بَعْدَ انْتِهَائِهِمْ مِنْ شِرَاءِ الْأَثَاثِ، فَضَحِكَتْ رِيهَامُ **وَرَحَّبَتْ** بِهِ.

لَكِنْ كَانَ لَدَى رِيهَامَ يَوْمَهَا مَوْعِدٌ مَعَ طَبِيبِ الْأَسْنَانِ، وَلَمْ تَسْتَطِعْ تَأْجِيلَهُ. لَمْ يَكُنْ بِاسْتِطَاعَتِهَا أَخْذَ ابْنَتِهَا مَرْيَم مَعَهَا، وَلَا يُمْكِنُ لِيَحْيَى أَنْ يَبْقَى فِي الْمَنْزِلِ لِرِعَايَةِ مَرْيَم، لَكِنَّهُمَا فِي النِّهَايَةِ وَصَلَا إِلَى قَرَارٍ بِأَنْ يَصْحَبَهَا يَحْيَى مَعَهُ وَيَعُودَ بِهَا فِي

الْمَسَاءِ. وَهَكَذَا، ذَهَبَتْ رِيهَامُ إِلَى الطَّبِيبِ. وَمَا إِنِ انْتَهَتْ حَتَّى اتَّصَلَتْ بِيَحْيَى لِتَطْمَئِنَّ عَلَى مَرْيَم لَكِنَّهُ لَمْ يَكُنْ يُجِيبُ.

فِي هَذِهِ الْأَثْنَاءِ، كَانَ يَحْيَى قَدْ جَلَسَ بِجَانِبِ مُنْذِر فِي الْكُرْسِيِّ الْأَمَامِيِّ يَحْتَضِنُ مَرْيَم الصَّغِيرَةَ، وَمُنْذِر يَحْكِي فَرَحًا بِلِقَائِهِمْ. وَفِي لَحْظَةٍ خَاطِفَةٍ، انْحَرَفَتِ السَّيَّارَةُ حَتَّى اصْطَدَمَتْ بِالطَّرِيقِ، وَمِنْ ثَمَّ انْقَلَبَتْ وَاحْتَرَقَ **مُحَرِّكُ السَّيَّارَةِ**. بِمُجَرَّدِ أَنْ شَعَرَ يَحْيَى بِانْحِرَافِ السَّيَّارَةِ، أَنْزَلَ مَرْيَم تَحْتَ الْكُرْسِيِّ بِسُرْعَةٍ، لَكِنَّ انْفِجَارَ الْمُحَرِّكِ أَصَابَهَا بِكُسُورٍ وَحُرُوقٍ مِنَ الدَّرَجَةِ الثَّالِثَةِ. عِنْدَمَا نَقَلُوهُمْ إِلَى الْمُسْتَشْفَى، لَمْ يَكُنْ يَحْيَى قَدْ فَارَقَ الْحَيَاةَ، لَكِنَّ صَدِيقَهُ فَعَلَ، وَمَرْيَم لَا تَزَالُ حَيَّةً.

بَعْدَ سَاعَاتٍ مِنْ مُحَاوَلَةِ الِاتِّصَالِ، رَدَّ عَلَى رِيهَامَ شُرْطِيٌّ وَأَخْبَرَهَا بِأَنَّ الْأَشْخَاصَ الَّذِينَ كَانُوا فِي السَّيَّارَةِ قَدْ تَعَرَّضُوا **لِحَادِثِ سَيْرٍ** وَسَأَلَهَا إِنْ كَانَتْ تَعْرِفُ أَيَّ شَخْصٍ مِنْهُمْ. تَوَجَّهَتْ رِيهَامُ بِسُرْعَةٍ إِلَى الْمُسْتَشْفَى وَهُنَاكَ وَجَدَتْ يَحْيَى مُفَارِقًا الْحَيَاةَ، وَطِفْلَتَهَا الْوَحِيدَةَ مَحْرُوقَةً وَتُعَانِي مِنْ كُسُورٍ فِي الْعِظَامِ وَفِي غَيْبُوبَةٍ.

لَمْ يَكُنْ سَهْلًا عَلَى رِيهَامَ نَقْلُ الْجُثَّتَيْنِ إِلَى بَلَدِهَا، بِالْإِضَافَةِ إِلَى طِفْلَتِهَا الرَّضِيعَةِ الَّتِي لَمْ تَتَجَاوَزِ الْأَشْهُرَ الْأُولَى مِنْ عُمْرِهَا. شَعَرَتْ وَكَأَنَّ **الْكَوْنَ** كُلَّهُ قَدْ **تَآمَرَ** عَلَيْهَا. كَانَتْ تَبْكِي **وَتَنْتَحِبُ**، وَتَمَنَّتْ لَوْ أَنَّهَا فَارَقَتِ الْحَيَاةَ وَلَمْ تَرَ مَا رَأَتْ.

عِنْدَمَا وَصَلَتْ إِلَى بَيْتِ أَهْلِهَا، غَرِقَتْ فِي **الِاكْتِئَابِ** وَالْبُكَاءِ لِعِدَّةِ أَيَّامٍ، وَلَمْ تَتَجَاوَزْ صَدْمَتَهَا النَّفْسِيَّةَ إِلَّا عِنْدَمَا أَخْبَرَهَا الطَّبِيبُ بِأَنَّ مَرْيَم سَتُعَانِي مِنَ الْآلَامِ الْمُبْرِحَةِ طَوَالَ حَيَاتِهَا إِنْ لَمْ تَتَصَرَّفْ وَتُسْعِفْهَا فَوْرًا. لِذَلِكَ، قَرَّرَتِ الْبَحْثَ عَنْ **وَظِيفَةٍ**، وَأَخَذَتْ تُتَابِعُ حَالَةَ صَغِيرَتِهَا وَالْعَمَلِيَّاتِ الْكَثِيرَةَ الَّتِي كَانَ يَنْبَغِي عَلَيْهَا الْقِيَامُ بِهَا لِلنَّجَاةِ. كَانَتِ الصَّغِيرَةُ تُعَانِي، وَكَانَتْ رِيهَامُ تُعَانِي مَعَهَا، لَكِنَّ ابْنَتَهَا مَرْيَم كَانَتِ

الدَّافِعَ الَّذِي يَجْعَلُهَا تَسْتَيْقِظُ كُلَّ يَوْمٍ وَتَذْهَبُ إِلَى عَمَلِهَا وَإِلَى الْمُسْتَشْفَيَاتِ.

عَادَتْ رِيهَامُ شَيْئًا فَشَيْئًا إِلَى الْحَيَاةِ، وَصَمَّمَتْ عَلَى أَنْ تُعِيدَ إِلَى مَرْيَم الْحَيَاةَ الطَّبِيعِيَّةَ، فَقَدِ اهْتَمَّتْ بِعِلَاجِهَا وَتَعْلِيمِهَا وَحَيَاتِهَا. أَصْبَحَتْ مَرْيَم شُغْلَهَا الشَّاغِلَ الَّذِي مَا إِنْ تَسْتَيْقِظَ حَتَّى تَنَامَ تَكُنْ مِحْوَرَ حَيَاتِهَا، وَكُلُّ مَا تَفْعَلُهُ فِي يَوْمِهَا هُوَ لِأَجْلِهَا.

كَبُرَتْ مَرْيَم، وَتَخَرَّجَتْ مِنَ الْجَامِعَةِ، وَأَصْبَحَتْ **طَبِيبَةً**، وَتَخَصَّصَتْ فِي الطِّبِّ التَّجْمِيلِيِّ، فَقَدْ نَذَرَتْ عَلَى نَفْسِهَا أَنْ تُسَاعِدَ كُلَّ الْأَطْفَالِ الَّذِينَ يُعَانُونَ مِنَ الْأَلَمِ مِثْلَمَا كَانَتْ تُعَانِي هِيَ فِي السَّابِقِ.

مُلَخَّص الْقِصَّةِ

كَانَتْ رِيهَامُ فَتَاةً مُجْتَهِدَةً فِي جَامِعَتِهَا. اِلْتَقَتْ بِشَابٍّ اسْمُهُ يَحْيَى، وَمِنْ ثَمَّ جَمَعَهُمَا الْقَدَرُ بِالزَّوَاجِ. لَاحِقًا، انْتَقَلَتْ لِتَعِيشَ مَعَهُ فِي بَلَدٍ آخَرَ بَعِيدًا عَنْ مَوْطِنِهِمَا لِحُصُولِهِ عَلَى عَمَلٍ هُنَاكَ. لَكِنْ قُدِّرَ -بَعْدَ أَنْ أَنْجَبَتْ صَغِيرَتَهَا مَرْيَم بِبِضْعَةِ شُهُورٍ- أَنْ يَتَوَفَّى يَحْيَى فِي حَادِثٍ هُوَ وَصَدِيقُهُ، وَأَنْ تَنْجُوَ مَرْيَم مِنْهُ لَكِنْ مُهَشَّمَةً وَمَحْرُوقَةً، وَأَنْ تَكُونَ السَّبَبَ فِي انْتِشَالِ أُمِّهَا مِنَ الِانْهِيَارِ. تَعْمَلُ الْأُمُّ بِجِدٍّ لِتَأْمَنَ قُوتِ يَوْمِهَا، وَتَسْعَى بِكُلِّ مَا أُوتِيَتْ مِنْ طَاقَةٍ إِلَى عِلَاجِ صَغِيرَتِهَا. تُصْبِحُ مَرْيَم فِي الْمُسْتَقْبَلِ طَبِيبَةً تُكَرِّسُ حَيَاتَهَا لِعِلَاجِ الْأَطْفَالِ.

Summary of the story

Reham was a hardworking girl in university. She met a young man named Yahya. They got married. Later, she moved to with him to another country, far from home, because Yahya got a job there. A few months after giving birth to a little girl named Maryam, Yahya and a friend were fated to die in an accident. Maryam survived this accident but suffered broken bones and some burns. Maryam became the reason for her mother's recovery from the collapse. The mother worked hard to be able to support her little girl. She strove with all her energy so that Maryam could be treated. And Maryam later became a doctor who dedicated her life to treating children.

Vocabulary

the university	الْجَامِعَةِ
the lecturer / the professor	الْمُحَاضِرِ
the cafeteria	الْكَافِتِيرْيَا
winter	الشِّتَاءِ
her notebook	دَفْتَرَهَا
angry	[بِ]الْغَضَبِ
the rains	الْأَمْطَارُ
the answer	الْإِجَابَةَ
the stormy	الْعَاصِفِ
to transport	تَنْقُلُهَا
to get into	صَعِدَتْ
a seat	مَقْعَدًا
to ruin	أَتْلَفَ
take a seat	تَفَضَّلِي بِالْجُلُوسِ
to forgive me	تُسَامِحِينِي
to forgive	تَغْفِرَ
standing up	الْوُقُوفَ
(she) thanks him	تَشْكُرُهُ
noble	النَّبِيلِ
apology	اعْتِذَارِهِ

book	كِتَابٍ
to lean towards	يَمِيلُ إِلَى
lashes	أَهْدَابٍ
university	كُلِّيَّةٍ
staring	مُحَدِّقَةٌ
his mouth	ثَغْرُهُ
pearls	اللُّؤْلُؤَ
a notebook	دَفْتَرًا
insisted	أَصَرَّ
a contract	عَقْدٍ
single	أَعْزَبًا
the furniture	الْأَثَاثِ
to prepare	تَجْهِيزَ
her guest	ضَيْفَهَا
to welcome	رَحَّبَتْ
the car engine	مُحَرِّكُ السَّيَّارَةِ
accident	[لِ]حَادِثِ سَيْرٍ
the universe	الْكَوْنَ
to conspire	تَآمَرَ
to weep	تَنْتَحِبُ
depression	الِاكْتِئَابِ

job	وَظِيفَةٍ
physician	طَبِيبَةً

Questions about the story

1. عِنْدَمَا اصطَدَمَتْ ريهَامُ بِيَحْيَى، وَقَعَ مِنْهَا؟

أ- هَاتفُها

ب- دفْتَرُها

ج- كتَابُهَا

د- مِحْفَظَتُهَا

ه- شَمْسِيَّتُهَا

2. مَاذَا حَدَث بعْد أَنْ تَخَرَّجَ يَحْيَى وَريهَامُ مِن الجَامِعَة؟

أ- سَافَر يَحْيَى بمُفْرَدِه

ب- تَزَوَّجَا وَسَافَرَا مَعًا

ج- سَافَرَتْ ريهَامُ بِمُفْرَدِهَا

د- لمْ يُسَافِر أَحَد

ه- حَصَلَتْ ريهَامُ عَلَى وَظيفَة

3. كيْفَ تُوفّي يَحْيَى؟ عَنْ طَريق

أ- نوبَة مُفَاجِئَةٍ

ب- سَكْتَةٍ قَلْبِيَّةٍ

ج- جلْطَةٍ دِمَاغِيَّة

د- حادثِ قِطَار

ه- حادث سَيَّارَة

4. مَنْ الذي نَجَا منْ هَذَا الحَادث؟

أ- الطبيبُ

ب- منذر

ج- يحيى

د- مريَم

ه- ريهَامُ

5. مَاذَا أَصْبَحَت مَرْيَمُ فيمَا بَعْدُ؟

أ- رَسَّامَةً
ب- طَبيبَة
ج- معلمَة
د- مترجمَة
ه- مهندِسَةً

Answers

1. Her notebook

ب- دفترها

2. They got married and traveled together

ب- تزوجا وسافرا معا

3. Car accident

ه- حادث سيارة

4. Maryam

د- مريم

5. Doctor

ب- طبيبة

Chapter 12

كِتَابُ الْأَقْدَارِ
THE BOOK OF DESTINIES

إِنَّهُ ذَاكَ الشُّعُورُ.. يُمْكِنُكَ أَنْ تَصِفَهُ **بِالدَّافِعِيَّةِ** أَوْ بِالْحَمَاسِ... لَا، بَلْ هُوَ شَغَفُ الْخَوْضِ مِنْ مَرْحَلَةٍ مَا... تِلْكَ السَّعَادَةُ الْعَارِمَةُ الَّتِي تَنْتُجُ عَنْ تَجْرِبَةِ شَيْءٍ جَدِيدٍ وَ**الِانْطِلَاقِ** نَحْوَ عَالَمٍ آخَرَ أَكْبَرَ وَأَكْثَرَ **حُرِّيَّةً** وَرَاحَةً، عَلَى الْأَقَلِّ هَذَا مَا رَسَمْتُهُ فِي مُخَيِّلَتِيْ آنَذَاكَ. هَذَا الشُّعُورُ هُوَ **الْمُكَافَأَةُ** الْمِثَالِيَّةُ بَعْدَ كُلِّ التَّعَبِ وَالسَّهَرِ لِلَيَالٍ طِوَالٍ... لَكِنَّ شَيْئًا مِنْ هَذَا لَمْ يَحْدُثْ!

كَانَ لَدَيَّ **حُلْمٌ** كَبِيرٌ بِمَقَاسِ أُمْنِيَّاتِي؛ صَغِيرٌ جِدًّا مُقَارَنَةً بِوَاقِعِي. سَهِرْتُ كَثِيرًا لِتَحْقِيقِهِ. حُلْمِي هُوَ أَنْ أَتَخَصَّصَ فِي اللُّغَةِ الْعَرَبِيَّةِ كَمَا أَرَدْتُ دَائِمًا، اقْتِدَاءً بِشَقِيقَتِي الْكُبْرَى الَّتِي كَانَتْ قُدْوَتِي وَبَطَلَةَ أَحْلَامِي. لَكِنَّ الْحُلْمَ لَمْ يَتَحَقَّقْ مُنْذُ أَنْ تَلَقَّيْتُ خَبَرَ إِصَابَةِ وَالِدِي **بِجَلْطَةٍ دِمَاغِيَّةٍ** فِي ذَاتِ الْيَوْمِ الَّذِي ظَنَنْتُهُ سَيَكُونُ الْأَجْمَلَ عَلَى الْإِطْلَاقِ وَأَعْدَدْتُ لَهُ الْكَثِيرَ مِنَ **السِّينَارْيُوهَاتِ**. إِنَّهُ الْيَوْمُ الْمُنْتَظَرُ؛ يَوْمُ **حَصَادِ** الْأَيَّامِ وَاللَّيَالِي؛ يَوْمُ الْإِعْلَانِ عَنْ نَتَائِجِ الثَّانَوِيَّةِ الْعَامَّةِ بِتَفَوُّقِي -وَالْحَمْدُ لِلَّهِ- بِامْتِيَازٍ. لَقَدْ شُلَّتْ فِيهِ حَيَاتُهُ وَمَعَهَا أَحْلَامِي أَيْضًا!

مُنْذُ أَنْ بَدَأَتْ عَيْنَايَ تُبْصِرَانِ النُّورَ لِحَيَاةٍ جَدِيدَةٍ، لِمَرْحَلَةٍ رُبَّمَا تَكُونُ فِيهَا الْفَتَاةُ فِي أَمَسِّ الْحَاجَةِ إِلَى وَالِدِهَا وَدَعْمِهِ وَحُبِّهِ، لِتَكُونَ أَكْثَرَ سَعَادَةً بِفَخْرِهِ بِهَا، وَهُوَ الَّذِي كَانَ

يَتَبَاهَى بِي وَبِتَفَوُّقِي دَوْمًا، فَقَدْتُ وُجُودَهُ بِجَانِبِي. بَكَيْتُ كَثِيرًا، لَكِنِّي حَمِدْتُ اللَّهَ فَهُوَ لَا يَزَالُ **حَيًّا** يُرْزَقُ. لَكِنَّ الْأَيَّامَ لَمْ تَكْتَفِ بِذَلِكَ، وَازْدَادَتِ **الْخَيْبَةُ** أَكْثَرَ حِينَ أَدْرَكْتُ أَنَّنِي لَنْ أَتَمَكَّنَ مِنْ مُتَابَعَةِ الدِّرَاسَةِ فِي الْمَجَالِ الَّذِي لَطَالَمَا حَلَمْتُ بِهِ. اضْطُرِرْتُ إِلَى مُتَابَعَةِ الدِّرَاسَةِ فِي كُلِّيَّةٍ مَجَّانِيَّةٍ وَفِي مَجَالٍ لَمْ يَسْبِقْ وَأَنْ فَكَّرْتُ فِيهِ نَاهِيكَ عَنِ التَّخَصُّصِ فِيهِ. عَايَشْتُ صُعُوبَاتٍ جَمَّةً فِي الْبِدَايَةِ، لَكِنْ بَعْدَ أَنِ انْخَرَطْتُ فِي أَجْوَاءِ الدِّرَاسَةِ، أَدْرَكْتُ بِثِقَةٍ وَيَقِينٍ تَامٍّ أَنَّهُ يَجِبُ أَنْ نُؤْمِنَ بِتَدَابِيرِ **الْقَدَرِ** وَخَالِقِهِ، وَأَنَّهَا الْأَنْسَبُ لَنَا. لَكِنَّ أَعْيُنَنَا النَّاقِصَةَ لَا تَرَى رَحْمَةَ الْخَالِقِ بِنَا عَلَى **الْمَدَى الْقَصِيرِ**، وَقَدْ دَفَعْتُ **ضَرِيبَةَ** جَهْلِي لِهَذَا بِالْكَثِيرِ مِنَ الْعَنَاءِ.

بَدَأْتُ رِحْلَةً جَدِيدَةً فِي عَالَمِ التِّجَارَةِ وَالْأَعْمَالِ. كَانَتْ كُلُّ فُرْصَةٍ تَقَعُ أَمَامِي أَسْتَغِلُّهَا شَرَّ اسْتِغْلَالٍ، انْتِقَامًا مِنْ تِلْكَ الْأَيَّامِ الَّتِي وَضَعَتْنِي هُنَا حَيْثُ تُرِيدُ هِيَ وَأَنَا لَا أُرِيدُ. عَمِلْتُ فِي هَذَا الْمَجَالِ وَشَعَرْتُ بِأَوَّلِ **ثَمَرَةٍ** لِجُهُودِي الْكَثِيرَةِ، وَلَمْ أَكْتَفِ بِهَذَا **الْقَدْرِ** وَحَسْبُ، بَلْ وَحَصَلْتُ عَلَى الْبَكَالُورِيُوسِ فِي الْإِدَارَةِ. مَا أَجْمَلَ أَنْ تَرْوِيَ أَحْلَامَكَ بِمَاءِ **جُهْدِكَ** لِتَكُونَ شَاكِرًا بَعْدَهَا لِنَفْسِكَ وَلَيْسَ لِمَنْ هُمْ حَوْلَكَ.

لَكِنَّ سُوءَ الْحَظِّ لَمْ يُفَارِقْنِي، فَقَدْ أُصِبْتُ بِفَاجِعَةٍ كَانَ مِنَ **الْمُقَدَّرِ** لَهَا أَنْ تَحْصُلَ: رَحَلَ وَالِدِي قَبْلَ تَخَرُّجِي. كُنْتُ أَتَمَنَّى أَنْ تَسْمَحَ لَهُ الْأَيَّامُ بِإِعْطَائِي قُبْلَةً عَلَى جَبِينِي فَخْرًا بِي عِوَضًا عَنْ أَخْذِهِ مِنِّي، لَكِنْ شَاءَتِ **الْأَقْدَارُ** وَلَا حَوْلَ لَنَا وَلَا قُوَّةَ بَعْدَهَا. أَنَا كُلِّي **يَقِينٌ** أَنَّنِي قَطَعْتُ شَوْطًا كَبِيرًا مِمَّا تَمَنَّاهُ لِي **وَخَطَّطْنَا** لَهُ سَوِيًّا، وَإِنْ لَمْ يَكُنْ حَاضِرًا بِجَسَدِهِ.

لَمْ أَرْتَحْ لَحْظَةً مُنْذُ ذَلِكَ الْحِينِ، فَقَدْ كَانَتْ ذِكْرَى **رَحِيلِ** وَالِدِي تَقُضُّ مَضْجَعِي، وَتَسْتَغْرِقُ كُلَّ أَفْكَارِي. أَرَدْتُ أَنْ أَفْعَلَ شَيْئًا، أَيَّ شَيْءٍ يَجْعَلُنِي أَسْتَمِرُّ فِي حَيَاتِي

وَيَمْنَحُنِي سَبَبًا **لِلْمُضِيِّ قُدُمًا**. حَاوَلْتُ كَثِيرًا الْخُرُوجَ مِنْ هَذِهِ **الدَّوَّامَةِ**، لَكِنَّ **الصَّدْمَةَ** كَانَتْ أَقْوَى مِنِّي. فَكَّرْتُ بَعْدَهَا فِي الِاسْتِسْلَامِ وَفِي الْبُكَاءِ وَالنَّحِيبِ لِأَيَّامٍ طَوِيلَةٍ وَفِي **الِانْتِحَارِ**، لَكِنَّنِي فِي النِّهَايَةِ قَرَّرْتُ أَنْ أَجِدَ شَيْئًا آخَرَ يُخْرِجُنِي مِنْ هَذَا **الْكَابُوسِ**.

وَذَاتَ يَوْمٍ، بَيْنَمَا كُنْتُ أَتَنَاوَلُ فُطُورِي، تَذَكَّرْتُ **الْمَكْتَبَةَ** الْعَامَّةَ الْقَرِيبَةَ مِنْ مَنْزِلِي. يَا لَهُ مِنْ وَقْتٍ طَوِيلٍ! لَقَدْ مَرَّتِ الْعَدِيدُ مِنَ السَّنَوَاتِ الَّتِي لَمْ أَخْطُ فِيهَا خَطْوَةً وَاحِدَةً نَحْوَ الْمَكْتَبَةِ. مَاذَا لَوْ عُدْتُ أَقْرَأُ **الْكُتُبَ** مِنْ جَدِيدٍ؟ لَرُبَّمَا أَجِدُ بَيْنَ سُطُورِهَا عَزَائِي وَخَلَاصِي وَشِفَائِي مِنْ كُلِّ هَذِهِ الْآلَامِ. قَرَّرْتُ أَنْ أَكُونَ أَسْرَعَ مِنَ الزَّمَنِ وَأَنْ أَسْبِقَهُ بِخَطْوَةٍ، فَقُمْتُ عَلَى الْفَوْرِ بِارْتِدَاءِ مَلَابِسِي وَتَوَجَّهْتُ إِلَيْهَا. كَانَتْ هُنَاكَ الْعَدِيدُ مِنَ الرُّفُوفِ بِانْتِظَارِي وَهِيَ مُحَمَّلَةٌ بِكُلِّ أَنْوَاعِ وَأَلْوَانِ الْكُتُبِ. وَقَفْتُ **فِي حَيْرَةٍ** مِنْ أَمْرِي أَمَامَهَا، كَطِفْلَةٍ عَلَيْهَا الِاخْتِيَارُ بَيْنَ الْحَلْوَى اللَّذِيذَةِ. جَذَبَتْ نَظَرِي **رِوَايَةٌ** وَكِتَابٌ فِي التَّنْمِيَةِ الْبَشَرِيَّةِ وَكِتَابٌ يَتَحَدَّثُ عَنِ التَّارِيخِ وَمُؤَلَّفَاتٌ غَيْرُهَا، وَشَعَرْتُ بِجَرَيَانِ الدَّمِ فِي عُرُوقِي لِاكْتِشَافِي أَنَّ لَدَيَّ الْكَثِيرَ لِفِعْلِهِ هُنَا، وَأَنَّهُ لَا يَزَالُ فِي الدُّنْيَا الْكَثِيرُ مِنَ الْأَشْيَاءِ الْأُخْرَى الَّتِي **أَتُوقُ** لِاكْتِشَافِهَا.

شَعَرْتُ وَأَنَا خَارِجَةٌ مِنَ الْمَكْتَبَةِ، أَحْمِلُ بَيْنَ ذِرَاعَيَّ الْكُتُبَ الثَّلَاثَةَ، بِأَنَّنِي **فَرَاشَةٌ** تَرْقُصُ فَرَحًا بَيْنَ الزُّهُورِ. وَكَأَنَّ الْكُتُبَ أَعَادَتْنِي إِلَى الْحَيَاةِ. ابْتَسَمْتُ إِلَى الْمَارَّةِ وَأَنَا **أَتَسَكَّعُ** فِي طَرِيقِي إِلَى الْمَنْزِلِ. وَلَمْ أُطِقْ صَبْرًا لِقِرَاءَةِ هَذِهِ الْكُتُبِ الرَّائِعَةِ، فَبِمُجَرَّدِ دُخُولِي الْمَنْزِلَ، شَرَعْتُ فِي **تَصَفُّحِهَا** عَلَى عَجَلٍ، وَأَعْدَدْتُ كَأْسَ شَايٍ كَبِيرَةً لِتُشَارِكَنِي مُتْعَتِي فِي تَصَفُّحِهَا. بَدَأْتُ **بِالرِّوَايَةِ**، وَلَمْ أَنَمْ لَيْلَتَهَا مِنْ شِدَّةِ مَا جَذَبَتْنِي أَحْدَاثُهَا. وَفِي الْيَوْمِ التَّالِي، شَرَعْتُ فِي قِرَاءَةِ كِتَابِ التَّنْمِيَةِ الْبَشَرِيَّةِ. أَصْبَحْتُ لَا أُطِيقُ النَّوْمَ،

وَلَا أُرِيدُ الْيَوْمَ أَنْ يَنْتَهِي. أَرَدْتُ أَنْ يَسْتَمِرَّ النَّهَارُ لِ 24 سَاعَةً حَتَّى أَسْتَطِيعَ قِرَاءَةَ الْمَزِيدِ وَالْمَزِيدِ.

بَيْنَ صَفَحَاتِ تِلْكَ الْكُتُبِ وَجَدْتُ عَالَمِي، وَبَدَأْتُ أَرَى الْعَالَمَ بِمَنْظُورٍ جَدِيدٍ. شَعَرْتُ وَكَأَنَّنِي كُنْتُ **عَمْيَاءَ** مِنْ قَبْلُ وَلِأَوَّلِ مَرَّةٍ أُبْصِرُ النُّورَ؛ فَأَنَا طَوَالَ حَيَاتِي أَعْرِفُ اللَّيْلَ، لَكِنِّي لَمْ أَعْرِفْهُ بِهَذِهِ **الشَّاعِرِيَّةِ** إِلَّا عِنْدَمَا قَرَأْتُ وَصْفَ الْكَاتِبِ لِلَيْلَةٍ قَمَرِيَّةٍ دَافِئَةٍ فِي رِوَايَةٍ. وَأَصْبَحَتِ الْقِرَاءَةُ مُنْذُ ذَلِكَ الْيَوْمِ عَادَتِي **الْأَبَدِيَّةَ**؛ أَغْرَقَ فِي الْكُتُبِ مُنْذُ طُلُوعِ الشَّمْسِ إِلَى غُرُوبِهَا. لَكِنَّ الْأَمْرَ **تَبَدَّلَ** قَلِيلًا عِنْدَمَا وَقَعَتْ يَدَايَ عَلَى كُتُبٍ عَادِيَّةٍ تَحْتَوِي عَلَى خُطُوَاتِ تَعْلِيمِ مَهَارَاتٍ سَهْلَةٍ **كَالْحِيَاكَةِ** وَالطَّبْخِ. وَلِأَوَّلِ مَرَّةٍ، قَرَّرْتُ أَنْ أَتَعَلَّمَ شَيْئًا **مَلْمُوسًا** مِنَ الْكُتُبِ. وَبِالْفِعْلِ، حَضَّرْتُ أَدَوَاتَ الْحِيَاكَةِ مِنْ صُوفٍ وَخُيُوطٍ، وَبَدَأْتُ أَتَعَلَّمُ خَطْوَةً بِخَطْوَةٍ؛ وَمِنْ ثَمَّ صَنَعْتُ **الْحَلَوِيَّاتِ** وَأَعْدَدْتُ أَطْبَاقَ الطَّعَامِ خَطْوَةً بِخَطْوَةٍ. لَمْ تَكُنْ وَصَفَاتِي نَاجِحَةً فِي بِدَايَةِ الْأَمْرِ، لَكِنْ فِيمَا بَعْدُ، احْتَرَفْتُ الطَّبْخَ وَالْخِيَاطَةَ وَأَصْبَحْتُ أُضِيفُ لَمَسَاتِي الْخَاصَّةَ عَلَى الْأَطْبَاقِ وَ قِطَعِ التَّطْرِيزِ.

لَمْ أَكْتَفِ بِذَلِكَ، بَلْ قَرَّرْتُ فَتْحَ مَشْرُوعِي الْخَاصِّ، وَبَدَأْتُ بِالْفِعْلِ بِبَيْعِ بَعْضِ الْأَطْبَاقِ وَالْقِطَعِ لِجَارَاتِي، وَقَدْ حَازَتْ مَنْتُوجَاتِي عَلَى اسْتِحْسَانِهِنَّ، وَأَصْبَحْنَ يُخْبِرْنَ مَعَارِفَهُنَّ عَنِّي. بَعْدَهَا، قَرَّرْتُ أَنْ أَفْتَحَ دُكَّانًا صَغِيرًا لِأَبِيعَ فِيهِ مُنْتَجَاتِي، وَأَصْبَحَ لِي زَبَائِنُ يَأْتُونَ إِلَيَّ خِصِّيصًا. وَبِفَضْلِ اللَّهِ، بَعْدَ عِدَّةِ سَنَوَاتٍ، تَمَكَّنْتُ مِنْ تَحْوِيلِ ذَلِكَ **الدُّكَّانِ** الصَّغِيرِ إِلَى **مَطْعَمٍ** فَاخِرٍ. وَقَدْ كَلَّفَتْنِي هَذِهِ التَّجْرِبَةُ الْكَثِيرَ؛ لَكِنَّ التَّوْفِيقَ وَالْحَظَّ حَالَفَانِي هَذِهِ الْمَرَّةَ. فَقَدْ أَصْبَحَ مَطْعَمِي مِنْ أَشْهَرِ الْمَطَاعِمِ فِي الْمَدِينَةِ، يَزُورُهُ الْكَبِيرُ وَالصَّغِيرُ، وَيَأْتِيهِ **السُّيَّاحُ** لِيَتَذَوَّقُوا أَطْيَبَ الْوَصَفَاتِ الشَّهِيَّةِ وَأَفْضَلَ

الْحَلَوِيَّاتِ عَلَى الْإِطْلَاقِ. وَبِالرَّغْمِ مِنْ هَذَا النَّجَاحِ، بَقِيتُ صَدِيقَةَ الْمَكْتَبَةِ وَالْكُتُبِ، أَتَعَلَّمُ مِنْهَا كُلَّ يَوْمٍ **وَصْفَةً** جَدِيدَةً مِنْ بِلَادٍ مُخْتَلِفَةٍ.

سَتُجْبِرُكَ الْأَيَّامُ أَحْيَانًا عَلَى سَلْكِ مُنْعَطَفَاتٍ أَنْتَ لَا تُرِيدُهَا، لِتَضَعَكَ عَلَى الطَّرِيقِ الصَّحِيحِ. وَسَتَجِدُ نَفْسَكَ بَعْدَهَا مُمْتَنًّا لِكُلِّ الصِّعَابِ الَّتِي أُجْبِرْتَ عَلَى مُوَاجَهَتِهَا وَالَّتِي صَنَعَتْ مِنْكَ شَخْصًا آخَرَ لَرُبَّمَا كُنْتَ لَا تَوَدُّ أَنْ تُصْبِحَهُ، لَكِنَّهُ أَكْثَرُ نُضْجًا وَقُدْرَةً عَلَى إِكْمَالِ الْمَسِيرِ فِي هَذِهِ الْحَيَاةِ. سَتُعَلِّمُكَ أَلَّا تَعْتَمِدَ عَلَى أَحَدٍ وَأَنَّ لَا أَحَدَ يُعَوِّضُ غِيَابَ أَحَدٍ. **الْخَطَوَاتُ** السَّهْلَةُ وَالصَّغِيرَةُ تَصْنَعُ هَدَفًا كَبِيرًا لَمْ تَكُنْ لِتَبْلُغَهُ دَفْعًا بِمِئَاتِ الْأَيَادِي؛ وَهَذَا مَا صَنَعَتْهُ بِي الْأَيَّامُ وَعَلَّمَتْنِي إِيَّاهُ.

مُلَخَّص الْقِصَّةِ

كُنْتُ طِفْلَةَ أَبِي الْمُدَلَّلَةَ وَآخِرَ أَطْفَالِهِ، لِذَا حَلَمْتُ دَوْمًا بِحَصْدِ أَعْلَى الدَّرَجَاتِ وَجَعْلِهِ فَخُورًا بِي، لَكِنَّ الْأَقْدَارَ لَمْ تُسْعِفْنِي، فَقَدْ تَعَرَّضَ وَالِدِي لِسَكْتَةٍ دِمَاغِيَّةٍ قَبْلَ الْإِعْلَانِ عَنْ نَتَائِجِ الثَّانَوِيَّةِ الْعَامَّةِ، وَاضْطُرِرْتُ إِلَى الِالْتِحَاقِ بِكُلِّيَّةٍ لَا تَرُوقُنِي، وَتَخَرَّجْتُ مِنْ كُلِّيَّةِ التِّجَارَةِ بِتَفَوُّقٍ، لَكِنَّ الْقَدَرَ كَانَ أَسْرَعَ مِنِّي مَرَّةً أُخْرَى، وَتُوُفِّيَ وَالِدِي قَبْلَ تَخَرُّجِي. بَعْدَ أَنْ أَصَابَنِي الِاكْتِئَابُ نَتِيجَةَ وَفَاتِهِ، أَلْهَمَنِي اللَّهُ بِزِيَارَةِ الْمَكْتَبَةِ. وَهُنَاكَ، انْشَغَلْتُ بِالْقِرَاءَةِ، ثُمَّ تَعَلَّمْتُ إِعْدَادَ الْأَطْبَاقِ اللَّذِيذَةِ مِنْ كُتُبِ الطَّبْخِ الَّتِي مَكَّنَتْنِي لَاحِقًا مِنْ فَتْحِ مَشْرُوعٍ صَغِيرٍ وَتَحْوِيلِهِ إِلَى مَطْعَمٍ كَبِيرٍ لَاحِقًا.

Summary of the story

I was my father's spoiled child and the last of his kids, so, I've always dreamed of getting high marks and making him proud of me. However, fate did not give me this honor because my father had had a stroke before the high school results were announced. As a result, I had to go to a college that didn't meet my aspirations. Yet, I managed to graduate brilliantly, but, before I could bring the news to my poor father, death had caught him before me. I became depressed because I had no one to share my news with or vent to. What saved me from severe depression, however, was the library! There, I learned the basics of culinary art, and managed to start my own business afterwards.

Vocabulary

motivation	[بِ]الدَّافِعِيَّةِ
starting off	الِانْطِلَاقِ
freedom	حُرِّيَّةً
the reward	الْمُكَافَأَةُ
dream	حُلْمٌ
stroke	[بِ]جَلْطَةٍ دِمَاغِيَّةٍ
the scenarios	السِّينَارْيُوهَاتِ
harvest	حَصَادِ
alive	حَيًّا
the disappointment	الْخَيْبَةُ
the fate	الْقَدَرِ
the short term	الْمَدَى الْقَصِيرِ
tax	ضَرِيبَةَ
fruit	ثَمَرَةٍ
the amount	الْقَدْرِ
your effort	جُهْدِكَ
fate	الْأَقْدَارُ
certainty	يَقِينٌ
to plan	خَطَّطْنَا
leave / departure	رَحِيلِ

to move forward	لِلْمُضِيِّ قُدُمًا
a tornado	الدَّوَّامَةِ
a shock	الصَّدْمَةَ
suicide	الِانْتِحَارِ
a nightmare	الْكَابُوسِ
the library	الْمَكْتَبَةَ
books	الْكُتُبَ
baffled	فِي حَيْرَةٍ
novel	رِوَايَةٌ
to look forward to	أَتُوق
butterfly	فَرَاشَةٌ
to wander	أَتَسَكَّعُ
to go through the pages	تَصَفُّحهَا
a novel	بِالرِّوَايَةِ
blind	عَمْيَاءَ
poetic	الشَّاعِرِيَّةِ
eternal	الْأَبَدِيَّةَ
to change	تَبَدَّلَ
sewing	كَالْحِيَاكَةِ
tangible	مَلْمُوسًا
the sweets	الْحَلَوِيَّاتِ

restaurant	مَطْعَمٍ
a shop	الدُّكَّانِ
the tourists	السُّيَّاحُ
recipe	وَصْفَةً
steps	الْخَطَوَاتُ

Questions about the story

1. مَاذَا حَدَثَ قبلَ أَنْ يتمَّ الإعْلَانُ عَن نَتَائج الثَّانويَّة العَامَّةِ؟

أ- تُوفِّيَ وَالدُها
ب- أصابَتْ والدَهَا سَكْتَةٌ دماغيَّةٌ
ج- حصلَتْ عَلَى وَظِيفَة
د- فَتَحَت مَشْرُوعَهَا الخَاصَّ
ه- سَافَرَتْ أُمُّهَا

2. مَاذَا حَدَثَ قَبْلَ أَنْ تَتَخَرَّجَ منَ الجَامِعَة؟

أ- سَافَرَت أُمُّهَا
ب- تُوفي وَالدُهَا
ج- أَصَابَتْ والدَهَا سكتة دماغية
د- فتحت مشروعَهَا الخَاصَّ
ه- حصلَتْ عَلَى وَظِيفَة

3. كَيْفَ تَخَلَّصت من الاكْتِئَاب؟ عَنْ طَريق

أ- الكتَابَة
ب- الرَّقْص
ج- الرِّيَاضَة
د- تناول الطَّعَام
ه- القِرَاءَة

4. منْ أَيْن استَلْهَمَتْ فِكْرَةَ مشروعِهَا الأَوَّل؟

أ- منَ الهَاتِف
ب- من التلفَاز
ج- من الأنترْنَتْ
د- من الكُتُب
ه- مِن الجيرَان

5. إلى مَاذَا تَحَوَّلَ مَشْرُوعُهَا فيمَا بَعْدُ؟

أ- مَقْهَى
ب- مَطْعَم
ج- مشَغِّل للخِيَاطَة
د- مُول تِجَارِيٍّ
هـ- مَحَلٍّ للخَضْرَوَات

Answers

1. Her father suffered a stroke   ب- أصابت والدها سكتة دماغية

2. Her father died   ب- توفي والدها

3. Reading   أ- الكتابة

4. From books   د- من الكتب

5. Restaurant   ب- مطعم

Chapter 13

مَنْزِلُنَا
OUR HOME

"لَمْيَاءُ! أَلَمْ تَنْتَهِي بَعْدُ؟ الْفُطُورُ جَاهِزٌ."

كَعَادَتِهَا، تُنَادِي السَّيِّدَةُ رُولَا ابْنَتَهَا فِي الصَّبَاحِ الْبَاكِرِ مِنْ غُرْفَةِ الطَّعَامِ، وَهِيَ تَتَحَضَّرُ لِلْجُلُوسِ عَلَى الْمَائِدَةِ، **مُحَاطَةً** بِأَوْلَادِهَا وَمُسْتَأْجِرِي غُرَفِ مَنْزِلِهَا **الشَّاغِرَةِ** مِنْ شَبَابٍ فِي مُقْتَبَلِ الْأَعْمَارِ.

تَقْطُنُ السَّيِّدَةُ رُولَا مَعَ ابْنَيْهَا سَامِرٍ وَرَامِي وَابْنَتِهَا لَمْيَاء -الْبَالِغَةِ مِنَ الْعُمْرِ 20 عَامًا، وَتَدْرُسُ حَالِيًّا عِلْمَ النَّفْسِ فِي جَامِعَةِ الْمَدِينَةِ- فِي مَنْزِلٍ جَمِيلٍ يَقَعُ عَلَى **تَلَّةٍ** فِي الْعَاصِمَةِ، وَتُحِيطُ بِهِ حَدِيقَةٌ كَبِيرَةٌ تُزَيِّنُهَا الْأَشْجَارُ وَالْوُرُودُ وَالْأَزْهَارُ وَبَعْضُ النَّبَاتَاتِ **الْمَوْسِمِيَّةِ** الْمُثْمِرَةِ. تَقَعُ التَّلَّةُ -مِثْلُهَا مِثْلَ جَمِيعِ التِّلَالِ الْمُحِيطَةِ بِهَا- فِي وَسَطِ الْمَدِينَةِ الْمَمْلُوءَةِ بِالْجَامِعَاتِ وَالْمَقَاهِي وَدُورِ السِّينِمَا وَالشَّوَارِعِ الَّتِي لَا تَنْطَفِئُ أَنْوَارُهَا. تَعْتَمِدُ الْأُسْرَةُ عَلَى مَصْدَرٍ وَحِيدٍ لِلْمَعِيشَةِ، وَهُوَ تَأْجِيرُ الْغُرَفِ الشَّاغِرَةِ فِي الْمَنْزِلِ لِلشَّبَابِ وَالشَّابَّاتِ الْمُقْبِلِينَ عَلَى الْحَيَاةِ وَالْمُطَارِدِينَ لِأَحْلَامِهِمْ فِي مَدِينَةٍ **تَعْبَقُ** بِكُلِّ مَا هُوَ غَرِيبٍ وَمُثِيرٍ وَأَحْيَانًا خَطِيرٍ بِمُقَابِلٍ **زَهِيدٍ** يُنَاسِبُهُمْ.

لَطَالَمَا اعْتُبِرَ مَنْزِلُ السَّيِّدَةِ رُولَا بِمَثَابَةِ **مَأْوًى** لَيْسَ فَقَطْ لَهَا وَلِأَوْلَادِهَا لَكِنْ لِكُلِّ **الْقَاطِنِينَ** فِيهِ. جَعَلَ كُلٌّ مِنْ **حَنَانِ** السَّيِّدَةِ رُولَا، وَجُدْرَانِ الْمَنْزِلِ الْمَمْلُوءَةِ

بِالذِّكْرَيَاتِ، وَأَحْلَامُ هَؤُلَاءِ الصِّبْيَةِ مِنَ الْمَنْزِلِ مَلْجَأً لِكُلِّ مَنْ تَرَكَ عَائِلَتَهُ **بُغْيَةَ** بِنَاءِ مُسْتَقْبَلِهِ أَوْ لِلْعَيْشِ فِي **بِيئَةٍ** أَفْضَلَ.

لَقَدْ وَجَدَ الْجَمِيعُ ضَالَّتَهُمْ فِي مَنْزِلِ السَّيِّدَةِ رُولَا: فَمَنْ فَقَدَ **مُعِيلَهُ** لَقِيَ مَكَانَهُ فِيهِ، وَمَنْ رَحَلَ عَنِ الرِّيفِ وَجَدَ **مَضْجَعَهُ** هُنَاكَ، وَمَنْ أَرَادَ مَأْوًى أَكْثَرَ حَنَانًا عَلَيْهِ مِنْ مَنْزِلِ أَبَوَيْهِ لَجَأَ لِهَذَا الْمَنْزِلِ كَذَلِكَ. بِالنِّسْبَةِ لِكُلِّ هَؤُلَاءِ، كَانَ الْمَنْزِلُ مَكَانَ **انْتِمَاءٍ** يَجِدُونَ فِيهِ مَا يَفْتَقِدُونَهُ أَوِ افْتَقَدُوهُ يَوْمًا.

تَبْذُلُ السَّيِّدَةُ رُولَا هِيَ الْأُخْرَى كُلَّ جُهْدِهَا لِتُوَفِّرَ هَذِهِ الْأَجْوَاءَ لِسَاكِنِي مَنْزِلِهَا، فَهِيَ تَجْمَعُهُمْ دَوْمًا حَوْلَ مَائِدَتِهَا لِيَتَشَارَكُوا الطَّعَامَ مَعَ عَائِلَتِهَا، وَتُعَامِلُهُمْ كَمَا تُعَامِلُ أَوْلَادَهَا، وَتُحَاوِلُ أَنْ تَتَفَهَّمَ مَشَاكِلَهُمُ الْخَاصَّةَ، وَتُسَاعِدَهُمْ عَلَى حَلِّهَا إِنِ اسْتَطَاعَتْ.

لِمُدَّةٍ طَوِيلَةٍ، سَارَ كُلُّ شَيْءٍ عَلَى مَا يُرَامُ، إِلَى أَنْ ظَهَرَ شَقِيقُ زَوْجِ السَّيِّدَةِ رُولَا قَبْلَ سِتَّةِ أَشْهُرٍ، مُدَّعِيًا وُجُودَ حَقٍّ لَهُ فِي الْمَنْزِلِ بِصِفَتِهِ **الْوَرِيثَ الشَّرْعِيَّ** لِشَقِيقِهِ الْمُتَوَفَّى.

مُطَالَبَةُ السَّيِّدِ أَيْمَن بِالْمَنْزِلِ تَعْنِي أَنَّ عَائِلَةَ السَّيِّدَةِ رُولَا قَدْ تَفْقِدُ مَأْوَاهَا الْوَحِيدَ وَالَّذِي يَحْمِلُ فِي طَيَّاتِهِ كُلَّ ذِكْرَيَاتِهِمُ الْجَمِيلَةِ. وَلَيْسَ هَذَا فَقَطْ، بَلْ وَإِنَّ كُلَّ الْقَاطِنِينَ سَيَفْقِدُونَ انْتِمَاءَهُمُ الَّذِي لَا يَشْعُرُونَ بِهِ إِلَّا فِي هَذَا الْمَكَانِ.

لِلْأَسَفِ، مُطَالَبَاتُ السَّيِّدَةِ رُولَا الْمُتَتَالِيَةُ **بِالتَّسْوِيَةِ** مَعَ شَقِيقِ زَوْجِهَا كَانَتْ **تَبُوءُ بِالْفَشَلِ** كُلَّ مَرَّةٍ. فَالرَّجُلُ يُصِرُّ عَلَى وُجُودِ حَقٍّ لَهُ فِي الْمَنْزِلِ، بِالرَّغْمِ مِنْ أَنَّ السَّيِّدَ جَمِيل حَصَلَ عَلَى تَسْوِيَةٍ مَعَهُ قَبْلَ أَنْ تُوَافِيَهُ **الْمَنِيَّةُ**، وَدَفَعَ لَهُ **حِصَّةً مُكَافِئَةً** لِإِرْثِهِ فِي الْمَنْزِلِ كَمُقَابِلٍ مَادِّيٍّ. آنَذَاكَ، قَبِلَ السَّيِّدُ أَيْمَن بِالتَّسْوِيَةِ وَتَمَّتْ كِتَابَةُ **الْعَقْدِ**

وَأَخَذَ مَالَهُ كَامِلًا. لَكِنْ بِمَوْتِ السَّيِّدِ جَمِيل، وَبِضَيَاعِ الْعَقْدِ، لَمْ تَعُدِ السَّيِّدَةُ رُولَا تَمْلِكُ أَدْنَى دَلِيلٍ يُثْبِتُ صِحَّةَ التَّنَازُلِ.

يَعْرِفُ السَّيِّدُ أَيْمَن جَيِّدًا أَنَّ مَنْزِلًا كَهَذَا فِي ذَاكَ الْمَوْقِعِ الْخَلَّابِ يُمْكِنُ أَنْ يَعُودَ عَلَيْهِ بِسِعْرٍ خَيَالِيٍّ، لِهَذَا يُرِيدُ مِنَ السَّيِّدَةِ رُولَا أَنْ تَتَنَازَلَ عَلَيْهِ وَتَرْحَلَ هِيَ وَأَبْنَائُهَا، حَتَّى يَسْتَوْلِيَ عَلَيْهِ وَيَبِيعَهُ، دُونَ أَنْ يُرَاعِيَ فُقْدَانَ سَاكِنِيهِ **لِمَلَاذِ** مَاضِيهِمْ وَحَاضِرِهِمْ.

فِي ظَهِيرَةِ أَحَدِ الْأَيَّامِ الْمُشْمِسَةِ، سَمِعَتِ السَّيِّدَةُ رُولَا طَرْقًا عَلَى الْبَابِ، فَذَهَبَتْ لِتَفْتَحَ، فَتَفَاجَأَتْ بِفَتَاةٍ شَابَّةٍ لَا تَتَجَاوَزُ ال 18 عَشَرَ رَبِيعًا مِنْ عُمْرِهَا.

ابْتَسَمَتِ الشَّابَّةُ وَحَيَّتِ السَّيِّدَةَ رُولَا وَسَأَلَتْهَا قَائِلَةً: "سَمِعْتُ أَنَّكِ تُؤَجِّرِينَ الْغُرَفَ الشَّاغِرَةَ فِي مَنْزِلِكِ. هَلْ أَجِدُ عِنْدَكِ غُرْفَةً شَاغِرَةً لِي؟"

أَجَابَتِ السَّيِّدَةُ رُولَا: "بِالتَّأْكِيدِ! تَفَضَّلِي بِالدُّخُولِ مِنْ فَضْلِكِ."

دَخَلَتِ الْفَتَاةُ، وَاسْتَقْبَلَتْهَا السَّيِّدَةُ رُولَا بِالشَّايِ وَصَحْنٍ مِنَ الْحَلَوِيَّاتِ الَّتِي تَشْتَهِرُ بِهَا الْمَدِينَةُ.

جَلَسَتِ السَّيِّدَةُ رُولَا مُقَابِلَ الْفَتَاةِ عَلَى الطَّاوِلَةِ الدَّائِرِيَّةِ الْمَوْضُوعَةِ وَسَطَ صَالَةِ اسْتِقْبَالِ الْمَنْزِلِ وَالْمُحَاطَةِ بِكَرَاسِيَّ مَوْضُوعَةٍ عَلَى سَجَّادٍ جَمِيلٍ مَفْرُوشٍ وَمُطَرَّزٍ بِوُرُودٍ **قُرْمُزِيَّةٍ**.

بَدَأَتِ السَّيِّدَةُ رُولَا بِالتَّعَرُّفِ عَلَى الْفَتَاةِ فَسَأَلَتْهَا: "مَا اسْمُكِ؟ وَكَمْ عُمْرُكِ؟"

أَجَابَتِ الْفَتَاةُ: "اسْمِي رِينَا، وَعُمْرِي 17 عَامًا."

نَظَرَتْ إِلَيْهَا السَّيِّدَةُ رُولَا وَعَلَامَاتُ الِاسْتِفْهَامِ تَعْلُو وَجْهَهَا وَقَالَتْ بِاسْتِغْرَابٍ: "17 عَامًا، وَتُرِيدِينَ أَنْ تَسْكُنِي هُنَا؟ هَلْ يُمْكِنُنِي سُؤَالُكِ لِمَاذَا؟ أَقْصِدُ هَلْ أَنْتِ قَادِمَةٌ مِنَ الرِّيفِ؟"

فَأَجَابَتِ الْفَتَاةُ بِابْتِسَامَةٍ خَفِيفَةٍ تُزَيِّنُ شَفَتَيْهَا: "بِصَرَاحَةٍ، لَا. أَنَا مِنْ هُنَا، مِنْ هَذِهِ الْمَدِينَةِ. كُلُّ مَا فِي الْأَمْرِ أَنَّنِي أُرِيدُ أَنْ أَسْكُنَ فِي هَذَا الْمَنْزِلِ."

اسْتَرْسَلَتِ السَّيِّدَةُ رُولَا حَدِيثَهَا قَائِلَةً: "أَتَفَهَّمُ مَا تُرِيدِينَهُ يَا عَزِيزَتِي، لَكِنْ لَا أَسْتَطِيعُ قَبُولَكِ هُنَا حَتَّى تُثْبِتِي مُوَافَقَةَ **أَوْلِيَاءِ أَمْرِكِ** عَلَى السَّكَنِ مَعَنَا. هَذَا مَا أَطْلُبُهُ عَادَةً عِنْدَمَا يَكُونُ الْمُسْتَأْجِرُ قَاصِرًا."

رَدَّتِ الْفَتَاةُ **بِاقْتِضَابٍ** وَهِيَ تُخْرِجُ ظَرْفًا: "لَا تَقْلَقِي، لَقَدْ أَحْضَرْتُ مُوَافَقَةَ وَالِدَيَّ مَعِي، وَهُمَا لَا يُمَانِعَانِ سَكَنِي الْمُنْفَصِلَ عَنْهُمَا هُنَا." وَنَاوَلَتِ الظَّرْفَ لِلسَّيِّدَةِ رُولَا.

فَتَحَتِ السَّيِّدَةُ رُولَا الظَّرْفَ وَقَالَتْ "يَبْدُو أَنَّهُمَا حَقًّا يُوَافِقَانِ عَلَى هَذَا. هَلْ يُمْكِنُنِي أَنْ أَحْصُلَ عَلَى رَقْمِ أَحَدِهِمَا لِحَالَاتِ الطَّوَارِئِ؟ إِنَّهُ إِجْرَاءٌ رُوتِينِيٌّ. وَبِالْمُنَاسَبَةِ: مَتَى سَتَبْدَئِينَ السَّكَنَ مَعَنَا؟"

أَخْرَجَتِ الْفَتَاةُ قَلَمًا وَوَرَقَةً مِنْ حَقِيبَةِ يَدِهَا، وَكَتَبَتِ الرَّقْمَ، ثُمَّ نَاوَلَتِ الْوَرَقَةَ لِلسَّيِّدَةِ رُولَا بِحَيَوِيَّةٍ قَائِلَةً: "بِالتَّأْكِيدِ! هَذَا رَقْمُ وَالِدِي." وَتَابَعَتْ حَدِيثَهَا: "الْحَقِيقَةُ أَنِّي أَرْغَبُ فِي السَّكَنِ فِي أَقْرَبِ وَقْتٍ مُمْكِنٍ، فَلَقَدْ جَلَبْتُ كُلَّ أَمْتِعَتِي مَعِي وَهِيَ فِي بَاحَةِ الْمَنْزِلِ."

رَدَّتْ عَلَيْهَا السَّيِّدَةُ رُولَا وَهِيَ تَتَجَهَّزُ لِلنُّهُوضِ: "رَائِعٌ! تَعَالَيْ مَعِي؛ سَأُسَاعِدُكِ عَلَى إِحْضَارِهَا وَأُسَلِّمُكِ مِفْتَاحَ غُرْفَتِكِ."

دَقَّتِ السَّاعَةُ الثَّانِيَةَ ظُهْرًا، وَكَانَ مَوْعِدُ عَوْدَةِ مُعْظَمِ الْأَوْلَادِ مِنَ الْمَدَارِسِ وَالْجَامِعَاتِ. عِنْدَ عَوْدَةِ سَامِرٍ مِنَ الْمَدْرَسَةِ كَعَادَتِهِ، **سَكَبَ** كَأْسًا مِنْ عَصِيرِ الْبُرْتُقَالِ فِي كَأْسِهِ الْمُفَضَّلِ الْخَاصِّ بِوَالِدِهِ الرَّاحِلِ، وَاتَّجَهَ بِخَطَوَاتٍ سَرِيعَةٍ نَحْوَ **الشُّرْفَةِ**، حَيْثُ اعْتَادَ الْجُلُوسَ وَشُرْبَ عَصِيرِهِ مُنْتَظِرًا مَوْعِدَ الْغَدَاءِ، وَبِيَدِهِ أَحَدُ كُتُبِهِ الْأَدَبِيَّةِ الَّتِي

يَعْشَقُ قِرَاءَتَهَا. دَخَلَ الشُّرْفَةَ لِيَتَفَاجَأَ بِوُجُودِ رِينَا، السَّاكِنَةِ الْجَدِيدَةِ. عَلَا الِاسْتِغْرَابُ وَجْهَ سَامِر وَقَالَ: "رِينَا؟!"

رَدَّتْ رِينَا: "مَرْحَبًا سَامِر! مِنَ الْجَيِّدِ رُؤْيَتُكَ هُنَا أَيْضًا."

"هَلْ أَنْتِ..."

قَطَعَتْ لَمْيَاء حَدِيثَهُمَا وَدَخَلَتْ قَائِلَةً: "مَرْحَبًا رِينَا! أَنْتِ السَّاكِنَةُ الْجَدِيدَةُ هُنَا إِذًا! أُوهْ، لَقَدْ فَهِمْتُ!"

الْتَفَتَ سَامِر نَحْوَ لَمْيَاء مُتَسَائِلًا بِاسْتِغْرَابٍ أَكْبَرَ: "السَّاكِنَةُ الْجَدِيدَةُ؟"

أَجَابَتْ لَمْيَاء بِمَرَحٍ: "أَلَمْ أُخْبِرْكَ بِهَذَا بَعْدُ؟ يَبْدُو أَنَّنِي نَسِيتُ، اعْذِرْنِي. نَعَمْ، رِينَا هِيَ السَّاكِنَةُ الْجَدِيدَةُ. تَوَاصَلَتْ مَعِي الْبَارِحَةَ لِتَسْتَفْسِرَ عَنْ وُجُودِ غُرَفٍ شَاغِرَةٍ، فَأَرْشَدْتُهَا إِلَى عُنْوَانِنَا." تَابَعَتْ حَدِيثَهَا مُقْتَرِبَةً مِنْ أَخِيهَا بِابْتِسَامَةٍ **لَعُوبَةٍ** تَعْلُو وَجْهَهَا **هَامِسَةً** فِي أُذُنِهِ: "عَلَيْكَ شُكْرُ أُخْتِكَ لِأَنَّهَا **أَتَاحَتْ** هَذِهِ الْفُرْصَةَ الْعَظِيمَةَ لَكَ."

رِينَا هِيَ زَمِيلَةُ سَامِر فِي الْمَدْرَسَةِ الَّتِي **يَرْتَادُهَا**. مَضَى عَلَى مَعْرِفَةِ بَعْضِهِمَا الْبَعْضِ ثَلَاثُ سِنِينَ، أَيْ مُنْذُ الْتِحَاقِهِمَا بِالثَّانَوِيَّةِ.

بِالنِّسْبَةِ لِسَامِر، رِينَا هِيَ حُبُّهُ الْأَوَّلُ الَّذِي امْتَلَكَ مَكَانَةً خَاصَّةً فِي قَلْبِهِ. مِنَ الْجِهَةِ الْأُخْرَى، رِينَا تَعْرِفُ خُفْيَةً مَشَاعِرَ سَامِر، وَتَعْرِفُ مَاذَا تَعْنِيهِ لَهُ، رَغْمَ تَصَرُّفَاتِهَا الْبَارِدَةِ مَعَهُ أَحْيَانًا. بِشَكْلٍ عَامٍّ، رِينَا كَانَتْ فَتَاةً غَرِيبَةً بِالنِّسْبَةِ لِلْكَثِيرِينَ، وَذَاتُ أَسْرَارٍ عَدِيدَةٍ، إِذْ لَمْ يَكُنْ مِنَ السَّهْلِ عَلَى أَحَدٍ مَعْرِفَةَ مَا يَدُورُ فِي ذِهْنِهَا.

قَطَعَ صَوْتُ السَّيِّدَةِ رُولَا خَيْطَ أَفْكَارِ سَامِر مُنَادِيَةً الْجَمِيعَ لِلْغَدَاءِ.

تَجَمَّعَ ثَمَانِيَةُ أَشْخَاصٍ -مِنْ بَيْنِهِمُ السَّيِّدَةُ رُولَا الَّتِي تَتَوَسَّطُهُمْ- عَلَى مَائِدَةٍ امْتَلَأَتْ بِأَلَذِّ الْوَجَبَاتِ. **اسْتَهَلَّتِ** السَّيِّدَةُ رُولَا الْحَدِيثَ قَائِلَةً: "هَذِهِ الْمَائِدَةُ لِلِاحْتِفَاءِ بِالْفَرْدِ الْجَدِيدِ الْمُنْضَمِّ إِلَيْنَا... إِلَى هَذِهِ الْعَائِلَةِ الْجَمِيلَةِ... هَذِهِ رِينَا. أَرْجُو مِنْكُمْ أَنْ تَكُونُوا لُطَفَاءَ مَعَهَا."

قَهْقَهَتْ لَمْيَاء بِصَوْتٍ مُنْخَفِضٍ وَقَالَتْ: "لَا تَخَافِي يَا أُمِّي. هَذِهِ مُهِمَّةُ سَامِر. لَا يُمْكِنُ أَنْ يَجْعَلَ زَمِيلَتَهُ تَشْعُرُ بِأَيِّ **وَحْشَةٍ**."

الْتَفَتَتِ السَّيِّدَةُ إِلَى ابْنِهَا **مُتَسَائِلَةً**: "أَتَعْرِفَانِ بَعْضَكُمَا؟"

رَدَّ سَامِر بِصَوْتٍ مُنْخَفِضٍ: "نَحْنُ نَذْهَبُ إِلَى نَفْسِ الْمَدْرَسَةِ وَنَدْرُسُ فِي نَفْسِ **الْفَصْلِ** يَا أُمِّي، لَكِنَّ رِينَا تَوَقَّفَتْ عَنِ الْقُدُومِ إِلَى الْمَدْرَسَةِ مُنْذُ الْأُسْبُوعِ الْمَاضِي."

رَدَّتْ رِينَا بِصَوْتٍ هَادِئٍ لَكِنْ يَدُلُّ عَلَى انْزِعَاجٍ **خَفِيٍّ** قَائِلَةً: "كُنْتُ **مَشْغُولَةً** بِأُمُورٍ عَائِلِيَّةٍ؛ سَأَعُودُ غَدًا إِلَى الْمَدْرَسَةِ."

قَالَتِ السَّيِّدَةُ رُولَا: "نَعَمْ يَا بُنَيَّتِي، يَجِبُ أَنْ تَعُودِي. الْآنَ وَبَعْدَ أَنِ **اسْتَقَرَّيْتِ**، يَجِبُ أَنْ تُوَاصِلِي حَيَاتَكِ." وَأَرْدَفَتْ: "وَالْآنَ، هَذِهِ فُرْصَةٌ جَيِّدَةٌ كَيْ تَتَعَرَّفِي عَلَى الْجَمِيعِ بِمَا أَنَّنَا هُنَا مُجْتَمِعُونَ. سَنَبْدَأُ مِنَ الْيَمِينِ. عَرِّفِي نَفْسَكِ يَا أَمَل!"

نَظَرَتْ أَمَل بِابْتِسَامَةٍ لَطِيفَةٍ إِلَى رِينَا مُعَرِّفَةً عَنْ نَفْسِهَا: "اسْمِي أَمَل يَا عَزِيزَتِي. قَدِمْتُ مِنْ ضَوَاحِي الرِّيفِ وَأَنَا حَالِيًّا طَالِبَةٌ جَامِعِيَّةٌ فِي قِسْمِ الْفَلْسَفَةِ. سُعِدْتُ بِلِقَائِكِ!"

رَدَّتْ رِينَا بِأَدَبٍ: "وَأَنَا كَذَلِكَ."

بَدَأَ الشَّابُّ الْجَالِسُ بِجَانِبِ أَمَل بِالتَّعْرِيفِ عَنْ نَفْسِهِ: "أَنَا كَرِيم، وَأَدْرُسُ عِلْمَ النَّفْسِ مَعَ لَمْيَاء فِي نَفْسِ **الدُّفْعَةِ**، وَأَعْمَلُ فِي مَرْكَزِ التَّسَوُّقِ الْقَرِيبِ مِنَ الشَّارِعِ الثَّانِي. يُمْكِنُكِ أَنْ تَزُورِينَا إِنِ احْتَجْتِ شَيْئًا مَا."

نَظَرَتِ الْفَتَاةُ الَّتِي بِجَانِبِ رِينَا إِلَيْهَا، مُمَدِّدَةً ذِرَاعَهَا فَوْقَ كَتِفَيْ رِينَا قَائِلَةً: "وَأَنَا سَلْمَى، وَأَعْمَلُ فِي بُوتِيكٍ لَطِيفٍ فِي وَسَطِ الْمَدِينَةِ. إِنِ احْتَجْتِ أَنْ تُغَيِّرِي نَمَطَ لِبَاسِكِ، أَوْ رَغِبْتِ فِي شِرَاءِ شَيْءٍ لَطِيفٍ، يُمْكِنُكِ دَوْمًا الْقُدُومُ إِلَيَّ. لَدَيَّ **تَخْفِيضٌ خَاصٌّ** لِجَمِيعِ أَفْرَادِ عَائِلَتِي فِي هَذَا الْمَنْزِلِ."

رَدَّتْ رِينَا: "سَأَزُورُكِ فِي الْقَرِيبِ الْعَاجِلِ. شُكْرًا لَكِ."

بَدَأَتْ لَمْيَاء الْحَدِيثَ قَائِلَةً: "وَنَحْنُ بِالتَّأْكِيدِ غَنِيُّونَ عَنِ التَّعْرِيفِ؛ أَنَا أُخْتُ سَامِر." وَتَابَعَتْ حَدِيثَهَا مُشِيرَةً إِلَى أَخِيهَا الصَّغِيرِ رَامِي قَائِلَةً: "وَهَذَا رَامِي، أَخُونَا الصَّغِيرُ يَا عَزِيزَتِي، وَعُمْرُهُ 10 سَنَوَاتٍ."

تَمَوْضَعَتْ رِينَا وَعَرَّفَتْ عَنْ نَفْسِهَا. كَرَّرَتِ السَّيِّدَةُ رُولَا تَرْحِيبَهَا بِهَا، وَدَعَتْهُمْ لِمُتَابَعَةِ تَنَاوُلِ الطَّعَامِ.

كَانَتْ **أُمْسِيَّةً** جَمِيلَةً، تَعَالَتْ فِيهَا الضِّحْكَاتُ، وَعَمَّتِ الْأَجْوَاءُ الدَّافِئَةُ الْمَنْزِلَ.

قُرِعَ الْبَابُ، لِتُجِيبَ السَّيِّدَةُ رُولَا، وَتَجِدَ رَجُلًا يَحْمِلُ **ظَرْفًا مَخْتُومًا** عَلَيْهِ، **مُطَالِبًا** إِيَّاهَا **بِالتَّوْقِيعِ** عَلَى اسْتِلَامِ **دَعْوَةٍ** مِنَ الْمَحْكَمَةِ.

فَتَحَتْهُ لِتَقْرَأَهُ، فَاكْتَشَفَتْ أَنَّ السَّيِّدَ أَيْمَن رَفَعَ قَضِيَّةَ تَقْسِيمِ الْمِيرَاثِ ضِدَّهَا. شَعَرَتِ السَّيِّدَةُ رُولَا بِالْحُزْنِ وَالْقَلَقِ، فَقَدْ حَاوَلَتْ تَجَنُّبَ وُصُولِ الْأَمْرِ لِهَذِهِ الْمَرْحَلَةِ، رَغْمَ عِلْمِهَا بِأَنَّهُ **سَيَؤُولُ** إِلَيْهَا.

جَمَعَتْ فِي تِلْكَ الْعَشِيَّةِ قَاطِنِي الْبَيْتِ وَأَوْلَادَهَا، لِتُحَدِّثَهُمْ بِجِدِّيَّةٍ عَنِ الْأَمْرِ، وَتُخْبِرَهُمْ بِمُجْرَيَاتِ مَا يَحْصُلُ. كَانَتْ لَيْلَةً حَزِينَةً وَشَاقَّةً عَلَى الْجَمِيعِ، فَقَدْ شَعَرُوا **بِوَطْأَةِ** فُقْدَانِ مَنْزِلِهِمْ الَّذِي لَيْسَ لَهُ مَثِيلٌ.

فِي صَبَاحِ الْيَوْمِ التَّالِي، وَقْتَ الذَّهَابِ إِلَى الْمَدْرَسَةِ، فُوجِئَ سَامِر بِرُكُوبِ رِينَا فِي حَافِلَةٍ أُخْرَى تُؤَدِّي إِلَى الْجِهَةِ الْأُخْرَى، شَمَالَ الْمَدِينَةِ.

تَرَجَّلَتْ رِينَا مِنَ الْحَافِلَةِ، وَاتَّجَهَتْ إِلَى مَبْنًى فَاخِرٍ لِلْغَايَةِ مِنَ الْخَارِجِ.

صَعِدَتْ رِينَا فِي الْمِصْعَدِ، وَقَرَعَتِ الْبَابَ، فَاسْتَقْبَلَتْهَا امْرَأَةٌ فِي مُنْتَصَفِ الْأَرْبَعِينَ مِنَ الْعُمْرِ.

نَظَرَتِ الْمَرْأَةُ إِلَى رِينَا **بِلَهْفَةٍ** قَائِلَةً: "رِينَا! ابْنَتِي!"

رَدَّتْ رِينَا بِاقْتِضَابٍ: "لَمْ آتِ هُنَا لِلْحَدِيثِ عَمَّا تَظُنِّينَ، فَذَلِكَ مَوْضُوعٌ آخَرُ وَلِلْحَدِيثِ بَقِيَّةٌ. أَيْنَ أَبِي؟"

ظَهَرَ مِنَ الْغُرْفَةِ رَجُلٌ ذُو لِحْيَةٍ خَفِيفَةٍ **وَبِزَّةٍ** أَنِيقَةٍ، وَتَعْلُو وَجْهَهُ ابْتِسَامَةٌ حَزِينَةٌ، قَائِلًا: "رِينَا، صَغِيرَتِي!"

رَدَّتْ رِينَا وَهِيَ تَهْرَعُ لِأَحْضَانِ أَبِيهَا: "اشْتَقْتُ إِلَيْكَ يَا أَبِي."

تَابَعَ الرَّجُلُ حَدِيثَهُ مُعَاتِبًا إِيَّاهَا: "هَكَذَا يَا رِينَا؟ تَتْرُكِينَا وَلَا تَتَّصِلِينَ؟ وَلَا تُخْبِرِينَا عَنْ أَحْوَالِكِ؟ أَعْلَمُ أَنَّكِ **نَاقِمَةٌ** عَلَيْنَا يَا ابْنَتِي، لَكِنْ..."

قَاطَعَتْ رِينَا أَبَاهَا بِصَوْتٍ حَنُونٍ وَيَدَيْهَا **تُطَوِّقَانِهِ**: "لَا يَا أَبَتِ! أَنَا لَسْتُ **نَاقِمَةً** عَلَيْكَ. أَنْتَ أَبِي **وَسَتَظَلُّ** أَبِي! كَبُرْتُ تَحْتَ **جَنَاحَيْكَ**، وَجَعَلْتَنِي ابْنَتَكَ، وَكُنْتُ وَلَا زِلْتُ كَذَلِكَ، **وَأَنْعَمْتَ** عَلَيَّ بِحَنَانِكَ، وَلَمْ تَحْرِمْنِي مِنْ شَيْءٍ؛ وَحِينَمَا قَرَّرْتُ الْخُرُوجَ مِنَ الْمَنْزِلِ لِأَسْتَوْعِبَ كُلَّ شَيْءٍ حَدَثَ، **دَعَمْتَنِي** وَكُنْتَ سَنَدِي الْوَحِيدَ."

قَاطَعَتْ وَالِدَتُهَا حَدِيثَهُمَا مِنَ الْخَلْفِ قَائِلَةً: "إِذًا فَأَنْتِ **تَلُومِينَنِي**؟"

رَدَّتْ رِينَا بِاقْتِضَابٍ: "لَسْتُ هُنَا لِأُنَاقِشَ هَذَا. لَكِنَّهُ كَمَا ذَكَرْتِ؛ لَقَدْ كَذَبْتِ عَلَيَّ، وَأَخْفَيْتِ حَقِيقَةَ وَالِدِي الْحَقِيقِيِّ، وَكَذَبْتِ عَلَى أَبِي أَيْضًا. مَاذَا تَتَوَقَّعِينَ مِنِّي؟ أَنْ أَتَصَرَّفَ كَأَنَّ شَيْئًا لَمْ يَكُنْ؟"

رَدَّتِ الْأُمُّ بِصَوْتٍ مُتَأَلِّمٍ: "حَاوَلْتُ حِمَايَتَكِ. لَمْ أَقْصِدْ جُرْحَكِ."

رَدَّتْ رِينَا: "لَا يُهِمُّ هَذَا الْآنَ... لَقَدْ جِئْتُ مِنْ أَجْلِ مَوْضُوعٍ آخَرَ."

الْتَفَتَتْ إِلَى وَالِدِهَا مُحَدِّثَةً إِيَّاهُ: "أَبِي، لَقَدْ مَرَّتْ شُهُورٌ مُنْذُ مُغَادَرَتِي الْمَنْزِلَ، وَأَعْلَمُ جَيِّدًا أَنَّكَ تَتَفَقَّدُ أَحْوَالِي عَبْرَ السَّيِّدَةِ رُولَا. ذَلِكَ الْمَنْزِلُ يَا أَبِي أَعْطَانَا الْكَثِيرَ، كَمَا حَمَانَا وَكَانَ حَنُونًا عَلَيْنَا وَ**رَؤُوفًا** بِنَا... لَقَدْ صَنَعَ مِنَّا مَنْ نَحْنُ عَلَيْهِ الْآنَ، وَتَعَلَّمْنَا الْكَثِيرَ وَنَحْنُ نَعِيشُ فِيهِ... لَكِنَّهُ الْآنَ بِحَاجَةٍ إِلَيْنَا... يَجِبُ أَنْ نَحْمِيَ الْمَنْزِلَ وَنَحْمِيَ السَّيِّدَةَ رُولَا وَأَوْلَادَهَا مِنْ **بَطْشِ** عَمِّهِمْ."

سَأَلَهَا وَالِدُهَا بِاهْتِمَامٍ: "مَا الَّذِي يَحْدُثُ بِالضَّبْطِ؟"

قَصَّتْ عَلَيْهِ رِينَا الْقِصَّةَ كَامِلَةً. لَقَدْ لَجَأَتْ إِلَى أَبِيهَا لِمَعْرِفَتِهَا بِأَنَّهُ هُوَ الْوَحِيدُ الَّذِي يَسْتَطِيعُ الْمُسَاعَدَةَ، فَهُوَ مُحَامٍ ذُو شُهْرَةٍ وَاسِعَةٍ، وَلَدَيْهِ مَكْتَبُهُ الْخَاصُّ الَّذِي يَعْمَلُ فِيهِ، وَاسْمُهُ يَتَرَبَّعُ عَلَى عَرْشِ قَائِمَةِ أَفْضَلِ مُحَامِي الْمَدِينَةِ.

فِي صَبَاحِ الْيَوْمِ التَّالِي، اتَّجَهَ السَّيِّدُ رَسَّام لِيَتَنَاقَشَ مَعَ السَّيِّدَةِ رُولَا فِي تَفَاصِيلِ الْقَضِيَّةِ، وَلِيَرَى إِنْ كَانَتْ تَحْمِلُ أَيَّ شَيْءٍ يُؤَكِّدُ صِحَّةَ أَقْوَالِهَا وَادِّعَاءَاتِهَا بِحَقِّهَا الْكَامِلِ فِي الْمَنْزِلِ هِيَ وَأَوْلَادُهَا.

بِبَحْثِهِ الْمُتَوَاصِلِ، اسْتَطَاعَ الْمُحَامِي أَنْ يَصِلَ إِلَى **كَاتِبِ الْعَدْلِ** الَّذِي فَصَلَ مَوْضُوعَ الْإِرْثِ بَيْنَ الْأَخَوَيْنِ، لِيَكُونَ هُوَ الشَّاهِدَ الْمُؤَكِّدَ لِأَقْوَالِ السَّيِّدَةِ رُولَا. وَمِنْ حُسْنِ الْحَظِّ أَيْضًا، وَجَدُوا مَعَهُ نُسْخَةً مِنْ عَقْدِ التَّسْوِيَةِ بَيْنَ السَّيِّدِ جَمِيل وَأَخِيهِ.

وَبِهَذِهِ الدَّلَائِلِ، اتَّجَهَ السَّيِّدُ رَسَّام إِلَى شَقِيقِ الْمَرْحُومِ لِيَعْرِضَ عَلَيْهِ سَحْبَ الْقَضِيَّةِ لِوُجُودِ شَاهِدٍ وَنُسْخَةٍ مِنَ الْعَقْدِ كَإِثْبَاتَانِ ضِدَّهُ، وَقَدْ يُعَرِّضَانِهِ فِيمَا بَعْدُ لِلْمُسَاءَلَةِ الْقَانُونِيَّةِ إِذَا مَا أَخَذَ حَقَّ الْوَرَثَةِ الشَّرْعِيِّينَ.

عِنْدَمَا شَعَرَ السَّيِّدُ أَيْمَن بِأَنَّهُ فَشِلَ تَمَامًا، وَأَنَّ الْقَضِيَّةَ سَتَأْخُذُ مَنْحًى يَضُرُّهُ؛ سَحَبَ الْقَضِيَّةَ، وَتَعَهَّدَ بِعَدَمِ الِاقْتِرَابِ مِنَ الْمَنْزِلِ مَرَّةً أُخْرَى.

وَهَكَذَا، بَقِيَ مَنْزِلُ السَّيِّدَةِ رُولَا كَعَادَتِهِ الدَّارَ **الْحَمِيمَةَ** لِسَاكِنِيهِ. فَحِينَمَا احْتَوَاهُمْ، قَامُوا بِحِمَايَتِهِ فِي وَقْتِ الْحَاجَةِ، لِتَبْقَى الدَّارُ دَارًا لِلْجَمِيعِ بِاخْتِلَافَاتِهِمْ، وَيَكُونُوا جَمِيعًا جُزْءًا مِنْ **رَابِطَةٍ** لَا تَتَطَلَّبُ الدَّمَ لِنُطْلِقَ عَلَيْهَا عَائِلَةً، فَالْعَائِلَةُ يَا أَعِزَّاءِي هِيَ مَنْ تَحْتَوِيكَ، وَمَنْزِلُكَ هُوَ الْمَكَانُ الَّذِي تَشْعُرُ فِيهِ بِالْحُبِّ وَالْأَمَانِ قَبْلَ كُلِّ شَيْءٍ. وَالْمَنْزِلُ يَا أَصْدِقَائِي لَا شَيْءَ بِدُونِ سَاكِنِيهِ.

مُلَخَّص الْقِصَّةِ

السَّيِّدَةُ رُولَا هِيَ صَاحِبَةُ سَكَنٍ؛ تَعِيشُ فِيهِ مَعَ أَوْلَادِهَا وَمَجْمُوعَةٍ مِنَ الشَّبَابِ وَالشَّابَّاتِ الَّذِينَ يَبْحَثُونَ عَنْ مَلَاذٍ لَهُمْ فِي الْمَدِينَةِ الْجَدِيدَةِ؛ تَجِدُ نَفْسَهَا فِي أَحَدِ الْأَيَّامِ أَمَامَ دَعْوَى قَضَائِيَّةٍ تَخُصُّ قَضِيَّةَ مِيرَاثِ الْمَنْزِلِ، رَفَعَهَا ضِدَّهَا شَقِيقُ زَوْجِهَا. لَكِنْ بِمُسَاعَدَةِ رِينَا، السَّاكِنَةِ الْجَدِيدَةِ، وَوَالِدِهَا، تَتَمَكَّنُ السَّيِّدَةُ رُولَا مِنَ الْحِفَاظِ عَلَى مَنْزِلِهَا بِسَبَبِ تَرَاجُعِ صِهْرِهَا عَنِ الدَّعْوَى لِوُجُودِ أَدِلَّةٍ تُثْبِتُ عَدَمَ مِلْكِيَّتِهِ لِهَذَا الْمَنْزِلِ.

Summary of the story

Rola is a hostel owner who lives with her children and other young boys and girls who were seeking a home in a new city. She was sued by her brother-in-law, who claimed ownership of the building. With the help of Rina, a new resident at Rola's hostel, and her father, the brother-in-law eventually withdraws the case after finding out that Rola has proof of full ownership.

Vocabulary

surrounded by	مُحَاطَةً
the vacant	الشَّاغِرَةِ
to live	تَقْطُنُ
hill	تَلَّةٍ
the seasonal	الْمَوْسِمِيَّةِ
set in / smells of	تَعْبَقُ
cheap	زَهِيدٍ
a refuge	مَأْوًى
locals	الْقَاطِنِينَ
affection	حَنَانٍ
memories	الذِّكْرَيَاتِ
in order to	بُغْيَةَ
an environment	بِيئَةٍ
their provider / breadwinner	مُعِيلَهُ
bed	مَضْجَعَهُ
belonging	انْتِمَاءٍ
the legitimate heir	الْوَرِيثَ الشَّرْعِيَّ
[with] the settlement	[بِ]التَّسْوِيَةِ
doomed to failure	تَبُوءُ بِالْفَشَلِ
the death	الْمَنِيَّةُ

equivalent share	حِصَّةً مُكَافِئَةً
the contract	الْعَقْدِ
[for] resort	[لِ]مَلَاذِ
crimson	قُرْمُزِيَّةٍ
your parents	أَوْلِيَاءِ أَمْرِكِ
[in] brevity	[بِ]اقْتِضَابٍ
poured	سَكَبَ
the balcony	الشُّرْفَةِ
playful	لَعُوبَةٍ
whispering	هَامِسَةً
provided	أَتَاحَتْ
(he) goes to	يَرْتَادُهَا
(she) initiated	اسْتَهَلَّتِ
giggled	قَهْقَهَتْ
loneliness	وَحْشَةٍ
to turn at	الْتَفَتَتِ
class	الْفَصْلِ
hidden	خَفِيٌّ
busy	مَشْغُولَةً
settled down	اسْتَقَرَّيْتِ
the batch	الدُّفْعَةِ

special discount	تَخْفِيضٌ خَاصٌّ
sit properly	تَمَوْضَعَتْ
evening	أُمْسِيَّةً
to knock	قُرِعَ
an envelope	ظَرْفًا
sealed	مَخْتُومًا
demanding	مُطَالِبًا
a signature	بِالتَّوْقِيعِ
an invitation	دَعْوَةٍ
will come down to	سَيَؤُولُ
the weight / pressure of	[بِ]وَطْئَةِ
stepped out	تَرَجَّلَتْ
yearningly	[بِ]لَهْفَةٍ
suit	بِزَّةٍ
disgruntled	نَاقِمَةٌ
to remain	سَتَظَلُّ
to bless	أَنْعَمْتَ
to support	دَعَمْتَنِي
to interrupt	قَاطَعَتْ
to blame	تَلُومِينَنِي
wings	جَنَاحَيْكَ

surround him	تُطَوِّقَانِهِ
gracious	رَؤُوفًا
tyranny	بَطْشٍ
the notary	كَاتِبِ الْعَدْلِ
the warm	الْحَمِيمَةَ
bondage	رَابِطَةٍ

Questions about the story

1. مَعَ مَن تَعِيشُ السَّيِّدَةُ رُولاَ؟

أ- زَوْجِهَا
ب- أطْفَالِهَا
ج- وَالِدَيْهَا
د- بِمُفْرَدِهَا
ه-مَعَ أَوْلاَدهَا وَقَاطِنِي مَنْزِلِهَا

2. مَنْ يريدُ بَيْعَ المَنْزِل؟

أ- سَامِر
ب- السَّيِّدَةُ رُولاَ
ج- لاَ أَحَد
د- زَوْجُ السَّيِّدَة رُولاَ
ه- شَقِيقُ زَوْجِ السَّيِّدَة رُولاَ

3. من هو السَّاكِنُ الجَدِيدُ؟

أ- لمْيَاء
ب- أمل
ج- رَامِي
د- رينا
ه- كَريم

4. ما صلة القَرابَة بيْنَ السَّيِّد رسام ورينَا؟

أ- خَالُها، شَقيقُ والدَتِها
ب- والدها، زوج والدتها الذي رَبَّاهَا
ج- والدُهَا بالدَّم
د- عمها شَقِيقُ وَالدِهَا
ه- صَدِيقُ العَائِلَة

5. ما الذي أنقذ منزلَ السَّيدة رُولاَ من البَيْع؟

أ- حكم القاضي

ب- وُجودُ دليل يُثْبِت مِلْكِيَّةَ المَنْزِل للسَّيِّدَة رُولاَ فَقَطْ

ج- وجود كاتب العدْل كَشَاهد مَعَهُ نسْخَةُ عَقْد التسوية

د- لم يتم إنقاذ المنزل

هـ- مقتل السيد أيمن

Answers

1. With her children and her hostel residents	ه- مع أولادها وقاطني منزلها
2. Her husband's brother	ه- شقيق زوج السيدة رولا
3. Rina	د- رينا
4. Her stepfather	ب- والدها، زوج والدتها الذي رباها
5. The notary is a witness to a copy of the settlement contract	ج- وجود كاتب العدل كشاهد معه نسخة عقد التسوية

Chapter 14

اللَّحْظَةُ الْآنِيَّةُ

THE PRESENT MOMENT

قَضَتْ حَسْنَاء نَهَارَ الْيَوْمِ الثَّانِي عَشَرَ مِنْ شَهْرِ تِشْرِين الْأَوَّلِ (أُكْتُوبَر) بِأَكْمَلِهِ تَتَجَوَّلُ بِسَيَّارَتِهَا حَوْلَ الْمَدِينَةِ ذَاتِ الطُّرُقِ السَّرِيعَةِ وَالْمَبَانِي **الشَّاهِقَةِ** دُونَ **هَدَفٍ** وَاضِحٍ. تَتَزَاحَمُ وَتَتَلَاحَقُ الْأَفْكَارُ فِي رَأْسِهَا، **وَتَعْتَرِيهَا** مَخَاوِفُ لَمْ تَعْهَدْهَا مِنْ قَبْلُ: "مَا الَّذِي أَفْعَلَهُ فِي هَذِهِ الْمَدِينَةِ **الصَّاخِبَةِ**؟ مَا الَّذِي أُرِيدُهُ مِنْ هَذِهِ الْحَيَاةِ؟ وَلِمَاذَا لَسْتُ سَعِيدَةً **وَرَاضِيَةً** عَنْ نَفْسِي كَمَا كُنْتُ فِي بِدَايَةِ **مِشْوَارِي**؟ أَيْنَ **السَّكِينَةُ**؟ هَلْ عَرَفْتُهَا يَوْمًا؟ مَنْ أَنَا بِالضَّبْطِ؟ وَإِلَى أَيْنَ أَتَّجِهُ؟" هَذَا مَا كَانَتْ تُفَكِّرُ فِيهِ حَسْنَاء فِي **خُلْدِهَا**. وَالْحَقِيقَةُ أَنَّهَا لَيْسَتِ الْمَرَّةَ الْأُولَى الَّتِي تَتَرَاءَى لَهَا تِلْكَ الْهَوَاجِسُ. فَفِي حَيَاةٍ **مُكْتَظَّةٍ** كَحَيَاتِهَا، وَفِي صِنَاعَةٍ تَنَافُسِيَّةٍ لَا تَعْرِفُ الرَّحْمَةَ، كَالَّتِي تَنْتَمِي لَهَا، مِنَ الطَّبِيعِيِّ أَنْ تَفْقِدَ حَسْنَاء **بَصِيرَتَهَا** وَحِسَّهَا بِمَنْ تَكُونُ وَمَنْ أَصْبَحَتْ عَلَيْهِ.

حَسْنَاء هِيَ عَارِضَةُ أَزْيَاءٍ ذَاتُ شُهْرَةٍ وَاسِعَةٍ. قَضَتْ **جُلَّ** وَقْتِهَا مُنْذُ صِبَاهَا فِي الْعَمَلِ لَدَى دُورِ الْأَزْيَاءِ، وَالْقِيَامِ بِجَلَسَاتِ التَّصْوِيرِ الْخَاصَّةِ، وَاسْتِعْرَاضِ الْمَلَابِسِ الْمُتَنَوِّعَةِ وَالْمُنْتَجَاتِ الْبَاهِظَةِ. بَدَأَتْ حَسْنَاء مِشْوَارَهَا الْمِهَنِيَّ فِي السَّادِسَةِ عَشَرَ مِنْ عُمْرِهَا. مَضَتْ سَبْعَةَ عَشَرَ عَامًا مُنْذُ أَوَّلِ جَلْسَةِ تَصْوِيرٍ قَامَتْ بِهَا، وَالَّتِي كَانَتْ سَبَبًا رَئِيسِيًّا فِي لَفْتِ الْأَنْظَارِ إِلَيْهَا. مُنْذُ ذَلِكَ الْوَقْتِ، تَهَافَتَتْ عَلَيْهَا الْعُرُوضُ

وَالْعُقُودُ مِنْ **كُلِّ حَدَبٍ وَصَوْبٍ**، وَتَوَالَتْ عَلَيْهَا النَّجَاحَاتُ مِنْ كُلِّ نَاحِيَةٍ مَعَ كُلِّ الْمُوَاصَفَاتِ الْمِثَالِيَّةِ الَّتِي تَتَمَتَّعُ بِهَا، وَالَّتِي أَهَّلَتْهَا لِلتَّرَبُّعِ عَلَى عَرْشِ عَارِضَاتِ الْأَزْيَاءِ.

لَمْ يَكُنِ الطَّرِيقُ هَيِّنًا وَ**مُعَبَّدًا** بِالْوُرُودِ بِالنِّسْبَةِ لِحَسْنَاء، فَمِهْنَتُهَا اسْتَهْلَكَتِ الْكَثِيرَ مِنْهَا: سَبْعَةَ عَشَرَ عَامًا مِنَ الِاهْتِمَامِ وَالْقَلَقِ وَالتَّوَتُّرِ حَوْلَ شَكْلِهَا وَمَقَاسَاتِهَا وَجَسَدِهَا وَكُلِّ التَّفَاصِيلِ الصَّغِيرَةِ الَّتِي لَا يَهْتَمُّ لَهَا الْأَغْلَبِيَّةُ. رُبَّمَا قَلَقُ حَسْنَاء لَمْ يَأْتِ مِنْ فَرَاغٍ، فَمَيْدَانُ عُرُوضِ الْأَزْيَاءِ لَيْسَ **بِالْمَضْمُونِ** وَالدَّائِمِ؛ فَكُلَّمَا تَقَدَّمَتِ الْعَارِضَةُ فِي السِّنِّ، قَلَّ الِاهْتِمَامُ بِهَا، وَفَقَدَتِ الْعَدِيدَ مِنَ الْفُرَصِ الَّتِي كَانَتْ لِتَحْصُلَ عَلَيْهَا بِسُهُولَةٍ مِنْ قَبْلُ. أَجَلْ، هَوَاجِسُ حَسْنَاء بَدَأَتْ بِالتَّبَلْوُرِ فِي هَذَا الْعَامِ. قَلَّتْ فُرَصُ الْعَمَلِ الْمَعْرُوضَةُ عَلَيْهَا بِشَكْلٍ مَلْحُوظٍ، لِأَنَّ الْكَثِيرَ مِنَ **الْمُنْتِجِينَ** يُصِرُّونَ عَلَى اخْتِيَارِ فَتَيَاتٍ أَصْغَرَ سِنًّا وَ'أَكْثَرَ شَبَابًا'، عَلَى حَدِّ تَعْبِيرِهِمْ. وَعَلَى هَذَا النَّحْوِ، بِالْفِعْلِ قَدْ يَحِينُ عَلَيْهَا وَقْتٌ يَنْعَدِمُ فِيهِ ذِكْرُهَا بَعْدَ أَنْ كَانَتْ أَكْثَرَ الْعَارِضَاتِ طَلَبًا.

كَانَ لَدَى حَسْنَاء أُخْتٌ تَصْغُرُهَا بِتِسْعِ سَنَوَاتٍ وَتُدْعَى دِينَا. كَبُرَتْ دِينَا تُشَاهِدُ أُخْتَهَا **تَسْطُو** وَتُسَيْطِرُ عَلَى صِنَاعَةِ عُرُوضِ الْأَزْيَاءِ، وَكَانَتْ دَوْمًا تُشَاهِدُهَا وَتُتَابِعُ أَخْبَارَهَا عَبْرَ وَسَائِلِ الْإِعْلَامِ بِكَثِيرٍ مِنَ الْحُبِّ وَ**الِانْبِهَارِ**. أَثَّرَ نَجَاحُ حَسْنَاء عَلَى حُلْمِ أُخْتِهَا دِينَا، فَهِيَ مُنْذُ صِغَرِهَا تَهْوَى تَصْمِيمَ الْأَزْيَاءِ، وَقَدْ دَفَعَتْهَا مُشَاهَدَةُ أُخْتِهَا تَرْتَدِي أَزْيَاءَ أَشْهَرِ الْمُصَمِّمِينَ إِلَى الْعَمَلِ بِكُلِّ جِدِّيَّةٍ مِنْ أَجْلِ أَنْ تُصْبِحَ بِدَوْرِهَا مِنْ أَشْهَرِ مُصَمِّمَاتِ الْأَزْيَاءِ يَوْمًا مَا، وَتُصَمِّمَ أَزْيَاءً تَرْتَدِيهَا أُخْتُهَا وَتَعْرِضُهَا عَلَى مَمْشَى الْعَرْضِ، تَمَامًا كَمَا عَرَضَتْ أَزْيَاءَ أَبْرَعِ الْمُصَمِّمِينَ مِنْ قَبْلُ.

كَانَتْ حَسْنَاءُ مُدْرِكَةً لِحُلْمِ أُخْتِهَا الصَّغِيرَةِ، وَهَذَا مَا كَانَ يَجْعَلُهَا أَكْثَرَ حُزْنًا وَأَلَمًا، فَهِيَ تَعْلَمُ جَيِّدًا أَنَّهَا **الْمَثَلُ الْأَعْلَى** لِأُخْتِهَا. لَكِنَّ مِهْنَتَهَا حَالِيًّا فِي تَرَاجُعٍ مُسْتَمِرٍّ، وَيَبْدُو أَنَّهَا سَتُخَيِّبُ ظَنَّ أُخْتِهَا قَرِيبًا، أَوْ هَذَا مَا ظَنَّتْهُ عَلَى الْأَقَلِّ.

يُصَادِفُ الْيَوْمَ الثَّالِثَ عَشَرَ مِنْ تِشْرِينِ الْأَوَّلِ عِيدَ مِيلَادِ دِينَا. تَنْكَبُّ حَسْنَاءُ عَلَى التَّحْضِيرِ لِعِيدِ مِيلَادِ أُخْتِهَا كَعَادَتِهَا. بِغَضِّ النَّظَرِ عَنِ انْشِغَالَاتِهَا: عَادَتْ مِنَ الْعَمَلِ لِتَنْهَمِكَ بِإِعْدَادِ كَعْكَةِ الْعِيدِ، وَتَزْيِينِ الْمَنْزِلِ، وَطَهْوِ الْعَدِيدِ مِنَ الْأَطْبَاقِ الْجَانِبِيَّةِ اللَّذِيذَةِ. لَمْ تَكُنِ الْأُخْتَانِ تَدْعُوَانِ أَحَدًا حِينَ تَحْتَفِلَانِ بِأَعْيَادِ مِيلَادِيهِمَا، فَهُمَا تَسْتَمْتِعَانِ بِتَمْضِيَةِ الْيَوْمِ مَعَ بَعْضِهِمَا؛ تَتَبَادَلَانِ أَطْرَافَ الْحَدِيثِ وَتَلْهُوَانِ، وَرُبَّمَا قَدْ تُشَاهِدَانِ فِيلْمًا. أَوْ قَدْ تَخْرُجَانِ لِقَضَاءِ بَقِيَّةِ اللَّيْلَةِ فِي إِحْدَى **الْحَانَاتِ**. كَانَتْ هَذِهِ الْأَيَّامُ تَنْتَمِي لَهُمَا وَحْدَهُمَا، الْأُخْتَانِ فَقَطْ، لَا أَحَدَ آخَرَ.

مَعَ اقْتِرَابِ مَوْعِدِ عَوْدَةِ دِينَا مِنْ **مَرْسَمِهَا**، أَطْفَأَتْ حَسْنَاءُ الْأَنْوَارَ اسْتِعْدَادًا لِدُخُولِ أُخْتِهَا إِلَى الشُّقَّةِ الصَّغِيرَةِ الَّتِي تَقْطُنَانِ فِيهَا. وَالَّتِي تَقَعُ فِي مَبْنًى **فَاخِرٍ** وَسَطَ الْمَدِينَةِ. دَخَلَتْ دِينَا الشُّقَّةَ. وَاسْتَقْبَلَتْهَا حَسْنَاءُ **بِمُفَرْقَعَاتِ** عِيدِ الْمِيلَادِ. مُهَنِّئَةً إِيَّاهَا بِمُنَاسَبَةِ يَوْمِ مِيلَادِهَا. جَلَسَتِ الْأُخْتَانِ حَوْلَ الْمَائِدَةِ. وَرَيْثَمَا كَانَتْ دِينَا تَقُومُ بِقَطْعِ الْكَعْكَةِ. تَحَضَّرَتْ حَسْنَاءُ لِمُفَاجَأَتِهَا بِهَدِيَّتِهَا.

مَضَتِ اللَّيْلَةُ وَالشَّقِيقَتَانِ تَتَنَاوَلَانِ وَلِيمَةَ عِيدِ الْمِيلَادِ وَتَتَبَادَلَانِ أَطْرَافَ الْحَدِيثِ. فَجْأَةً. **اسْتَطْرَدَتْ** دِينَا بِالْقَوْلِ: "أَتَعْلَمِينَ مَاذَا أُرِيدُ فِعْلَهُ الْآنَ؟"

سَأَلَتْهَا حَسْنَاءُ: "مَاذَا يَا تُرَى؟"

أَجَابَتْهَا دِينَا: "أُرِيدُ الذَّهَابَ إِلَى **الرِّيفِ**. أُرِيدُ أَنْ نَقْضِيَ بَعْضَ الْوَقْتِ هُنَاكَ، لِمُدَّةِ أُسْبُوعَيْنِ رُبَّمَا."

تَعَجَّبَتْ حَسْنَاء مِنِ اقْتِرَاحِ أُخْتِهَا الْمُفَاجِئِ وَتَسَاءَلَتْ: "هَذَا غَرِيبٌ نَوْعًا مَا! مَا الَّذِي جَعَلَكِ تَرْغَبِينَ بِهَذَا فَجْأَةً؟"

أَجَابَتْ دِينَا وَهِيَ تَسْتَنِدُ لِلْوَرَاءِ: "أَعْتَقِدُ أَنَّنَا بِحَاجَةٍ لِهَذَا. لَقَدْ قَضَيْنَا وَقْتًا طَوِيلًا هُنَا، وَنَحْنُ نَسْتَحِقُّ بَعْضَ الرَّاحَةِ **وَالِاسْتِجْمَامِ**. إِنَّهَا فُرْصَةٌ لِلْهُرُوبِ إِلَى الطَّبِيعَةِ وَنِسْيَانِ **نَمَطِ** الْحَيَاةِ السَّرِيعِ الَّذِي تُرْغِمُنَا هَذِهِ الْمَدِينَةُ عَلَى عَيْشِهِ."

لَمْ يَكُنِ اقْتِرَاحُ دِينَا **اعْتِبَاطِيًّا**، بَلْ كَانَتْ تَعْلَمُ جَيِّدًا مَا يَدُورُ فِي دَوَاخِلِ شَقِيقَتِهَا، وَالضَّغْطَ الَّذِي تَمُرُّ بِهِ حَالِيًّا. وَكَانَتْ تُلَاحِظُ اخْتِفَاءَ شَقِيقَتِهَا مِنْ بَعْضِ الْمَجَلَّاتِ الَّتِي لَمْ يَكُنْ وَجْهُهَا يَغِيبُ يَوْمًا عَنْهَا. أَرَادَتْ دِينَا مِنْ أُخْتِهَا أَنْ تَأْخُذَ الْقَلِيلَ مِنَ الْوَقْتِ لِلرَّاحَةِ وَالِاسْتِرْخَاءِ وَإِعَادَةِ التَّفْكِيرِ فِي حَيَاتِهَا مِنْ جَدِيدٍ.

أَذْعَنَتْ حَسْنَاء لِاقْتِرَاحِ شَقِيقَتِهَا، وَقَرَّرَتَا مَعًا الذَّهَابَ لِأُسْبُوعَيْنِ إِلَى **الْقَرْيَةِ** الَّتِي نَشَأَ فِيهَا جَدَّاهُمَا.

سَافَرَتِ الْفَتَاتَانِ بِسَيَّارَةِ حَسْنَاء، إِلَّا أَنَّ دِينَا **أَصَرَّتْ** عَلَى الْقِيَادَةِ بَدَلًا مِنْ أُخْتِهَا لِتُعْطِيَهَا فُرْصَةً **لِلِاسْتِرْخَاءِ** وَالِاسْتِمْتَاعِ بِالْمَنَاظِرِ الْجَمِيلَةِ الَّتِي سَتَمُرَّانِ بِهِمَا.

قَبْلَ انْطِلَاقِهِمَا، طَلَبَتْ دِينَا مِنْ شَقِيقَتِهَا طَلَبًا عَجِيبًا: طَلَبَتْ أَنْ تُطْفِئَا كِلْتَاهُمَا **حُزْمَةَ الْإِنْتِرْنِت** طَوَالَ الْأُسْبُوعَيْنِ اللَّذَيْنِ سَيَقْضِيَانِهِمَا مَعًا فِي الرِّيفِ. أَرَادَتْ دِينَا أَنْ تَقْطَعَا كُلَّ ارْتِبَاطَاتِهِمَا **بِشَبَكَاتِ التَّوَاصُلِ الْإِجْتِمَاعِيِّ** وَالْأَخْبَارِ وَالْوَسَائِلِ التِّقْنِيَّةِ السَّرِيعَةِ وَالْحَدِيثَةِ؛ أَرَادَتْ أَنْ تَعِيشَا فِي سَكِينَةٍ طَوَالَ هَذِهِ الْمُدَّةِ عَلَى الْأَقَلِّ.

بَعْدَ قِيَادَةٍ اسْتَمَرَّتْ لِمُدَّةِ سَاعَتَيْنِ، تَوَقَّفَتِ الْفَتَاتَانِ لِتَنَاوُلِ الْغَذَاءِ، ثُمَّ تَابَعَتَا طَرِيقَهُمَا. أَثْنَاءَ سَيْرِ السَّيَّارَةِ فَوْقَ الْجِبَالِ فِي طَرِيقِ السَّفَرِ، بَدَأَ **النَّسِيمُ** الْعَلِيلُ

يَهُبُّ عَلَى وَجْهِ حَسْنَاء. مَنْظَرٌ **أَخَّاذٌ** بَدَأَ **يَتَخَلَّلُ** اللَّحْظَةَ مِنْ **مُرُوجٍ** خَضْرَاءَ وَمُدَرَّجَاتٍ زِرَاعِيَّةٍ وَهَوَاءٍ عَلِيلٍ. شَعَرَتْ حَسْنَاء بِوُجُودِ شَيْءٍ مُخْتَلِفٍ كَثِيرًا عَنِ الْمَدِينَةِ هُنَا؛ شَعَرَتْ **بِالِانْتِعَاشِ** وَالْبَسَاطَةِ اللَّذَانِ سَرَقَتْهُمَا الْأَضْوَاءُ مِنْهَا لِفَتْرَةٍ طَوِيلَةٍ.

بَلَغَتِ الْفَتَاتَانِ وِجْهَتُهُمَا، وَهِيَ مَنْزِلٌ رِيفِيٌّ قَدِيمٌ يَعُودُ لِجَدَّيْهِمَا. أَنْزَلَتَا أَمْتِعَتَهُمَا، وَوَاصَلَتَا السَّيْرَ مَا بَيْنَ الْمُرُوجِ الْخَضْرَاءِ إِلَى أَنْ وَصَلَتَا إِلَى الْمَنْزِلِ الْوَاقِعِ بَيْنَ الْمُدَرَّجَاتِ الزِّرَاعِيَّةِ، حَالُهُ حَالَ جَمِيعِ مَنَازِلِ تِلْكَ الْقَرْيَةِ. دَخَلَتَا الْمَنْزِلَ وَحَيَّتْهُمَا جَدَّتُهُمَا بِحَرَارَةٍ شَدِيدَةٍ. لَقَدْ مَضَى عَلَى آخِرِ زِيَارَةٍ لَهُمَا لِلْقَرْيَةِ عِشْرُونَ عَامًا، وَآخِرُ مَرَّةٍ رَأَتْهُمَا فِيهَا كَانَتْ حِينَ زَارَتْهُمَا فِي الْمَدِينَةِ قَبْلَ تِسْعَةِ سَنَوَاتٍ.

صَعِدَتْ حَسْنَاء إِلَى سَقْفِ الْمَنْزِلِ لِتَسْتَمْتِعَ بِالْمَنْظَرِ الْخَلَّابِ، وَتُشَاهِدَ الْغُرُوبَ. لَمْ تَشْعُرْ بِطُمَأْنِينَةٍ كَهَذِهِ مُنْذُ حِينٍ.

فِي الْيَوْمِ التَّالِي، نَهَضَتِ الشَّقِيقَتَانِ فِي الصَّبَاحِ الْبَاكِرِ وَتَنَاوَلَتَا طَعَامَ الْإِفْطَارِ لِتَتَّجِهَا فِيمَا بَعْدُ إِلَى الْمَزَارِعِ وَالْحُقُولِ. كَانَتَا **تَارَةً** تُسَاعِدَانِ فِي حَلْبِ الْبَقَرِ وَتَارَةً تَرْعَيَانِ الْمَاشِيَةَ فِي الْأَرْجَاءِ، وَتَارَةً أُخْرَى تَقْطِفَانِ الثِّمَارَ مِنَ الْبُسْتَانِ الَّذِي يَعُودُ لِجَدِّهِمَا.

اسْتَغَلَّتْ حَسْنَاء فَتْرَة بَعْدَ الظَّهِيرَةِ -وَالَّتِي كَانَتْ فِيهَا الْأَجْوَاءُ مُعْتَدِلَةً، وَالنَّسِيمُ الْعَلِيلُ يَهُبُّ مِنَ الشَّمَالِ، وَالشَّمْسُ فِي غَايَةِ اللُّطْفِ- فِي التَّمَشِّي وَاسْتِرْجَاعِ ذِكْرَيَاتِ طُفُولَتِهَا: فَتِلْكَ **الصَّخْرَةُ** تُذَكِّرُهَا بِالْأَيَّامِ الْخَوَالِي الَّتِي اعْتَادَتْ فِيهَا اللَّعِبَ مَعَ أَوْلَادِ عَمِّهَا، وَتِلْكَ **السَّاقِيَةُ** تُذَكِّرُهَا بِالْأَوْقَاتِ الَّتِي كَانَتْ تَذْهَبُ فِيهَا مَعَ جَدَّتِهَا لِجَلْبِ الْمَاءِ حِينَ يَتَعَذَّرُ وُصُولُهُ لِلْمَنْزِلِ. تَوَالَتْ عَلَيْهَا ذِكْرَيَاتُهَا وَبَدَأَتْ تَتَسَاءَلُ مَا الَّذِي خَطَفَ مِنْهَا كُلَّ هَذَا؟ كَيْفَ أَصْبَحَتِ الشَّخْصَ الَّذِي هِيَ عَلَيْهِ الْآنَ؟ أَلَمْ يَكُنْ أَفْضَلُ لَوْ تَوَقَّفَ الزَّمَنُ فِي ذَلِكَ الْوَقْتِ وَلَمْ تَكْبُرْ يَوْمًا؟ أَلَمْ يَكُنْ أَجْدَى لَوْ ظَلَّتْ مَعَ عَائِلَتِهَا فِي

هَذَا الْهُدُوءِ وَهَذِهِ السَّكِينَةِ وَاكْتَفَتْ بِهَذِهِ الْحَيَاةِ الْبَسِيطَةِ؟ آهٍ لَوْ أَنَّ الْوَقْتَ يَعُودُ لِلْوَرَاءِ.

عَادَتْ حَسْنَاء لِلْمَنْزِلِ وَ**الْحَنِينُ** يَمْلَؤُهَا. وَجَدَتْ جَدَّتَهَا **تَحِيكُ** بَعْضَ الْكَنْزَاتِ الصُّوفِيَّةِ، فَقَرَّرَتْ أَنْ تَجْلِسَ مَعَهَا لِتَحِيكَ هِيَ أَيْضًا. كَانَتْ لَحْظَةً جَمِيلَةً اجْتَمَعَتْ فِيهَا الْفَتَاتَانِ مَعَ جَدَّتِهِمَا وَصَوْتُ الْمِذْيَاعِ يُؤْنِسُ أُمْسِيَتَهُنَّ.

بَعْدَ عَشَاءِ ذَلِكَ الْيَوْمِ، صَعِدَتْ دِينَا بِأُخْتِهَا إِلَى سَقْفِ الْمَنْزِلِ، تَحْمِلُ كُلٌّ مِنْهُمَا كَأْسًا مِنَ الشَّايِ. فَتَحَتْ دِينَا الْمِذْيَاعَ عَلَى الْقَنَاةِ الْمُوسِيقِيَّةِ حَيْثُ كَانَتْ بَعْضُ أَنْغَامِ الْجَازِ تُذَاعُ تِلْكَ اللَّيْلَةَ. كَانَتْ لَيْلَةً مُقْمِرَةً وَهَادِئَةً. رَاوَدَتِ الْهَوَاجِسُ حَسْنَاء مَرَّةً أُخْرَى **لِتُؤَرِّقَ** صَفَاءَ ذِهْنِهَا: الْكَثِيرُ مِنَ الْهُمُومِ وَالْأَفْكَارِ تَنْسَاقُ تِبَاعًا وَلَا تَتَوَقَّفُ. فَجْأَةً، قَرَّرَتْ قَطْعَ الْوَتَرِ. أَجَلْ، قَطَعَتْ وَتَرَ هَذِهِ الْهَوَاجِسِ، وَقَرَّرَتْ أَنْ تَعِيشَ اللَّحْظَةَ **الْآنِيَّةَ**.

كَانَتْ تَجْلِسُ هُنَاكَ مَعَ شَقِيقَتِهَا، **تَحْتَسِي** الشَّايَ مِنْ قَدَحٍ **خَزَفِيٍّ** جَمِيلٍ وَتُفَكِّرُ فِي اللَّحْظَةِ **الْحَالِيَّةِ**: "مَا الَّذِي يُمْكِنُ أَنْ يَكُونَ أَكْثَرَ **إِعْجَازًا** مِنْ هَذِهِ اللَّحْظَةِ؟ الْآنَ... أَنَا لَسْتُ فِي الْمَاضِي، وَلَسْتُ فِي الْمُسْتَقْبَلِ. أَنَا هُنَا فِي الْحَاضِرِ. أَنَا مَنْ أَكُونُ الْآنَ وَلَيْسَ شَيْئًا أَوْ شَخْصًا آخَرَ. هَذِهِ هِيَ الْحَيَاةُ... يَجِبُ أَنْ تَكُونَ هِيَ!"

هَكَذَا فَكَّرَتْ فِي خَبَايَاهَا. الْتَفَتَتْ إِلَى أُخْتِهَا مُخَاطِبَةً إِيَّاهَا وَهِيَ **تَسْتَرِقُ** نَظَرَاتٍ خَاطِفَةً إِلَى السَّمَاءِ الْمُزَيَّنَةِ بِالْقَمَرِ وَالنُّجُومِ الْمُضِيئَةِ، قَائِلَةً: "أَتَعْلَمِينَ؟ نَحْنُ نَعِيشُ حَيَاتَنَا وَنَرْبِطُ فِيهَا أَنْفُسَنَا بِسِلْسِلَةِ الْمَاضِي، بِأَشْيَاءَ قَدْ تَحْصُلُ فِي الْمُسْتَقْبَلِ... **بِالْمَجْهُولِ**... وَخِلَالَ هَذَا كُلِّهِ، نَفْقِدُ الشُّعُورَ بِمَنْ نَكُونُ، وَبِمَا عَلَيْنَا فِعْلُهُ، وَبِالْأَشْيَاءِ الْمُهِمَّةِ لَنَا... نُغْرِقُ أَنْفُسَنَا فِي الْوَهْمِ... فَإِنْ سَأَلْتِنِي يَا أُخْتَاهُ مَا الَّذِي أَمْتَلِكُهُ،

سَأُجِيبُكِ بِ"الْآنَ". اللَّحْظَةُ الْآنِيَّةُ هِيَ مَا أَمْتَلِكُهُ، لَا غَيْرَ. لَيسَ مِنَ السَّهْلِ أَنْ نُدْرِكَ هَذَا، لَكِنْ إِيلَاءُ الِاهْتِمَامِ لِمَكَانِ تَوَاجُدِنَا، وَمَنْ نَتَوَاجَدُ فِيهِ مَعَهُمْ، وَمَا نَعْرِفُهُ وَلَا نَعْرِفُهُ، وَمَا نَشْعُرُ وَنُفَكِّرُ بِهِ هِيَ نِعَمٌ تَهِبُهَا لَنَا الْحَيَاةُ كُلَّ يَوْمٍ؛ لَا حَاجَةَ لِي بِمُعْجِزَةٍ أَكْثَرَ مِمَّا أَمْتَلِكُهُ الْآنَ. أَنَا رَاضِيَةٌ كُلَّ الرِّضَا بِمَا أَنَا عَلَيْهِ فِي هَذِهِ اللَّحْظَةِ. هَذَا مَا تَعَلَّمْتُهُ خِلَالَ تَوَاجُدِي هُنَا، وَهَذَا مَا أَدْرَكْتُهُ لِلتَّوِّ. أَنَا حَقًّا **مُمْتَنَّةٌ** لِمَجِيئِي وَوُجُودِي هُنَا، وَلِكُلِّ الْعَوَامِلِ الَّتِي سَاهَمَتْ فِي وُصُولِي لِهَذِهِ اللَّحْظَةِ."

مُلَخَّص الْقِصَّة

حَسَنَاء عَارِضَةُ أَزْيَاءٍ تَعِيشُ حَيَاةً ذَاتَ نَمَطٍ سَرِيعٍ وَمُجْهِدٍ. فَجْأَةً، بَدَأَتْ تَتَلَاشَى الْأَضْوَاءُ مِنْ حَوْلِهَا، لِتَجِدَ نَفْسَهَا تَعِيشُ أَزْمَةَ وُجُودٍ أَدَّتْ لِاكْتِئَابِهَا. تَذْعَنُ حَسْنَاء لِاقْتِرَاحِ شَقِيقَتِهَا دِينَا، فَتَذْهَبُ كِلْتَاهُمَا فِي رِحْلَةٍ إِلَى الرِّيفِ تُعِيدُ خِلَالَهَا حَسْنَاء اسْتِكْشَافَ ذَاتِهَا وَإِعَادَةَ رَسْمِ أَوْلَوِيَّاتِهَا.

Summary of the story

Hasna'a is a supermodel living a fast-paced, stressful life. As she finds herself aging and losing attention, she goes through an existential crisis, which leads her to depression. At her sister's suggestion, she goes on a journey to the countryside. Through it, she rediscovers herself and redraws her priorities.

Vocabulary

the high-rise	الشَّاهِقَةِ
a target	هَدَفٍ
to be overwhelmed	تَغْتَرِيهَا
loud	الصَّاخِبَةِ
satisfied	وَرَاضِيَةً
a career	مِشْوَارِي
peace	السَّكِينَةُ
inside her mind / heart	خُلْدِهَا
cramped / overcrowded	مُكْتَظَّةٍ
her insight	بَصِيرَتَهَا
all	جُلَّ
far and wide / from everywhere	كُلِّ حَدَبٍ وَصَوْبٍ
paved	مُعَبَّدًا
the guaranteed	[بِ]الْمَضْمُونِ
the producers	الْمُنْتِجِينَ
(she) dominates	تَسْطُو
fascination	الِانْبِهَارِ
role model	الْمَثَلُ الْأَعْلَى
the bars	الْحَانَاتِ
her studio / atelier	مَرْسَمِهَا
luxurious	فَاخِرٍ

[with] crackers	[بِـ]مُفَرْقَعَاتِ
moved to say	اسْتَطْرَدَتْ
the countryside	الرِّيفِ
the recreation	الِاسْتِجْمَامِ
pattern	نَمَطِ
arbitrary	اعْتِبَاطِيًّا
acquiesced / submitted	أَذْعَنَتْ
the village	الْقَرْيَةِ
to insist	أَصَرَّتْ
to relax	لِلِاسْتِرْخَاءِ
mobile internet data	حُزْمَةَ (بَيَانَاتِ) الْإِنْتِرْنِت
social media platforms	[بِـ]شَبَكَاتِ التَّوَاصُلِ الْإِجْتِمَاعِيِّ
the breeze	النَّسِيمُ
breathtaking	أَخَّاذٌ
cuts across	يَتَخَلَّلُ
lawns	مُرُوجٍ
freshen	[بِـ]الِانْتِعَاشِ
sometimes	تَارَةً
the rock	الصَّخْرَةُ
the waterwheel	السَّاقِيَةُ
the nostalgia	الْحَنِينُ
(she) knits	تَحِيكُ

[to] haunt	[لِ]تُؤَرِّقَ
immediate / present	الْآنِيَّةَ
to sip	تَحْتَسِي
porcelain	خَزَفِيٍّ
the current	الْحَالِيَّةِ
a miracle	إِعْجَازًا
to look secretly	تَسْتَرِقُ
the unknown	بِالْمَجْهُولِ
grateful	مُمْتَنَّةٌ

Questions about the story

1. مَا هِيَ مِهْنَة حَسْنَاء؟

أ- مُهَنْدِسَة
ب- عَارِضَةُ أَزْيَاء
ج- طَبِيبَة
د- مُمَرِّضَة
ه- خَبِيرَةُ تَجْمِيلٍ

2. مَا الذِي أَحْبَطَ حَسْنَاءَ مُؤَخَّرًا؟

أ- زَوَاجُ أختِها
ب- موت والدَتِهَا
ج- تَرَاجعها في مِهْنَتِهَا
د- رُسُوبُهَا في الجَامِعَة
ه- عَدَمُ قُدْرَتِهَا عَلَى السَّفَر

3. مَا هُوَ حُلْمُ دِينَا؟

أ- السَّفَرُ حَوْلَ العَالَم
ب- العَمَلُ كَعَارِضَة أَزْيَاء
ج- العَيْشُ في الرِّيفِ
د- العَمَلُ في تَصمِيم الأَزْيَاء
ه- الزَّوَاج

4. مَاذَا اقتَرَحَتْ دينَا عَلَى أُخْتِهَا حَسْنَاءَ؟

أ- الانْتِظَامُ فِي مَوَاعِيد الأَكْل
ب- الذَّهَابُ إلىَ الحَانَة لإكْمَال الأُمْسِيَة
ج- السَّفَرُ إلىَ الخَارِج
د- الذَّهَابُ فِي رِحْلَةٍ إلىَ الرِّيف
ه- حياكَةُ كَنْزَةٍ صُوفِيَّةٍ مَعًا

5. مَا هُوَ الشَّيءُ الذِي أَدْرَكَتْ حَسْنَاءُ بِأَنَّهَا تَمْتَلِكُهُ؟

أ- الجَمَال الأخّاذُ

ب- الأمْوَال الكَثيرة.

ج- الشُّهْرَةُ

د- النَّجَاحُ

ه- اللَّحْظَةُ الآنيَّةُ

Answers

1. Supermodel	ب- عارضة أزياء
2. Her career was going backward	ج- تراجعها في مهنتها
3. Working in fashion design	د- العمل في تصميم الأزياء
4. Going on a journey to the countryside	د- الذهاب في رحلة إلى الريف
5. The present moment	ه- اللحظة الآنية

Chapter 15

الْقَاصِرَاتُ
MINORS

فِي فَجْرِ ذَلِكَ الْيَوْمِ، خَرَجَ **الصَّيَّادُ** تَارِكًا **زَوْجَتَهُ** وَابْنَتَهُ فِي **الْبَيْتِ** الْمُتَهَالِكِ، مُتَّجِهًا نَحْوَ **الْبُحَيْرَةِ** الْقَرِيبَةِ لِاصْطِيَادِ **الْأَسْمَاكِ** وَبَيْعِهَا فِي الْبَلْدَةِ، سَعْيًا لِكَسْبِ الرِّزْقِ.

لَمْ يَكُنْ مَا يَكْسِبُهُ يَكْفِيهِ أَبَدًا؛ هُوَ لَمْ يَكُنْ يَوْمًا قَنُوعًا. أَخَذَ **يَحْسِدُ** جَارَهُ الَّذِي زَوَّجَ ابْنَتَهُ ذَاتُ الْأَرْبَعَة عَشَرَ عَامًا لِأَحَدِ الرِّجَالِ ذَوِي **الثَّرَاءِ**.

تَمَنَّى فَقَطْ لَوْ تَخَلَّصَ مِنِ ابْنَتِهِ الَّتِي يُصَوِّرُهَا لَهُ عَقْلُهُ أَنَّهَا **فَتَاةٌ** بِلَا فَائِدَةٍ، وَسَتَجْلِبُ لَهُ **الْعَارَ**. وَكَمْ تَمَنَّى لَوْ أَنَّهُ أَنْجَبَ فَتًى يُعِينُهُ عَلَى مَصَارِيفِ الْبَيْتِ.

بَعْدَ أَنِ اصْطَادَ الْعَدِيدَ مِنَ الْأَسْمَاكِ، أَخَذَهَا وَتَوَجَّهَ بِهَا نَحْوَ الْمَدِينَةِ. فَتَحَ ذَلِكَ الدُّكَّانَ **الصَّغِيرَ**، ثُمَّ بَدَأَ بِوَضْعِ الْأَسْمَاكِ فِي الْعُلَبِ، وَوَضْعِ **الثَّلْجِ** فَوْقَهَا.

تَوَافَدَ عَلَيْهِ النَّاسُ **يَشْتَرُونَ** مِنْهُ، حَتَّى سَمِعَ صَوْتَ ابْنَتِهِ تُنَادِي عَلَيْهِ قَائِلَةً: "أَبِي، أَبِي..."

لَمْ تُكْمِلْ مَا كَانَتْ تَوَدُّ قَوْلَهُ، حَتَّى نَهَرَهَا صَارِخًا: "أَلَا تَخْجَلِينَ بِالْمَجِيءِ إِلَى هُنَا وَسَطَ هَؤُلَاءِ النَّاسِ جَمِيعًا!"

رَفَعَ يَدَهُ لِيَضْرِبَهَا عَلَى وَجْهِهَا، إِلَّا أَنَّ رَجُلًا غَرِيبًا أَمْسَكَ يَدَهُ فِي اللَّحْظَةِ الْأَخِيرَةِ قَائِلًا: "**تَوَقَّفْ** يَا رَجُل! مَاذَا تَفْعَلُ؟ إِنِّي أُرِيدُهَا."

عِنْدَمَا أَرَادَ أَبُ الْفَتَاةِ الْغَاضِبُ أَنْ يَتَكَلَّمَ، قَاطَعَهُ الرَّجُلُ: " أَتُزَوِّجُهَا لِي مُقَابِلَ مَبْلَغٍ مِنَ **الْمَالِ**؟"

أَجَابَهُ أَبُ الْفَتَاةِ قَائِلًا: "مَاذَا تَقُولُ يَا رَجُلُ!"

تَجَاهَلَ الرَّجُلُ أَبَ الْفَتَاةِ ذَاتِ الضَّفَائِرِ الْمُتَدَلِّيَةِ عَلَى كَتِفَيْهَا، وَانْحَنَى لِمُسْتَوَى طُولِهَا، وَسَأَلَهَا: "مَا اسْمُكِ أَيَّتُهَا الْجَمِيلَةُ؟"

رَفَعَتِ الْفَتَاةُ عَيْنَاهَا نَاظِرَةً إِلَى الرَّجُلِ بِخَوْفٍ، وَأَجَابَتْ: "اسْمِي حُورِيَّة."

ابْتَسَمَ الرَّجُلُ بِإِعْجَابٍ شَدِيدٍ سَائِلًا: "مِنْ أَيْنَ أَنْتِ يَا حُورِيَّة؟"

الْتَمَعَتْ عَيْنَا الْفَتَاةِ وَهِيَ تُجِيبُ بِزَهْوٍ، لَكِنْ **بِبَرَاءَةٍ**: "نَحْنُ مِنْ حَيْفَا، عَرُوسُ الْبَحْرِ."

تَوَسَّعَتْ ابْتِسَامَةُ الرَّجُلِ أَكْثَرَ، وَأَكْمَلَ: "كَمْ عُمْرُكِ يَا حُورِيَّة؟"

انْزَعَجَتِ الْفَتَاةُ مِنْ دَاخِلِهَا، دَاعِيَةً أَنْ يَنْتَهِي هَذَا التَّحْقِيقُ، ثُمَّ أَجَابَتْ: "عُمْرِي ثَلَاثَةَ عَشَرَ عَامًا يَا سَيِّدِي."

تَحَوَّلَتِ ابْتِسَامَةُ الْإِعْجَابِ إِلَى ابْتِسَامَةِ **خُبْثٍ**. رَفَعَ الرَّجُلُ رَأْسَهُ إِلَى أَبِ الْفَتَاةِ قَائِلًا: "عَشَرَةُ آلَافِ دُولَارٍ وَيَتِمُّ الزَّوَاجُ بَعْدَ يَوْمَيْنِ. مَا رَأْيُكَ؟"

تَوَسَّعَتْ بُؤْبُؤَتَا الْأَبِ مِنْ شِدَّةِ الصَّدْمَةِ؛ لَقَدْ كَانَ يُفَكِّرُ فِي **التَّخَلُّصِ مِنْهَا**، وَهَا هِيَ أُمْنِيَتُهُ عَلَى وَشْكِ أَنْ تَتَحَقَّقَ!

مَدَّ الرَّجُلُ الْغَرِيبُ يَدَهُ إِلَى يَدِ الْأَبِ لِيُصَافِحَهُ عِنْدَمَا رَأَى السَّعَادَةَ فِي عَيْنَيْهِ، فَسَارَعَ الْأَبُ بِوَضْعِ يَدِهِ فِي يَدِ الرَّجُلِ مُصَافِحًا إِيَّاهُ كَدَلِيلٍ عَلَى الْقَبُولِ.

وَقَفَتِ الْفَتَاةُ بَيْنَهُمَا وَخَاطِرُهَا يَجُولُ فِيهِ الْكَثِيرُ مِنَ الْأَفْكَارِ. خَاطَبَتْ نَفْسَهَا وَأَخَذَتْ تُتَمْتِمُ: "زَوَاجٌ؟ لَا، لَا، لَا! إِنَّ أَبِي يَمْزَحُ بِالتَّأْكِيدِ. لَنْ يُوَافِقَ عَلَى زَوَاجِي كَمَا حَدَثَ مَعَ ابْنَةِ

الْجِيرَانِ. لَا، لَا يَا حُورِيَّة، لَا تَقْبَلِي أَبَدًا! أَتُضَيِّعِينَ **مُسْتَقْبَلَكِ** مِنْ أَجْلِ رَجُلٍ كَهَذَا! أَنَا لَدَيَّ مُسْتَقْبَلٌ وَ**طُمُوحَاتٌ**، وَلَنْ أَجْعَلَهَا تَتَدَمَّرُ بِسَبَبِ زَوَاجٍ كَهَذَا!"

عَادَ الْأَبُ وَابْنَتُهُ إِلَى الْبَيْتِ، وَكَانَ بَالُ كِلَيْهِمَا مَشْغُولًا فِي التَّفْكِيرِ: هِيَ تُفَكِّرُ فِي مُسْتَقْبَلِهَا وَمَا عَلَيْهَا فِعْلُهُ لِوَقْفِ هَذَا الزَّوَاجِ اللَّعِينِ، وَهُوَ يُفَكِّرُ فِيمَا سَيَشْتَرِيهِ بِهَذَا الْمَالِ الْكَثِيرِ!

بَعْدَ تَنَاوُلِ الْغَدَاءِ، جَلَسَتْ أُمُّ حُورِيَّة مَعَ وَالِدِهَا، وَفَضَّلَتْ هِيَ الذَّهَابَ إِلَى غُرْفَتِهَا وَالْبَقَاءَ بِمُفْرَدِهَا لِلتَّفْكِيرِ فِي **حَلٍّ**.

أَخْبَرَ الرَّجُلُ زَوْجَتَهُ بِهُدُوءٍ عَنِ الرَّجُلِ وَعَنِ الزَّوَاجِ، لَكِنْ سُرْعَانَ مَا أَطْلَقَتِ الزَّوْجَةُ الْوَلْوَلَاتِ، فَأَسْكَتَهَا بِصَفْعَةٍ قَوِيَّةٍ، وَصَرَخَ قَائِلًا: "أُصْمُتِي! لَقَدْ تَحَدَّثْتُ مَعَ الرَّجُلِ وَاتَّخَذْتُ الْقَرَارَ النِّهَائِيَّ. سَأُزَوِّجُهَا قَبْلَ أَنْ تَجْلِبَ لِي الْعَارَ. أَعْطَانِي الرَّجُلُ بَعْضَ الْمَالِ، لِذَا خُذِي الْفَتَاةَ، وَاذْهَبَا إِلَى السُّوقِ، وَاشْتَرِي لَهَا بَعْضَ **الْمَلَابِسِ** اللَّازِمَةِ."

كَتَمَتِ الْأُمُّ فِي قَلْبِهَا حُزْنَهَا الشَّدِيدَ، وَبَلَغَهَا صَبَاحُ الْيَوْمِ التَّالِي وَدُمُوعَهَا لَمْ تَجِفَّ بَعْدُ. عِنْدَمَا خَرَجَ الْأَبُ لِلصَّيْدِ كَالْمُعْتَادِ، ذَهَبَتِ الْأُمُّ إِلَى غُرْفَةِ ابْنَتِهَا فَوَجَدَتْهَا جَالِسَةً تَبْكِي. وَعِنْدَمَا أَرَادَتِ الْأُمُّ التَّحَدُّثَ، قَاطَعَتْهَا حُورِيَّة قَائِلَةً: "**أَرْجُوكِ**، أَرْجُوكِ يَا أُمِّي، لَا أُرِيدُ الزَّوَاجَ بِهَذَا الرَّجُلِ. أَنْتِ لَمْ تَرَيْهِ؛ إِنَّهُ مُخِيفٌ جِدًّا."

بَكَتِ الْأُمُّ وَهِيَ تَحْتَضِنُ ابْنَتَهَا وَقَالَتْ: "اعْذِرِينِي يَا صَغِيرَتِي، فَلَا أَسْتَطِيعُ فِعْلَ شَيْءٍ. اتَّخَذَ أَبُوكِ الْقَرَارَ وَلَا نَسْتَطِيعُ فِعْلَ شَيْءٍ حِيَالَ هَذَا الْأَمْرِ."

رَفَعَتْ حُورِيَّة رَأْسَهَا **سَرِيعًا** عِنْدَمَا لَمَعَتْ فِي ذِهْنِهَا فِكْرَةُ **الْهُرُوبِ** مُجَدَّدًا قَائِلَةً: "**سَاعِدِينِي**! سَاعِدِينِي يَا أُمِّي لِأَهْرُبَ، أَرْجُوكِ!"

انْقَضَى النَّهَارُ سَرِيعًا وَحَانَ مَوْعِدُ الْغَذَاءِ وَالْأُمُّ لَازَالَتْ تُفَكِّرُ. هِيَ لَنْ تَجْعَلَ مُسْتَقْبَلَ ابْنَتِهَا الْوَحِيدَةِ يَتَدَمَّرُ، وَهَذَا الزَّوَاجُ حَتْمًا سَيَقْضِي عَلَى الْفَتَاةِ وَمُسْتَقْبَلِهَا!

أَمَّا حُورِيَّة، فَلَمْ تَخْرُجْ مِنْ غُرْفَتِهَا نِهَائِيًّا مُنْذُ الْأَمْسِ. ظَلَّتْ **تُخَطِّطُ** لِلْهُرُوبِ، وَتَضَعُ مَا تَحْتَاجُهُ مِنَ الْتِزَامَاتٍ فِي حَقِيبَتِهَا الصَّغِيرَةِ. هِيَ تَعْرِفُ وِجْهَتَهَا جَيِّدًا. سَتَذْهَبُ وَتَبْنِي مُسْتَقْبَلَهَا وَتَفْعَلُ مَا بَرَعَتْ بِهِ دَوْمًا: أَلَا وَهُوَ التَّعْلِيمُ.

أَمَّا الْأَبُ **الطَّمَاعُ**، فَقَدْ كَانَ جَالِسًا، وَمَعَهُ زُمْرَةُ الْمَالِ، يُفَكِّرُ مَاذَا سَيَشْتَرِي وَيَفْعَلُ بِهَا، سَعِيدًا مُسْتَمْتِعًا بِكُلِّ الْمَالِ بَيْنَ يَدَيْهِ.

إِنَّهُ مُنْتَصَفُ اللَّيْلِ الْآنَ! **حَسَمَتِ** الْأُمُّ أَمْرَهَا، وَسَتُسَاعِدُ ابْنَتَهَا فِي الْهُرُوبِ مِنَ الْمَنْزِلِ، لَكِنْ كَانَ هَذَا الْقَرَارُ مُتَأَخِّرًا.

مَا إِنْ دَخَلَتِ الْأُمُّ الْغُرْفَةَ، ظَنَّتْ حُورِيَّة بِأَنَّهُ أَبُوهَا وَأَطْلَقَتْ تَنْهِيدَةً وَصَرَخَتْ بِأَعْلَى صَوْتٍ. تَعَجَّبَتِ الْأُمُّ مِمَّا تَرْتَدِيهِ ابْنَتُهَا، فَقَدْ كَانَتْ تَرْتَدِي سِرْوَالًا ضَيِّقًا وَقَمِيصًا بِكُمَّيْنِ قَصِيرَيْنِ، وَقَدْ شَبَكَتْ شَعْرَهَا لِكَيْلَا يُضَايِقَهَا أَثْنَاءَ رِحْلَتِهَا الطَّوِيلَةِ وَحَقِيبَةُ ظَهْرِهَا عَلَى أَكْتَافِهَا.

هَمَسَتِ الْأُمُّ مُسْتَغْرِبَةً: "مِنْ أَيْنَ لَكِ بِهَذِهِ الثِّيَابِ يَا حُورِيَّة؟"

أَجَابَتْ: "أَعْطَتْنِي إِيَّاهَا خَالَتِي الصَّيْفَ الْمَاضِي."

الْأُمُّ: "وَأَيْنَ سَتَذْهَبِينَ؟"

حُورِيَّة: "إِلَى مَحَطَّةِ **الْقِطَارِ**. سَأَتَوَجَّهُ إِلَى الْقَاهِرَةِ."

الْأُمُّ: "يَا إِلَهِي! وَلِمَاذَا الْقَاهِرَةُ يَا بُنَيَّتِي؟"

حُورِيَّة: "حَتَّى لَا يَجِدَنِي أَحَدٌ يَا أُمِّي. سَأَذْهَبُ إِلَى أَبْعَدِ نُقْطَةٍ أَسْتَطِيعُ الْوُصُولَ إِلَيْهَا."

إِجَابَةُ حُورِيَّة الْوَاثِقَةُ جَعَلَتْ أُمَّهَا **تَضُمُّهَا** إِلَى صَدْرِهَا وَهِيَ تَحْتَجِزُ دُمُوعَهَا. ابْتَعَدَتِ الْأُمُّ عَنِ ابْنَتِهَا وَهِيَ تَضَعُ الْكَثِيرَ مِنَ الْمَالِ فِي الْحَقِيبَةِ قَائِلَةً: "أَعْلَمُ أَنَّكِ سَتَنْجَحِينَ وَتُنْقِذِينَ نَفْسَكِ؛ أَنَا أَثِقُ بِكِ وَبِمَقْدِرَتِكِ الْعَالِيَةِ."

أَخِيرًا، رَكِبَتْ حُورِيَّة الْقِطَارَ وَغَادَرَتْ مُسْرِعَةً. وَفَوْرَ انْطِلَاقِ الْقِطَارِ، خَطَرَ بِبَالِهَا كُلُّ مَا تَعَرَّضَتْ لَهُ مِنْ ضَرْبٍ وَ**إِهَانَةٍ** مِنْ أَبِيهَا. دَمْعَةٌ مِنْ عَيْنِهَا أَعْلَنَتِ الْعِصْيَانَ وَانْهَمَرَتْ بِحُرْقَةٍ عَلَى وَجْنَتِهَا، وَتَلَتْهَا **دُمُوعٌ** ثَارَتْ كَبُرْكَانٍ لَا يَتَوَقَّفُ.

أَمَّا الْآنَ، فَسَيَلْحَقُ الْعَارُ بِهَذَا الرَّجُلِ فَوْرَ مَعْرِفَةِ النَّاسِ بِهُرُوبِ ابْنَتِهِ؛ وَالْأَكْثَرُ، لَنْ تَكُونَ ابْنَتُهُ الْوَحِيدَةَ الَّتِي هَرَبَتْ!

أَمَّا بِالنِّسْبَةِ لِحُورِيَّة، فَقَدْ **أَزَاحَتْ** يَدٌ لَطِيفَةُ الْمَلْمَسِ دُمُوعَهَا الْمُرْتَكِزَةَ عِنْدَ مُنْتَصَفِ وَجْنَتَيْهَا. فَزِعَتْ حُورِيَّة وَهِيَ تَتَفَقَّدُ صَاحِبَ تِلْكَ الْيَدِ. وَقَعَتْ عَيْنَاهَا شَدِيدَتَا الزُّرْقَةِ عَلَى تِلْكَ الْعَيْنَيْنِ السَّوْدَاوَيْنِ. أَزَاحَ الشَّابُّ يَدَهُ عَنْ وَجْنَتَيْهَا وَهُوَ يَفْتَقِدُ مَلْمَسَهُمَا النَّاعِمَ.

سَأَلَهَا الشَّابُّ قَائِلًا: "مَنْ أَنْتِ؟" خَرَجَتِ الْكَلِمَتَانِ مِنْهُ بِكَامِلِ **الْعَفْوِيَّةِ**. "عَيْنَاكِ تَبْدُوَانِ كَأَمْوَاجِ الْبَحْرِ الْمُتَلَاطِمَةِ."

احْمَرَّتْ وَجْنَتَيْهَا فِي خَجَلٍ شَدِيدٍ جَعَلَهَا تَبْدُو فَاتِنَةً أَكْثَرَ مِمَّا هِيَ عَلَيْهِ، ثُمَّ أَشَاحَتْ بِنَظَرِهَا إِلَى الْأَسْفَلِ وَهِيَ تَسْتَرِقُ النَّظَرَ لِنَافِذَةِ الْقِطَارِ الْمُسْرِعِ.

حَاوَلَ تَكْوِينَ الْكَلِمَاتِ، لَكِنَّ الْحُرُوفَ هَرَبَتْ مِنْهُ سَرِيعًا خَجَلًا مِنْ أَنْ تَخْرُجَ أَمَامَ هَذِهِ الْفَتَاةِ.

"أَنَا أَحْمَد." قَالَهَا بِبُطْءٍ شَدِيدٍ وَهُوَ يَحُكُّ **عُنُقَهُ** بِتَوَتُّرٍ مَلْحُوظٍ لَمْ يَعْهَدْهُ.

"إِذًا، هَلْ لَدَيْكِ اسْمٌ؟ أَقْصِدُ بِمَاذَا يُمْكِنُنِي مُنَادَاتُكِ؟" قَالَ ذَلِكَ بِتَلَعْثُمٍ شَدِيدٍ لَكِنَّهُ لَمْ يَتَلَقَّ مِنْهَا رَدًّا، غَيْرَ تَعَلُّقِ عَيْنَيْهَا بِنَافِذَةِ الْقِطَارِ.

أَرْخَتْ رَأْسَهَا وَهِيَ تَغْرَقُ فِي نَوْمٍ عَمِيقٍ، وَهُوَ لَمْ يَمَلَّ أَوْ يَكِلَّ مِنْ تَأَمُّلِهَا: "هَلِ الْمَلَائِكَةُ تَعِيشُ مَعَنَا عَلَى الْأَرْضِ أَمْ مَاذَا؟"

لَمَحَ فِي عُنُقِهَا عِقْدًا **مَنْقُوشٌ** عَلَيْهِ اسْمُ حُورِيَّة. بِمُجَرَّدِ قِرَاءَتِهِ لِلِاسْمِ، اسْتَلَذَّ بِهِ عَلَى لِسَانِهِ، وَالِابْتِسَامَةُ شَقَّتْ طَرِيقَهَا عَلَى مَبْسَمِهِ.

فِي مُنْتَصَفِ الْيَوْمِ، ذَهَبَ الْأَبُ إِلَى غُرْفَةِ زَوْجَتِهِ، لَكِنَّ الْمُفَاجَأَةَ هِيَ أَنَّهَا قَدْ هَرَبَتْ أَيْضًا. تَوَجَّهَ مُسْرِعًا إِلَى غُرْفَةِ ابْنَتِهِ فَلَمْ يَجِدْهَا كَذَلِكَ، وَلَمْ يَجِدْ شَيْئًا مِنَ النُّقُودِ؛ أَخَذَ **يَتَحَسَّرُ** وَيَنْدَمُ عَلَى مَا حَدَثَ. جَاءَهُ الرَّجُلُ وَطَالَبَهُ بِالْمَالِ لِعَدَمِ زَوَاجِهِ بِالْفَتَاةِ، لَكِنَّ الْأَبَ لَمْ يَسْتَطِعْ إِرْجَاعَهُ لَهُ. لَقَدْ **خَسِرَ** كُلَّ شَيْءٍ، وَتَرَاكَمَتْ عَلَيْهِ الدُّيُونُ لِطَمَعِهِ وَجَشَعِهِ.

وَصَلَ الْقِطَارُ لِمَحَطَّتِهِ الْمَقْصُودَةِ. خَرَجَتْ حُورِيَّة وَأَحْمَد، وَ**الصُّدْفَةُ** الْجَمِيلَةُ أَنَّ وِجْهَتَهُمَا فِي النِّهَايَةِ وَاحِدَةٌ، وَهِيَ نَفْسُ **الْمَدْرَسَةِ**. افْتَرَقَ الِاثْنَانِ عِنْدَ بَابِهَا، حَيْثُ لِكُلِّ قِسْمٍ بَابٌ مُخْتَلِفٌ عَنِ الْآخَرِ.

مَضَتِ السَّنَوَاتُ، وَاجْتَهَدَتْ حُورِيَّة وَتَعَلَّمَتْ، وَأَصْبَحَتْ مُحَامِيَةً تُدَافِعُ عَنِ الْفَتَيَاتِ أَمْثَالِهَا. أَمَّا أَحْمَد، فَقَدْ تَعَلَّمَ وَأَصْبَحَ **كَاتِبًا** مَشْهُورًا.

شَاءَتِ الْأَقْدَارُ أَنْ يَجْتَمِعَا مِنْ جَدِيدٍ فِي **قَضِيَّةٍ** رَفَعَتْهَا الْمُحَامِيَةُ حُورِيَّة، وَالَّتِي وَافَقَهَا فِيهَا أَحْمَد عَلَى أَنَّ الزَّوَاجَ الْمُبَكِّرَ بِالْفَتَيَاتِ هُوَ تَدْمِيرٌ لِمُسْتَقْبَلِهِنَّ، وَاعْتَرَفَ لَهَا وَقْتَهَا أَنَّ الرَّجُلَ الَّذِي أَرَادَ الزَّوَاجَ بِهَا فِي صِغَرِهَا هُوَ أَبُوهُ.

دُهِشَتْ حُورِيَّة جِدًّا لِمَا حَدَثَ، وَفَازَتْ بِالْقَضِيَّةِ، وَأَنْقَذَتْ جَمِيعَ الْفَتَيَاتِ، حَيْثُ مُنِعَ الزَّوَاجُ بِالْقَاصِرَاتِ، وَسَيُعَاقَبُ كُلُّ مَنْ يُشَارِكُ فِي تَنْظِيمِهِ بِدَفْعِ **غَرَامَةٍ مَالِيَّةٍ**. الْتَقَى أَحْمَد وَحُورِيَّة مِنْ جَدِيدٍ، وَتَعَارَفَا، وَانْتَهَى الْأَمْرُ بِزَوَاجِهِمَا. تَمَّ الْإِعْلَانُ عَنْ زَوَاجِ الْكَاتِبِ الْمَشْهُورِ أَحْمَد، بِالْمُحَامِيَةِ، حُورِيَّة، وَأَنْجَبَا فَتَاةً جَمِيلَةً وَعَاشُوا جَمِيعًا بِسَعَادَةٍ وَسَلَامٍ.

178

مُلَخَّص الْقِصَّةِ

تَتَحَدَّثُ الْقِصَّةُ حَوْلَ زَوَاجِ الْقَاصِرَاتِ. كَانَ الْآبَاءُ يَظُنُّونَ أَنَّ الْفَتَاةَ سَتَجْلِبُ الْعَارَ لِوَالِدِهَا؛ لِذَلِكَ كَانُوا يُزَوِّجُونَهَا مُبَكِّرًا. وُضِعَتْ بَطَلَتُنَا فِي هَذَا الْمَوْقِفِ وَهِيَ فِي عُمْرِ الرَّابِعَةَ عَشَرَ فَقَطْ! هَذَا الزَّوَاجُ يُدَمِّرُ أَحْلَامَ الْفَتَيَاتِ وَمُسْتَقْبَلَهُنَّ. لَكِنْ حُورِيَّة تَعَامَلَتْ مَعَهُ بِالْهَرَبِ مِنْ أَبِيهَا، حَيْثُ سَافَرَتْ وَغَادَرَتِ الْمَدِينَةَ حَتَّى لَا يَسْتَطِيعَ وَالِدُهَا الْوُصُولَ إِلَيْهَا. اسْتَكْمَلَتْ تَعْلِيمَهَا فِي مَدْرَسَةٍ فِي الْقَاهِرَةِ وَقَابَلَتْ شَابًّا خَلُوقًا فِي الطَّرِيقِ أَثْنَاءَ هُرُوبِهَا. دَرَسَتْ حُورِيَّة وَأَصْبَحَتْ مُحَامِيَةً مَشْهُورَةً، وَدَافَعَتْ عَنِ الْفَتَيَاتِ، وَرَفَعَتْ قَضِيَّةً تَمْنَعُ زَوَاجَ الْقَاصِرَاتِ، وَفَازَتْ بِالْقَضِيَّةِ بِمُسَاعَدَةِ الشَّابِّ الْخَلُوقِ، الْكَاتِبِ الْمَشْهُورِ الْمَدْعُوِّ أَحْمَد. تَزَوَّجَ الِاثْنَانِ بَعْدَ ذَلِكَ وَأَنْجَبَا طِفْلَةً مَحْبُوبَةً.

Summary of the story

This story is about the marriage of minors. The parents thought the girl would bring shame on her father, so she was married early. This marriage destroyed the girl's dreams and future, but Horia dealt with that by running away from her father. She traveled and left the city so that her father could not find her. Finally, she arrived at a school and completed her education. She studied and became a well-known lawyer, and filed a case preventing the marriage of minors in order to protect girls. She met a decent young man on her way to Cairo. She won the case with the help of the young man, the well-known, respected writer Ahmed, and then married him and had a lovely child.

Vocabulary

the fisherman	الصَّيَّادُ
his wife	زَوْجَتَهُ
home	الْبَيْتِ
the lake	الْبُحَيْرَةِ
the fish	الْأَسْمَاكِ
(he) envies	يَحْسِدُ
the wealth	الثَّرَاءِ
girl	فَتَاةٌ
the shame / the dishonor	الْعَارَ
the little	الصَّغِيرَ
the ice	الثَّلْجِ
buying	يَشْتَرُونَ
(you) stop	تَوَقَّفْ
the money	الْمَالِ
(he) smiled	ابْتَسَمَ
innocent[ly]	[بِـ] بِبَرَاءَةٍ
changed	تَحَوَّلَتِ
wickedness	خُبْثٍ
get rid of her	التَّخَلُّصِ مِنْهَا
your future	مُسْتَقْبَلَكِ

ambitions	طُمُوحَاتٌ
solution	حَلٌّ
the clothes	الْمَلَابِسِ
please	أَرْجُوكِ
quickly	سَرِيعًا
running away / escaping	الْهُرُوبِ
help me	سَاعِدِينِي
elapsed	انْقَضَى
(she) plans	تُخَطِّطُ
the greedy	الطَّمَاعُ
to determine	حَسَمَتِ
(she) whispered	هَمَسَتِ
the train	الْقِطَارِ
to hug	تَضُمُّهَا
offense	إِهَانَةٍ
tears	دُمُوعٌ
dislodged	أَزَاحَتْ
the spontaneity	الْعَفْوِيَّةِ
his neck	عُنُقَهُ
engraved	مَنْقُوشٌ
to mourn	يَتَحَسَّرُ

(he) lost	خَسِرَ
the coincidence	الصُّدْفَةُ
the school	الْمَدْرَسَةِ
writer	كَاتِبًا
case	قَضِيَّةٍ
fine / penalty	غَرَامَةٍ

Questions about the story

1. **مَا الفكرَةُ السَّائِدَةُ حَوْلَ الفَتَيَات بالمَاضِي؟**

أ- أنهُنَّ عَارٌ عَلَى وَالِدَيْهِنَّ

ب-أَنَّهُنَّ الجِنْسُ اللَّطِيفُ

ت-أنهن قاسياتِ القُلُوب

ث-أَنَّهُنَّ عَونٌ لآبَائهِن

2. **مَاذَا فَعَلتْ حورِيَّةُ عِنْدَمَا وَافَقَ وَالِدُهَا عَلَى زَوَاجِهَا منْ الرَّجُل الغَرِيب؟**

أ- وَافَقَتْ عَلَى الزَّوَاج بِه

ب-ذَهَبَتْ إلَى خَالَتِهَا

ت-جَادَلَتْ وَالدَهَا باسْتِمْرَار

ث-هَرَبَتْ منَ المَنْزِل

3. **إلى أي مَدينَة هَرَبَتْ حُورِيَّة؟**

أ- عكا

ب-حَيْفَا

ت-القَاهِرة

ث-عَمَّان

4. **مَا هُوَ حُلم حُورِيَّة الذي سعَتْ لتَحْقِيقِهِ؟**

أ- أنْ تُكمِلَ تَعْلِيمَهَا وَتُصْبِحَ طَبِيبَة

ب-أَنْ تصبِحَ رَبَّةَ مَنْزِل

ت-أنْ تَتزَوَّجَ بِرَجُلٍ وَسِيمٍ

ث-أنْ تُكمِلَ تَعْلِيمَهَا وَتُصْبِحَ مُحَامِية

5. **هَلْ نَجَحَت حوريَّة في تَحْقِيقِ حُلمِهَا؟**

أ- نعم

ب-لا

Answers

1. They bring shame on their parents

أ- أنهن عارٌ على والديهن

2. She escaped from home

ث- هربت من المنزل

3. Cairo

ت- القاهرة

4. Complete her education and become a lawyer

ث- أن تكمل تعليمها وتصبح محامية

5. Yes

أ- نعم

Chapter 16

نَجَاةُ الْوَالِي

THE GOVERNOR SURVIVED

تَجَوَّلَ أَحَدُ الْوُلَاةِ ذَاتَ يَوْمٍ فِي السُّوقِ الْقَدِيمِ مُتَنَكِّرًا فِي زِيِّ تَاجِرٍ، وَأَثْنَاءَ تَجْوَالِهِ، وَقَعَ بَصَرُهُ عَلَى دُكَّانٍ قَدِيمٍ لَيْسَ فِيهِ شَيْءٌ يُغْرِي الْإِنْسَانَ بِالشِّرَاءِ. كَانَتِ الْبَقَّالَةُ شِبْهَ **فَارِغَةٍ**، وَكَانَ فِيهَا رَجُلٌ **طَاعِنٌ فِي السِّنِّ**، يَجْلِسُ بِارْتِخَاءٍ عَلَى مَقْعَدٍ قَدِيمٍ مُتَهَالِكٍ.

لَمْ يَلْفِتْ نَظَرَ الْوَالِي سِوَى بَعْضِ اللَّوْحَاتِ الَّتِي تَرَاكَمَ عَلَيْهَا **الْغُبَارُ**. اقْتَرَبَ الْوَالِي مِنَ الرَّجُلِ الْمُسِنِّ وَحَيَّاهُ، وَرَدَّ الرَّجُلُ التَّحِيَّةَ بِأَحْسَنَ مِنْهَا، وَكَانَ يَغْشَاهُ هُدُوءٌ غَرِيبٌ وَ**ثِقَةٌ** عَجِيبَةٌ **بِالنَّفْسِ**.

سَأَلَ الْوَالِي الرَّجُلَ: "دَخَلْتُ السُّوقَ لِأَتَسَوَّقَ، فَمَاذَا يُوجَدُ عِنْدَكَ **يُبَاعُ**؟"

أَجَابَ الرَّجُلُ بِهُدُوءٍ وَثِقَةٍ عَالِيَةٍ: "أَهْلًا وَسَهْلًا... يُوجَدُ عِنْدِي أَثْمَنُ وَأَجْمَلُ **بَضَائِعِ** السُّوقِ."

قَالَ ذَلِكَ دُونَ أَنْ تَبْدُرَ مِنْهُ أَيَّةُ إِشَارَةٍ لِلْمَزْحِ أَوْ **السُّخْرِيَّةِ**.

فَمَا كَانَ مِنَ الْوَالِي إِلَّا أَنِ ابْتَسَمَ وَقَالَ: "هَلْ أَنْتَ **جَادٌّ** فِيمَا تَقُولُهُ؟"

أَجَابَ الرَّجُلُ: "نَعَمْ، كُلَّ الْجِدِّ! بَضَائِعِي لَا تُقَدَّرُ بِثَمَنٍ، أَمَّا بَضَائِعُ السُّوقِ فَثَمَنُهَا **مُحَدَّدٌ** وَلَا تَتَعَدَّاهُ!"

دُهِشَ الْوَالِي مِمَّا سَمِعَهُ وَمِمَّا رَآهُ مِنْ ثِقَةٍ عَالِيَةٍ فِي هَذَا الرَّجُلِ.

صَمَتَ بُرْهَةً، وَأَخَذَ يُقَلِّبُ بَصَرَهُ فِي الدُّكَّانِ، ثُمَّ قَالَ: "لَكِنِّي لَا أَرَى فِي دُكَّانِكَ شَيْئًا يَدْعُو **لِلْإِثَارَةِ** أَوْ مُهِمًّا لِلْبَيْعِ!"

قَالَ الرَّجُلُ: "أَنَا أَبِيعُ **الْحِكْمَةَ**، وَقَدْ بِعْتُ مِنْهَا الْكَثِيرَ، وَعَادَتْ بِالنَّفْعِ عَلَى كُلِّ مَنِ اشْتَرَاهَا، وَلَمْ يَبْقَ لَدَيَّ سِوَى لَوْحَتَانِ فَقَطْ."

قَالَ الْوَالِي: "وَهَلْ تَكْسِبُ مِنْ هَذِهِ التِّجَارَةِ؟"

قَالَ الرَّجُلُ وَقَدِ ارْتَسَمَ عَلَى **وَجْهِهِ** طَيْفُ ابْتِسَامَةٍ: "نَعَمْ يَا سَيِّدِي. أَنَا أَرْبَحُ كَثِيرًا، فَلَوْحَاتِي **بَاهِظَةُ** الثَّمَنِ."

تَقَدَّمَ الْوَالِي إِلَى **إِحْدَى** اللَّوْحَتَيْنِ، وَمَسَحَ عَنْهَا الْغُبَارَ، فَإِذَا مَكْتُوبٌ عَلَيْهَا 'فَكِّرْ قَبْلَ أَنْ تَفْعَلْ!' تَأَمَّلَ الْوَالِي الْعِبَارَةَ طَوِيلًا، ثُمَّ الْتَفَتَ إِلَى الرَّجُلِ وَقَالَ: "بِكَمْ تَبِيعُ هَذِهِ **اللَّوْحَةَ**؟"

قَالَ الرَّجُلُ بِكُلِّ هُدُوءٍ: "عَشَرَةُ آلَافِ دِينَارٍ فَقَطْ!"

ضَحِكَ الْوَالِي كَثِيرًا حَتَّى **اغْرَوْرَقَتْ** عَيْنَاهُ، وَبَقِيَ الرَّجُلُ سَاكِنًا كَأَنَّهُ لَمْ يَقُلْ شَيْئًا وَهُوَ يَنْظُرُ إِلَى اللَّوْحَةِ **بِاعْتِزَازٍ**.

قَالَ الْوَالِي: "عَشَرَةُ آلَافِ دِينَارٍ! هَلْ أَنْتَ جَادٌّ! إِنَّهُ مَبْلَغٌ مُرْتَفِعٌ جِدًّا مُقَابِلَ لَوْحَةٍ عَادِيَّةٍ!"

قَالَ الرَّجُلُ: "نَعَمْ، جَادٌّ جِدًّا، وَلَا نِقَاشَ فِي الثَّمَنِ."

لَمْ يَجِدِ الْوَالِي فِي إِصْرَارِ الْعَجُوزِ إِلَّا مَا يَدْعُو **لِلضَّحِكِ** وَالْعَجَبِ.

وَخَمَّنَ فِي نَفْسِهِ أَنَّ هَذَا الْعَجُوزَ **مُخْتَلٌّ فِي عَقْلِهِ**، فَظَلَّ الْوَالِي يُسَايِرُ الرَّجُلَ **وَيُسَاوِمُهُ** فِي الثَّمَنِ.

فَأَوْحَى إِلَيْهِ أَنَّهُ سَيَدْفَعُ فِي هَذِهِ اللَّوْحَةِ أَلْفَ دِينَارٍ، لَكِنَّ الرَّجُلَ بَقِيَ مُصِرًّا عَلَى قَرَارِهِ وَرَفَضَ!

فَزَادَ الْوَالِي أَلْفَيْنِ، ثُمَّ ثَلَاثَةً، ثُمَّ أَرْبَعَةً، لَكِنْ بِلَا فَائِدَةٍ **مُطْلَقًا**، وَلَازَالَ الرَّجُلُ مُصِرًّا عَلَى كَلِمَتِهِ الَّتِي قَالَهَا.

فَسَأَلَهُ الْوَالِي: "لِمَاذَا تَطْلُبُ ثَمَنًا بَاهِظًا مُقَابِلَ مُجَرَّدِ لَوْحَةٍ نُقِشَتْ عَلَيْهَا جُمْلَةٌ عَادِيَّةٌ؟"

فَأَجَابَهُ الرَّجُلُ: "إِنَّهَا لَيْسَتْ جُمْلَةً عَادِيَّةً، بَلْ حِكْمَةً سَتُفِيدُكَ وَتَنْتَفِعُ بِهَا مَدَى الدَّهْرِ!"

اسْتَمَرَّ الْوَالِي بِالْمُسَاوَمَةِ حَتَّى وَصَلَ إِلَى تِسْعَةِ آلَافِ دِينَارٍ، وَرَغْمَ ذَلِكَ، بَقِيَ الرَّجُلُ أَيْضًا عَلَى إِصْرَارِهِ وَلَمْ يُزَحْزِحْ دِرْهَمًا مِنَ الْمَبْلَغِ.

ضَحِكَ الْوَالِي وَقَرَّرَ الْمُغَادَرَةَ مُوهِمًا نَفْسَهُ بِأَنَّ الرَّجُلَ سَوْفَ يُنَادِيهِ إِذَا **انْصَرَفَ**، لَكِنَّ الْعَجُوزَ لَمْ يَكْتَرِثْ لِانْصِرَافِهِ، وَعَادَ إِلَى كُرْسِيِّهِ الْمُتَهَالِكِ وَجَلَسَ عَلَيْهِ بِهُدُوءٍ تَامٍّ، وَكَأَنَّ شَيْئًا لَمْ يَحْدُثْ!

غَادَرَ الْوَالِي، وَتَابَعَ تَجْوَالَهُ فِي السُّوقِ، وَأَخَذَ **يُفَكِّرُ** فِي تَصَرُّفِ الرَّجُلِ وَيُتَمْتِمُ.

خِلَالَ تَجْوَالِهِ، كَانَ الْوَالِي يَنْوِي أَنْ يَفْعَلَ شَيْئًا **تَأْبَاهُ** الْمُرُوءَةُ، لَكِنْ خَطَرَتْ بِبَالِهِ تِلْكَ الْحِكْمَةُ، 'فَكِّرْ قَبْلَ أَنْ تَفْعَلْ!' وَفَوْرًا تَرَاجَعَ عَمَّا كَانَ يَنْوِي الْقِيَامَ بِهِ، وَوَجَدَ انْشِرَاحًا فِي قَلْبِهِ بَعْدَ ذَلِكَ.

أَخَذَ يُفَكِّرُ وَيُفَكِّرُ فِي تِلْكَ الْحِكْمَةِ، **وَأَدْرَكَ** أَنَّهُ انْتَفَعَ بِهَا دُونَ أَنْ يَشْتَرِيهَا حَتَّى! ثُمَّ فَكَّرَ وَأَدْرَكَ أَنَّ هُنَاكَ الْعَدِيد مِنَ الْأَشْيَاءِ الَّتِي قَدْ تُفْسِدُ عَلَيْهِ حَيَاتَهُ إِنْ قَامَ بِهَا دُونَ تَفْكِيرٍ، بَلْ وَإِنَّ الْحَيَاةَ بِأَكْمَلِهَا لَا تَسِيرُ بِيُسْرٍ دُونَ تَفْكِيرٍ مُسْبَقٍ.

فِي هَذِهِ اللَّحْظَةِ وَجَدَ الْوَالِي نَفْسَهُ **يُهَرْوِلُ** عَائِدًا إِلَى دُكَّانِ الْعَجُوزِ فِي لَهْفَةٍ، وَعِنْدَمَا وَجَدَهُ قَالَ: "لَقَدْ قَرَّرْتُ أَنْ أَشْتَرِيَ اللَّوْحَةَ بِالثَّمَنِ الَّذِي تُحَدِّدُهُ!"

لَمْ يَبْتَسِمِ الرَّجُلُ، وَنَهَضَ مِنْ عَلَى كُرْسِيِّهِ بِكُلِّ هُدُوءٍ، وَ**أَمْسَكَ** بِاللَّوْحَةِ، وَنَفَضَ عَنْهَا الْغُبَارَ، ثُمَّ نَاوَلَهَا الْوَالِي، وَاسْتَلَمَ الْمَبْلَغَ الْمَطْلُوبَ.

عِنْدَمَا هَمَّ الْوَالِي بِالِانْصِرَافِ، قَالَ لَهُ الرَّجُلُ: "بِعْتُكَ هَذِهِ اللَّوْحَةَ لَكِنْ لَدَيَّ **شَرْطٌ**!"

فَأَجَابَ الْوَالِي: "وَمَا هُوَ شَرْطُكَ أَيُّهَا الرَّجُلُ؟"

قَالَ: "أَنْ تَكْتُبَ هَذِهِ الْحِكْمَةَ عَلَى **بَابِ** بَيْتِكَ، وَعَلَى أَكْثَرِ الْأَمَاكِنِ فِي بَيْتِكَ، وَأَكْثَرِهَا وُضُوحًا أَيْضًا، ثُمَّ عَلَى أَكْثَرِ أَدَوَاتِكَ اسْتِخْدَامًا وَضَرُورَةً."

تَعَجَّبَ الْوَالِي مِنْ هَذَا الشَّرْطِ وَسَأَلَ الرَّجُلَ عَنِ السَّبَبِ.

فَأَجَابَهُ الرَّجُلُ: "حَتَّى تَنْتَفِعَ بِهَا حَقَّ انْتِفَاعٍ."

فَكَّرَ الْوَالِي قَلِيلًا ثُمَّ وَافَقَ عَلَى هَذَا الشَّرْطِ وَانْصَرَفَ!

عَادَ الْوَالِي إِلَى الْقَصْرِ، وَأَمَرَ بِكِتَابَةِ هَذِهِ الْحِكْمَةِ فِي أَمَاكِنَ كَثِيرَةٍ فِيهِ، حَتَّى عَلَى بَعْضِ مَلَابِسِهِ، وَمَلَابِسِ أَهْلِهِ، وَعَلَى كَثِيرٍ مِنْ أَدَوَاتِهِ.

تَوَالَتِ الْأَيَّامُ وَتَبِعَتْهَا شُهُورٌ، وَظَلَّ الْوَالِي يَنْظُرُ إِلَى الْحِكْمَةِ وَيُفَكِّرُ قَبْلَ الْفِعْلِ كُلَّمَا هَمَّ بِالْقِيَامِ بِأَيِّ خَطْوَةٍ.

ذَاتَ يَوْمٍ، قَرَّرَ قَائِدُ الْجُنْدِ أَنْ يَقْتُلَ الْوَالِي حَتَّى يَنْفَرِدَ بِالْوِلَايَةِ، وَاتَّفَقَ هَذَا الْقَائِدُ مَعَ حَلَّاقِ الْوَالِي الْخَاصِّ، وَالَّذِي أَغْرَاهُ بِشَتَّى أَسَالِيبِ **الْإِغْرَاءِ** إِلَى أَنْ وَافَقَ عَلَى مُسَاعَدَتِهِ فِي قَتْلِ الْوَالِي.

جَاءَ الْيَوْمُ الَّذِي سَيُنَفَّذُ فِيهِ الْأَمْرُ، وَلَمْ تَبْقَ سِوَى دَقَائِقُ عَلَى الْمَوْعِدِ.

تَوَجَّهَ **الْحَلَّاقُ** إِلَى قَصْرِ الْوَالِي، لَكِنَّهُ كَانَ شَدِيدَ الِارْتِبَاكِ. كَيْفَ سَيَقْتُلُ الْوَالِي؟ إِنَّهَا مُهِمَّةٌ **صَعْبَةٌ** وَمُخِيفَةٌ جِدًّا، وَإِنْ فَشِلَ فِيهَا، فَسَوْفَ يَقْتُلُهُ الْوَالِي بِلَا رَحْمَةٍ!

عِنْدَمَا وَصَلَ الْحَلَّاقُ إِلَى بَابِ الْقَصْرِ، رَأَى **الْبَوَّابَةَ** مَكْتُوبٌ عَلَيْهَا 'فَكِّرْ قَبْلَ أَنْ تَفْعَلْ'!

ازْدادَ الْحَلَّاقُ ارْتِباكًا عِنْدَمَا قَرَأَ هَذِهِ الْحِكْمَةَ، وَانْتَفَضَ جَسَدُهُ، وَدَاخَلَهُ الْخَوْفُ، لَكِنَّهُ اسْتَجْمَعَ نَفْسَهُ وَدَخَلَ.

دَخَلَ الْحَلَّاقُ إِلَى **رُدْهَةِ** الْقَصْرِ الطَّوِيلَةِ، فَرَأَى الْعِبَارَةَ مُجَدَّدًا **تَتَكَرَّرُ** فِيهِ عِدَّةَ مَرَّاتٍ هُنَا وَهُنَاكَ، 'فَكِّرْ قَبْلَ أَنْ تَفْعَلْ!'... 'فَكِّرْ قَبْلَ أَنْ تَفْعَلْ!'... 'فَكِّرْ قَبْلَ أَنْ تَفْعَلْ!'...

قَرَّرَ الْحَلَّاقُ أَنْ **يُطَأْطِئَ رَأْسَهُ** لِلْأَسْفَلِ، وَأَلَّا يَنْظُرَ إِلَّا لِلْأَسْفَلِ حَتَّى لَا يَرَاهَا، لَكِنَّهُ وَجَدَ نَفْسَ الْحِكْمَةِ مَنْقُوشَةً عَلَى الْبِسَاطِ تَنْظُرُهُ فِي عَيْنَيْهِ.

ازْدَادَ اضْطِرَابًا وَخَوْفًا وَقَلَقًا، فَأَسْرَعَ فِي خَطَوَاتِهِ لِيَدْخُلَ إِلَى الْحُجْرَةِ الْكَبِيرَةِ. وَبِمُجَرَّدِ دُخُولِهِ رَأَى الْحِكْمَةَ أَمَامَهُ تُقَابِلُهُ وَجْهًا لِوَجْهٍ، 'فَكِّرْ قَبْلَ أَنْ تَفْعَلْ!'

انْتَفَضَ جَسَدُ الْحَلَّاقِ مِنْ جَدِيدٍ، وَشَعَرَ بِالْحِكْمَةِ **تَرِنُّ** فِي أُذُنَيْهِ بِقُوَّةٍ وَبِوَقْعٍ لَهُ صَدًى شَدِيدًا!

دَخَلَ الْوَالِي إِلَى الْحُجْرَةِ الْكَبِيرَةِ، وَهَالَ الرَّجُلُ بِرُؤْيَةِ الثَّوْبِ الَّذِي يَلْبِسُهُ الْوَالِي مَكْتُوبٌ عَلَيْهِ نَفْسُ الْحِكْمَةِ، 'فَكِّرْ قَبْلَ أَنْ تَفْعَلْ!'

شَعَرَ الْحَلَّاقُ بِأَنَّهُ هُوَ الْمَقْصُودُ مِنْ هَذِهِ الْحِكْمَةِ، وَأَنَّ الْوَالِي يَعْلَمُ بِمَا يُخَطِّطُ لَهُ فَكَتَبَ هَذِهِ الْحِكْمَةَ فِي كُلِّ مَكَانٍ!

حِينَ أَتَى **الْخَادِمُ** بِصُنْدُوقِ الْحِلَاقَةِ الْخَاصِّ بِالْوَالِي، فَزِعَ الْحَلَّاقُ عِنْدَ رُؤْيَةِ نَفْسِ الْحِكْمَةِ مَنْقُوشَةً عَلَى الصُّنْدُوقِ أَيْضًا، 'فَكِّرْ قَبْلَ أَنْ تَفْعَلْ!'

اضْطَرَبَتْ يَدَا الْحَلَّاقِ بِشِدَّةٍ **وَارْتَجَفَتَا** وَهُوَ يَفْتَحُ صُنْدُوقَ الْحِلَاقَةِ، وَأَخَذَ جَبِينُهُ يَتَصَبَّبُ عَرَقًا. نَظَرَ بِطَرَفِ عَيْنِهِ إِلَى الْوَالِي الْجَالِسِ بِهُدُوءٍ وَتَبَسُّمٍ، وَازْدَادَ اضْطِرَابُهُ وَقَلَقُهُ أَكْثَرَ.

هَمَّ الْحَلَّاقُ بِوَضعِ رَغْوَةِ **الصَّابُونِ** عَلَى وَجْهِ الْوَالِي، لَكِنَّ الْأَخِيرَ لَاحَظَ اضْطِرَابَ يَدَيْهِ وَ**قَلَقَهُ** الشَّدِيدَ، فَأَخَذَ يُرَاقِبُهُ بِحَذَرٍ وَتَوَجُّسٍ.

حَاوَلَ الْحَلَّاقُ أَنْ يَتَفَادَى نَظَرَاتِ الْوَالِي إِلَيْهِ، فَأَشَاحَ بِنَظَرِهِ إِلَى الْحَائِطِ، لِيَجِدَ اللَّوْحَةَ الْأَصْلِيَّةَ مُعَلَّقَةً أَمَامَهُ 'فَكِّرْ قَبْلَ أَنْ تَفْعَلْ'!

انْهَارَ الْحَلَّاقُ **بَاكِيًا** مُنْتَحِبًا بَيْنَ يَدَيْ الْوَالِي.

سَأَلَهُ الْوَالِي عَنْ سَبَبِ بُكَاءِهِ وَانْهِيَارِهِ، وَعَنْ قَلَقِهِ وَاضْطِرَابِهِ مُنْذُ الْبِدَايَةِ.

شَرَحَ الْحَلَّاقُ **تَفَاصِيلَ** الْمُؤَامَرَةِ لِلْوَالِي، وَأَخْبَرَهُ أَنَّهُ لَوْلَا هَذِهِ الْحِكْمَةُ وَوُجُودُهَا فِي كُلِّ مَكَانٍ لَتَمَّتِ الْمُؤَامَرَةُ وَنَجَحَ الِاغْتِيَالُ، لَكِنْ هَذِهِ الْحِكْمَةَ نَفَعَتْهُ كَثِيرًا وَأَنْقَذَتْهُ وَأَظْهَرَتْ لَهُ حَقِيقَةَ مَا تُخْفِيهِ الْأُمُورُ مِنْ حَوْلِهِ.

نَهَضَ الْوَالِي مُسْرِعًا، وَاسْتَدْعَى **الْحَرَسَ**، وَجَهَّزَ نَفْسَهُ، وَأَمَرَ بِإِلْقَاءِ الْقَبْضِ عَلَى قَائِدِ الْحَرَسِ وَأَعْوَانِهِ. وَبَعْدَ أَنْ قَبِضَ عَلَيْهِ، عَفَا عَنِ الْحَلَّاقِ لِاعْتِرَافِهِ بِمَا كَانَ سَيُقْدِمُ عَلَيْهِ.

وَقَفَ الْوَالِي أَمَامَ اللَّوْحَةِ وَنَظَرَ إِلَيْهَا **بِتَمَعُّنٍ**، وَتَذَكَّرَ كَلَامَ الرَّجُلِ الْمُسِنِّ بِأَنَّهَا سَتَنْفَعُهُ فِي حَيَاتِهِ، وَاسْتَدْرَكَ الْوَالِي أَهَمِّيَّتَهَا الشَّدِيدَةَ وَسَبَبَ ثَمَنِهَا الْبَاهِظِ.

نَفَضَ الْوَالِي الْغُبَارَ مِنْ عَلَى اللَّوْحَةِ، وَنَظَرَ إِلَيْهَا بِزَهْوٍ وَانْشِرَاحِ صَدْرٍ وَفَرَحٍ.

بَعْدَ هَذَا، عَقَدَ النِّيَّةَ لِزِيَارَةِ الرَّجُلِ الْمُسِنِّ وَشِرَاءِ لَوْحَةٍ أُخْرَى مِنْهُ وَإِخْبَارِهِ عَمَّا حَصَلَ وَمُكَافَأَتِهِ.

حِينَ ذَهَبَ لِلدُّكَّانِ، وَجَدَهُ **مُغْلَقًا**، فَسَأَلَ عَنْ مَكَانِهِ الْجَدِيدِ أَوْ مَنْزِلِ الرَّجُلِ الْمُسِنِّ لِأَنَّهُ يُرِيدُهُ، لَكِنَّهُ فُوجِئَ بِوَفَاتِهِ، وَبَقِيَتْ هَذِهِ اللَّوْحَاتُ وَالْحِكَمُ الَّتِي فِيهَا خَلْفَهُ يَنْتَفِعُ بِهَا مَنِ اشْتَرَاهَا وَعَرَفَ قِيمَتَهَا.

قَرَّرَ الْحَاكِمُ مِنْ وَقْتِهَا أَنْ يُنْشِئَ مَحَلًّا لِهَذِهِ الْحِكَمِ وَبِثَمَنٍ **مُنْخَفِضٍ**، لِيَشْتَرِيَ الْجَمِيعُ مِنْهَا، وَيَنْتَفِعُونَ بِهَا فِي **حَيَاتِهِمْ**، وَتَكُونُ لَهُمْ مَصْدَرًا لِلْإِدْرَاكِ وَالْوَعْيِ.

مُلَخَّص الْقِصَّةِ

خَرَجَ الْوَالِي لِيَتَفَقَّدَ السُّوقَ، وَيَبْتَاعَ مِنْهُ بَعْضَ الْأَشْيَاءِ لِقَصْرِهِ، وَيَرَى الْأَحْوَالَ كَيْفَ تَسِيرُ. رَأَى دُكَّانًا يَكَادُ يَكُونُ فَارِغًا وَلَيْسَ فِيهِ شَيْءٌ يَجْذِبُ انْتِبَاهَ النَّاظِرِينَ، وَعِنْدَمَا دَخَلَهُ وَرَأَى مَا فِيهِ، وَبَعْدَ سِلْسِلَةٍ مِنَ الْأَحْدَاثِ، دُهِشَ مِنَ الْعَظَمَةِ الَّتِي اكْتَشَفَهَا دَاخِلَهُ، حَيْثُ ابْتَاعَ مِنْ الدُّكَّانِ لَوْحَةً كَانَتْ لَهُ عَوْنًا مَدَى حَيَاتِهِ بِأَكْمَلِهَا، وَأَنْقَذَتْهُ مِنَ الْمَوْتِ أَيْضًا! فَمَا قِصَّةُ ذَلِكَ الدُّكَّانِ؟ وَعَلَى مَاذَا احْتَوَتِ اللَّوْحَةُ الَّتِي ابْتَاعَهَا الْوَالِي بِالضَّبْطِ؟

Summary of the story

The governor went out to check the market and people, and to buy some supplies for the palace. He saw an almost empty shop that was not eye-catching. When the governor reached it and saw what was there, he was amazed at the greatness inside the shop! He bought a board that helped him his whole life, and saved him from death. What is that shop? And what does the governor buy exactly?

Vocabulary

(he) walked around	تَجَوَّلَ
empty	فَارِغَةٍ
very old	طَاعِنٌ فِي السِّنِّ
the dust	الْغُبَارُ
confidence	ثِقَةٌ بِالنَّفْسِ
for sell	يُبَاعُ
goods	بَضَائِعِ
the irony	السُّخْرِيَّةِ
serious	جَادٌّ
specific	مُحَدَّدٌ
(he) became quiet	صَمَتَ
excitement	[لِ]الْإِثَارَةِ
the wisdom	الْحِكْمَةَ
his face	وَجْهِهِ
expensive	بَاهِظَةُ (الثمن)
one of	إِحْدَى
the board	اللَّوْحَةَ
teared	اغْرَوْرَقَتْ
proud[ly] / [in] pride	[بِ]اعْتِزَازٍ
laugh	[لِ]الضَّحِكِ

out of his mind	مُخْتَلٌّ فِي عَقْلِهِ
(he) bargains with him	يُسَاوِمُهُ
absolutely	مُطْلَقًا
left	انْصَرَفَ
to reject	تَأْبَاهُ
(he) thinks	يُفَكِّرُ
realized	أَدْرَكَ
scrambling	يُهَرْوِلُ
grabbed	أَمْسَكَ
condition	شَرْطٌ
door	بَابِ
marveled	تَعَجَّبَ
the seduction	الْإِغْرَاءِ
the barber	الْحَلَّاقُ
difficult	صَعْبَةٌ
the portal	الْبَوَّابَةَ
the hall	رُدْهَةِ
(it) repeats	تَتَكَرَّرُ
tuck his head	يُطَأْطِئَ رَأْسَهُ
to ring	تَرِنُّ
the servant	الْخَادِمُ

trembled	ارْتَجَفَتَا
the soap	الصَّابُونِ
his concern	قَلَقَهُ
crying	بَاكِيًا
details	تَفَاصِيلَ
the guard	الْحَرَسَ
closely	بِتَمَعُّنٍ
closed	مُغْلَقًا
discounted	مُنْخَفِضٍ
their lives	حَيَاتِهِمْ

Questions about the story

1. مَا نَوْعُ المَحَلِّ الذي لَفَتَ نَظَرَ الوَالي؟

   أ- مَحَلُّ لَوْحَات

   ب- مَحَلٌّ لِلْخُضْرَاوَاتِ

   ت- مَحَلٌّ لِلْأَدَوَاتِ المَنْزِلِيَّة

   ث- مَحَلٌّ لِلفخَّارِ

2. مَاذَا فَعَلَ الوَالِي عِنْدَمَا تَوَجَّهَ إِلَى مَحَلِّ التَّاجِرِ فِي البِدَايَة؟

   أ- اشتَرَى لَوْحَة بِمُجَرَّدِ وُصُولِهِ

   ب- سَخِرَ مِنَ المَحَلِّ، وَبَدَأَ يُسَاوِمُ عَلَى لَوْحَة يظُنُّ أَنَّها بِلاَ قِيمَة

   ت- احتَرَمَ التَّاجِرَ، وَبَدَأَ يَمْدَحُهُ لِقِيمَةِ مَحَلِّهِ وَجَوْدَتِهِ

   ث- أُعْجِبَ جِدًّا بِالمَحَلِّ وَبَدَأَ يُسَاوِمُ لِيشتَرِيَ لَوْحَة

3. مَا الحِكْمَةُ التِي اشتَرَاهَا الوَالي فِي النِّهَايَة؟

   أ- كُنْ عادِلًا قَبْلَ أَنْ تَكُونَ كَرِيمًا

   ب- مَنْ زَادَ حُبُّهُ فِي نَفْسِه زَادَ كُرْهُ النَّاسِ لَه

   ت- اجعل نفسَكَ مِيزَانًا فِيما بَيْنَكَ وَبَيْنَ غَيْرِك

   ث- فَكِّرْ قَبْلَ أَنْ تَعْمَلَ

4. مَاذَا حَدَثَ لِلوَالي لِيَعُودَ أَدْرَاجَهُ وَيَشتَرِيَ لَوْحَةَ الحِكْمَةِ فِي النِّهَايَة؟

   أ- أَجْبَرَهُ الرجُلُ عَلَى شِرَائِهَا

   ب- أَقْنَعَهُ الرَّجُلُ بِكَلَامِه

   ت- تَرَاجَعَ الوَالي عَنْ عَمَلٍ سَيِّءٍ نَوَى القِيَامَ بِه بَعْدَ أَنْ فَكَّرَ، مَا جَعَلَهُ يَشتَرِي اللَّوْحَة

   ث- وجد شخصًا آخر اشترى لوحة أخرى، ما أقنعه بالفكرة

5. ما التَّغْيِيرُ الذي أَحْدَثَتْهُ اللَّوْحَةُ فِي حيَاة الوَالي؟

   أ- أَنْقَذَتْهُ مِنَ المَوْت

   ب- أَصْبَحَ وَاعِيًا، وَأَنْشَأَ مَحَلًّا مُشَابِهًا لِتوعِيةِ النَّاسِ

   ت- لَمْ يَحْدُثْ أَيُّ تَغْيِير

   ث- أَنْقَذَتْهُ مِنَ المَوْت وَجَعَلَتْهُ أَكْثَرَ وَعْيًا، فَأَنْشَأَ مَحَلًّا مُشَابِهًا لِتَوْعِيةِ النَّاسِ

Answers

1. Art shop

أ- محل لوحات

2. He mocked the man, and he started to bargain on a board that he thought was worthless

ب- سخر من المحل، وبدأ يساوم على لوحة يظن أنها بلا قيمة

3. Think before you act

ث- فكر قبل أن تعمل

4. The governor intended to do a lousy job, but he retreated before doing that, making him buy the board

ت- تراجع الوالي عن عمل سيء نوى القيام بعد أن فكر، ما جعله يشتري اللوحة

5. It saved him from death and motivated him to start a similar shop

ث- أنقذته من الموت وجعلته أكثر وعيا، فأنشأ محلًا مشابها لتوعية الناس

Chapter 17

مَا بَيْنَ الْوَاقِعِ وَالْخَيَالِ
BETWEEN REALITY AND FANTASY

انْطَلَقَتِ الْيَوْمَ، فِي السَّاعَةِ 4:25 صَبَاحًا، مَرْكَبَةٌ **فَضَائِيَّةٌ** إِلَى أَحَدِ الْكَوَاكِبِ خَارِجَ مَجَرَّتِنَا، عَلَى أَمَلِ الْعُثُورِ عَلَى حَيَاةٍ عَلَيْهِ، لِأَنَّ **كَوْكَبَ** الْأَرْضِ مُعَرَّضٌ **لِلْخَطَرِ** بِسَبَبِ الِاحْتِبَاسِ الْحَرَارِيِّ، حَيْثُ بَدَأَتِ الْمُحِيطَاتُ بِالْجَفَافِ وَبَعْضُ النَّبَاتَاتِ بِالِانْقِرَاضِ بِسَبَبِ ارْتِفَاعِ دَرَجَةِ الْحَرَارَةِ.

عُمَر يَتَحَدَّثُ: "هَلْ تَسْمَعُنِي..."

الْوِكَالَةُ الْفَضَائِيَّةُ فِي الْأَرْضِ: "نَعَمْ، نَسْمَعُكَ. مَا الْجَدِيدُ؟ أَلَدَيْكَ وَقْتٌ كَافٍ لِلْهُبُوطِ؟"

عُمَر: "**آلِيَّاتُ** الْهُبُوطِ لَا تَعْمَلُ، وَالْآلِيَّاتُ **الِاحْتِيَاطِيَّةُ** تَعَطَّلَتْ أَيْضًا، وَسَوْفَ تَنْفَجِرُ بِنَا الْمَرْكَبَةُ. أَرْجُوكَ ابْحَثْ عَنْ طَرِيقَةٍ تُسَاعِدُنَا بِهَا وَإِلَّا سَنَنْتَهِي."

الْوِكَالَةُ الْفَضَائِيَّةُ: "يُمْكِنُ **إِصْلَاحُ** نِظَامِ الْآلِيَّاتِ الِاحْتِيَاطِيَّةِ."

عُمَر: "كَيْفَ؟ مَا الطَّرِيقَةُ؟ لَيْسَ لَدَيْنَا وَقْتٌ كَافٍ."

[تُعْطِي الْوِكَالَةُ الْفَضَائِيَّةُ **التَّعْلِيمَاتِ**...]

عُمَر: "فَيْصَل، حَاوِلْ ضَبْطَ الْأَجْهِزَةِ اللَّاسِلْكِيَّةِ."

فَيْصَل: "اخْتَفَتِ **الْإِشَارَةُ**. لَا تُوجَدُ أَيُّ إِشَارَةٍ مِنَ الْأَرْضِ."

عُمَر: "هَلْ سَنَنْتَهِي إِذًا؟"

فَيْصَل: "لَا أَدْرِي؛ تَبَقَّى الْقَلِيلُ عَلَى الْهُبُوطِ أَوِ **الِانْفِجَارِ**."

فَيْصَل: "انْتَظِرْ يَا عُمَر؛ هَا قَدْ عَادَتِ الْإِشَارَةُ بِسُرْعَةٍ."

الْوِكَالَةُ الْفَضَائِيَّةُ: "**التَّعْلِيمَاتُ** مَكْتُوبَةٌ عَلَى الصَّفِيحَةِ **الْمَعْدِنِيَّةِ** الْمَوْجُودَةِ أَعْلَى الْمَرْكَبَةِ، وَيَجِبُ اتِّبَاعُهَا."

عُمَر: "حَسَنًا، سَوْفَ نُحَاوِلُ؛ فَيْصَل، أَسْرِعْ، لَيْسَ لَدَيْنَا وَقْتٌ؛ أَصْلِحْهَا بِسُرْعَةٍ."

فَيْصَل: "**اهْدَأْ**، أَلَا **تَرَى** أَنَّنِي أَفْعَلُ مَا بِوُسْعِي!"

عُمَر: "تَبَقَّتْ لَدَيْنَا 5 دَقَائِقَ فَقَطْ، كَمْ تَحْتَاجُ مِنَ الْوَقْتِ لِتَنْتَهِي؟"

فَيْصَل: "دَقِيقَتَانِ فَقَطْ."

فَيْصَل: "**أَخِيرًا**، انْتَهَيْتُ. ابْدَأْ عَمَلِيَّةَ الْهُبُوطِ الْآنَ."

عُمَر: "حَسَنًا."

حَطَّتِ الْمَرْكَبَةُ الْفَضَائِيَّةُ عَلَى الْكَوْكَبِ الْجَدِيدِ، وَكَانَ شَبِيهًا بِكَوْكَبِ الْأَرْضِ، فَالْمِيَاهُ مُتَوَفِّرَةٌ عَلَى سَطْحِهِ، لَكِنْ دَرَجَةُ حَرَارَتِهِ أَقَلُّ بِ 5 بِالْمِئَةِ.

بَدَأَتْ **مُهِمَّةُ** عُمَر وَفَيْصَل لِاكْتِشَافِ الْكَوْكَبِ: هَلْ هُوَ مُنَاسِبٌ لِلْعَيْشِ أَمْ لَا! وَجَدُوا **أَبْنِيَةً** شَبِيهَةً بِالْأَبْنِيَةِ الْعَادِيَةِ عَلَى كَوْكَبِ الْأَرْضِ.

فَيْصَل: "أَتَظُنُّ أَنَّ هُنَالِكَ أَحَدٌ غَيْرُنَا هُنَا؟"

عُمَر: "أَظُنُّكَ جُنِنْتَ. لَا أَظُنُّ هَذَا، كَمَا أَنَّنَا لَمْ نَرَ أَحَ..."

قَاطَعَ فَيْصَل عُمَر قَائِلًا: "عُمَر، **أُقْسِمُ** لَكَ بِأَنَّ هُنَاكَ مَنْ **يُرَاقِبُنَا**."

عُمَر: "كُفَّ عَنِ السُّخْرِيَةِ. لَقَدْ كِدْنَا نَمُوتُ فِي الْمَرْكَبَةِ وَالْآنَ تَقُولُ بِأَنَّ هُنَاكَ مَنْ يُرَاقِبُنَا."

أَكْمَلَ عُمَر وَفَيْصَل سَيْرَهُمَا **لِاسْتِكْشَافِ** الْكَوْكَبِ. لَقَدْ كَانَتْ هُنَاكَ تَشْكِيلَاتٌ **صَخْرِيَّةٌ** مُبْهِرَةٌ لَمْ يَرَيَا مِثْلَهَا عَلَى الْأَرْضِ، لَكِنْ كَانَ الِاثْنَانِ يَنْتَابُهُمَا الْقَلَقُ وَالْخَوْفُ، حَيْثُ أَنَّهُمَا وَجَدَا صُخُورًا مَنْقُوشٌ عَلَيْهَا حَدِيثًا، مِمَّا زَادَ الشَّكَّ لَدَيْهِمَا.

بَيْنَمَا هُمَا فِي طَرِيقِهِمَا إِلَى الْمَرْكَبَةِ، كَانَ هُنَاكَ مَنْ يُرَاقِبُهُمَا وَهُمَا لَا يَعْلَمَانِ، لَكِنْ كَانَ شُعُورُ الْخَوْفِ وَالْقَلَقِ مُتَبَادَلًا بَيْنَهُمَا.

دَخَلَ الشَّابَّانِ الْمَرْكَبَةَ، وَغَطَّيَا فِي نَوْمٍ عَمِيقٍ وَهَادِئٍ، لَكِنْ سُرْعَانَ مَا اسْتَيْقَظَا عَلَى أَصْوَاتٍ **غَرِيبَةٍ**!

فَزِعَ الشَّابَّانِ وَخَشِيَا الْخُرُوجَ؛ هُنَاكَ **احْتِمَالٌ** كَبِيرٌ بِأَنْ تَتِمَّ مُهَاجَمَتُهُمَا أَوِ الْإِعْتِدَاءُ عَلَيْهِمَا، فَهُمَا لَا يَعْلَمَانِ مَنْ بِالْخَارِجِ.

عُمَر: "هَلْ سَوْفَ نَبْقَى هَكَذَا نَسْتَمِعُ لِلْأَصْوَاتِ فَقَطْ؟"

فَيْصَل: "لَا أَدْرِي. هَلْ لَدَيْكَ **خُطَّةٌ**؟ أَنَا سَوْفَ أَكُونُ مَعَكَ فِي كُلِّ خُطَطِكَ دُونَ اعْتِرَاضٍ."

عُمَر: "اسْمَعْ؛ يَجِبُ عَلَيْنَا مَعْرِفَةُ مَا فِي الْخَارِجِ أَوَّلًا. هَلْ فَهِمْتَ؟ يَجِبُ أَنْ نَخْرُجَ وَنُوَاجِهَ."

فَيْصَل: "حَسَنًا."

قَرَّرَ فَيْصَل وَعُمَر بَعْدَ تَفْكِيرٍ أَنْ يَخْرُجَا وَيَرَيَا مَا فِي الْخَارِجِ لِأَنَّهُ لَيْسَ مِنَ الْمَعْقُولِ أَنْ يَبْقَيَا دَاخِلَ الْمَرْكَبَةِ دُونَ حَرَاكٍ. فَتَحَا أَبْوَابَ الْمَرْكَبَةِ وَإِذَا بِمَخْلُوقَاتٍ شَبِيهَةٍ بِالْبَشَرِ لَكِنَّهَا ذَاتُ مَلَامِحَ غَيْرِ وَاضِحَةٍ، تَظْهَرُ أَمَامَهُمْ!

فَزِعَ الشَّابَّانِ وَهَرَعَا بِسُرْعَةٍ لِيَخْتَبِئَا مِنْ مَكَانٍ لِمَكَانٍ. كَانَ الْفَضَائِيُّونَ يُحَاوِلُونَ اللَّحَاقَ بِهِمَا، لَكِنْ بَاءَتْ مُحَاوَلَتُهُمْ بِالْفَشَلِ. قَرَّرَ الشَّابَّانِ بَعْدَ ذَلِكَ أَنْ يُنْجِزَا

مُهِمَّتَهُمَا الَّتِي جَاءَا مِنْ أَجْلِهَا وَيُغَادِرَا بِأَسْرَعِ وَقْتٍ مُمْكِنٍ. دَخَلَا نَفَقًا لِيَخْتَبِئَا فِيهِ فَتْرَةً مِنَ الزَّمَنِ.

بَدَأَتِ **الْأَوْهَامُ** تَتَسَلَّلُ إِلَيْهِمَا: "مَاذَا إِنْ أَخَذُوا مَرْكَبَتَنَا؟ كَيْفَ سَنَعُودُ لِلْأَرْضِ؟ مَاذَا إِنْ قَتَلُونَا؟ مَاذَا إِنْ دَمَّرُوا مَرْكَبَتَنَا أَيْضًا؟" وَغَيْرُهَا مِنَ الْأَوْهَامِ وَالْأَفْكَارِ الْكَثِيرَةِ.

عُمَر: "لَا، لَا، لَا أَظُنُّ. لَكِنَّنَا لَنْ نَرْحَلَ قَبْلَ مَعْرِفَةِ مَا أَتَيْنَا مِنْ أَجْلِهِ. مَا الْفَائِدَةُ مِنْ مَجِيئِنَا وَعَوْدَتِنَا دُونَ أَيِّ عَيِّنَاتٍ لِلْأَشْيَاءِ الَّتِي عَلَى هَذَا الْكَوْكَبِ؟"

فَيْصَل: "حَسَنًا، مَا رَأْيُكَ أَنْ نَقُومَ بِالْتِقَاطِ بَعْضِ الصُّوَرِ **لِلتَّضَارِيسِ** وَأَخْذِ عَيِّنَاتٍ مِنْ فُتَاتِ الصُّخُورِ وَنَبَاتَاتِ الْكَوْكَبِ الْمُتَهَشِّمَةِ؟"

عُمَر: "حَسَنًا، لَكِنْ تَأَكَّدْ أَنَّهُ، إِذَا لَمْ نَحْصُلْ عَلَيْهَا، فَلَا عَوْدَةَ لِلْأَرْضِ. مُتَّفِقَانِ؟"

فَيْصَل: "مُتَّفِقَانِ!"

خَرَجَ الشَّابَّانِ بَحْثًا عَنْ أَشْيَاءَ قَيِّمَةٍ عَلَى هَذَا الْكَوْكَبِ. لَقَدْ أَخَذُوا عَيِّنَاتٍ مِنْ كُلِّ مَا وَجَدُوهُ، لَكِنْ هُنَاكَ شَيْءٌ لَفَتَ انْتِبَاهَهُمَا وَأَثَارَ دَهْشَتَهُمَا!

عُمَر: "فَيْصَل، أُنْظُرْ! هُنَاكَ مِيَاهٌ تَتَدَفَّقُ!"

فَيْصَل: "إِنَّنِي لَا أُصَدِّقُ! يَبْدُو أَنَّ الْحَظَّ حَلِيفُنَا!"

عُمَر: "إِنَّهُ كَذَلِكَ! يَجِبُ أَنْ نَأْخُذَ عَيِّنَةً مِنْهُ وَنَعُودَ إِلَى الْمَرْكَبَةِ وَنَتَوَاصَلَ مَعَ الْأَرْضِ بِأَسْرَعِ وَقْتٍ. بِالْمُنَاسَبَةِ، هَلْ مَعَكَ أَجْهِزَةٌ مَحْمُولَةٌ لِلتَّوَاصُلِ مَعَ الْأَرْضِ الْآنَ؟"

فَيْصَل: "نَعَمْ، لَكِنْ لَا يُمْكِنُنَا اسْتِعْمَالُ الْجِهَازِ إِلَّا فِي الْأَوْقَاتِ الْحَرِجَةِ. أَمَّا الْآنَ، سَوْفَ نَعُودُ إِلَى الْمَرْكَبَةِ."

تَحَرَّكَ الشَّابَّانِ عَوْدَةً إِلَى مَوْقِعِ الْمَرْكَبَةِ، لَكِنْ لَمْ يَجِدُوا لَهَا أَثَرًا!

عُمَر: "أَنَا مُتَأَكِّدٌ أَنَّهَا كَانَتْ هُنَا. مَاذَا جَرَى؟"

فَيْصَل: "أَكَادُ أَفْقِدُ **عَقْلِي**."

عُمَر: "مَهْلًا، أَظُنُّ أَنَّ الْمَرْكَبَةَ قَدْ تَمَّ سَحْبُهَا. قَدْ يَكُونُونَ أَذْكِيَاءَ، لَكِنْ لَيْسُوا الْأَذْكَى. هَيَّا، تَعَالَ: هُنَاكَ آثَارٌ لِلْمَرْكَبَةِ."

فَيْصَل: "يَجِبُ عَلَيْنَا أَنْ نَتَتَبَّعَ أَثَرَهَا إِذًا!"

عُمَر: "بِالضَّبْطِ. هَذَا مَا سَنَفْعَلُهُ."

انْطَلَقَ الشَّابَّانِ عَلَى أَمَلِ أَنْ يَجِدَا الْمَرْكَبَةَ، لَكِنَّ الْمُفَاجَأَةَ كَانَتْ بِانْتِظَارِهِمَا: الْكَائِنَاتُ الْفَضَائِيَّةُ تَنْتَظِرُهُمْ وَهِيَ مُسَلَّحَةٌ أَيْضًا! شَعَرَ الشَّابَّانِ بِالْخَوْفِ وَالْقَلَقِ، وَحَاوَلَا الِاتِّصَالَ بِكَوْكَبِ الْأَرْضِ أَكْثَرَ مِنْ مَرَّةٍ، لَكِنْ دُونَ جَدْوَى! لَمْ يَتَبَقَّ لَهُمَا خِيَارٌ سِوَى **الْمُجَازَفَةِ**.

فِي آخِرِ لَحْظَةٍ، بَدَأَ **جِهَازُ** الْإِرْسَالِ يَسْتَقْبِلُ الْإِشَارَاتِ!

الْوِكَالَةُ الْفَضَائِيَّةُ: "عُمَر، فَيْصَل، أَيُوجَدُ أَحَدٌ؟"

عُمَر: "هَلْ تَسْمَعُنِي؟ **أَرْسِلُوا بَعْثَةً** إِلَى الْكَوْكَبِ فِي أَسْرَعِ وَقْتٍ."

الْوِكَالَةُ الْفَضَائِيَّةُ: "لِمَاذَا؟ مَاذَا جَرَى؟"

عُمَر: "هُنَاكَ مَخْلُوقَاتٌ غَرِيبَةٌ عَلَى الْكَوْكَبِ، وَتَمَّ **الِاسْتِيلَاءُ** عَلَى مَرْكَبَتِنَا!"

الْوِكَالَةُ الْفَضَائِيَّةُ: "حَسَنًا، لَكِنْ قَدْ يَسْتَغْرِقُ هَذَا أُسْبُوعًا أَوْ أَكْثَرَ."

عُمَر: "لَا بَأْسَ. **نَنْتَظِرُكُمْ**."

الْوِكَالَةُ الْفَضَائِيَّةُ: "عَلَيْكُمَا أَنْ تَبْقَيَا بَعِيدًا عَنِ الْأَنْظَارِ إِلَى حِينِ مَجِيءِ الْبَعْثَةِ وَإِلَّا فَلَا حَيَاةَ لَكُمَا!"

أَصْبَحَ عَلَى الشَّابَّانِ الْبَحْثُ عَنْ **مَأْمَنٍ** إِلَى حِينِ وُصُولِ الْبَعْثَةِ الثَّانِيَةِ إِلَيْهِمَا. لِحُسْنِ الْحَظِّ أَنَّهُ كَوْكَبٌ صَخْرِيٌّ: فَهُنَاكَ الْكَثِيرُ مِنَ **الْكُهُوفِ** الَّتِي يُمْكِنُهُمُ الدُّخُولُ إِلَيْهَا.

بَقِيَ الشَّابَّانِ **مُحْتَجَزَانِ** فِي الْكَهْفِ لِأَكْثَرَ مِنْ 6 أَيَّامٍ، وَلَا زَالَ هُنَاكَ يَوْمٌ وَاحِدٌ لِوُصُولِ الْبَعْثَةِ الثَّانِيَةِ. نَفِدَ مِنْهُمُ الْمَاءُ وَشَعَرُوا **بِالْعَطَشِ** الشَّدِيدِ، وَلَا يَسْتَطِيعَانِ التَّحَمُّلَ أَكْثَرَ. فَقَرَّرَا الذَّهَابَ إِلَى الْمَكَانِ الَّذِي وَجَدَا فِيهِ الْمِيَاهَ. عِنْدَ وُصُولِهِمَا، لِسُوءِ الْحَظِّ، كَانَ الْفَضَائِيُّونَ **الْمُسَلَّحُونَ** قَدِ **انْتَشَرُوا** فِي كُلِّ مَكَانٍ بَحْثًا عَنْهُمَا.

رَكَضَ عُمَر وَفَيْصَل بِكُلِّ مَا لَدَيْهِمَا مِنْ طَاقَةٍ، لَكِنْ قِوَى فَيْصَل نَفَذَتْ وَوَقَعَ أَرْضًا وَلَمْ يَسْتَطِعِ النُّهُوضَ!

فَيْصَل: "عُمَر، أَرْجُوكَ اذْهَبْ، اتْرُكْنِي، فَأَنَا لَا أَسْتَطِيعُ أَنْ أُكْمِلَ."

عُمَر: "لَا، هَلْ جُنِنْتَ! مِنَ الْمُسْتَحِيلِ أَنْ أَتْرُكَكَ!"

بَدَأَتْ خَطَوَاتُ عُمَر تَثْقُلُ لِأَنَّهُ يَحْمِلُ فَيْصَل عَلَى ظَهْرِهِ، وَالْكَائِنَاتُ تَلْحَقُ بِهِمَا وَهِيَ مُسَلَّحَةٌ، لَكِنَّهُمَا وَقَعَا فِي مَكَانٍ ضَيِّقٍ يُشْبِهُ **الْحُفْرَةَ**.

فَيْصَل: "سَوْفَ يُمْسِكُونَ بِنَا؟"

عُمَر: "لَا أَعْلَمُ، لَكِنِ اخْفِضْ **رَأْسَكَ**، فَرُبَّمَا لَا يَرَوْنَنَا."

وَصَلَتِ **الْمَخْلُوقَاتُ** إِلَى جَانِبِهِمَا وَبَحَثَتْ وَلَمْ تَرَهُمَا، لَكِنِ الْتَفَتَ أَحَدُهَا وَنَظَرَ إِلَيْهِمَا وَرَحَلَ!

عُمَر: "يَا لِلْعَجَبِ! لَقَدْ حَدَّقَ بِنَا وَلَمْ يَرَنَا!"

وَأَخِيرًا، فِي اللَّحْظَةِ **الْحَاسِمَةِ**، وَصَلَتِ الْبَعْثَةُ الثَّانِيَةُ، وَتَعَقَّبُوا جِهَازَ الْإِرْسَالِ حَتَّى وَصَلُوا إِلَيْهِمَا، لَكِنَّ الْفَضَائِيِّينَ لَاحَظُوهُمْ.

بَدَأَتِ الْمَعْرَكَةُ بَيْنَ الطَّرَفَيْنِ بِالْأَسْلِحَةِ، وَأُصِيبَ أَحَدُ الشَّبَابِ، لَكِنْ ذَهَبَ مَعَ الْآخَرِ لِلْمَرْكَبَةِ حَتَّى يُضَمِّدَ جُرْحَهُ، وَبَقِيَ الْآخَرُونَ يُقَاتِلُونَ بِشَرَاسَةٍ دُونَ تَوَقُّفٍ!

عِنْدَ وُصُولِ الشَّابَّانِ إِلَى الْمَرْكَبَةِ، ظَهَرَ أَحَدُ الْفَضَائِيِّينَ وَأَرَادَ قَتْلَهُمَا، لَكِنَّهُمَا أَدْرَكَاهُ فِي آخِرِ لَحْظَةٍ وَضَرَبَاهُ عَلَى رَأْسِهِ، ثُمَّ دَخَلُوا إِلَى الْمَرْكَبَةِ وَأَخَذَاهُ أَيْضًا **كَرَهِينَةٍ** وَرَبَطَاهُ لِيُجْرُوا عَلَيْهِ بَعْضَ **التَّجَارِبِ** عَلَى كَوْكَبِ الْأَرْضِ!

اِسْتَطَاعَ الْآخَرُونَ الْهُرُوبَ أَيْضًا وَالْوُصُولَ إِلَى الْمَرْكَبَةِ بِسُرْعَةٍ كَبِيرَةٍ.

اِسْتَيْقَظَ الْفَضَائِيُّ وَبَدَأَ بِالتَّحَدُّثِ إِلَى الشَّبَابِ. لَكِنَّ لُغَتَهُ كَانَتْ غَرِيبَةً جِدًّا، وَلَمْ يَفْهَمُوا مِنْهُ شَيْئًا. اِسْتَعْمَلُوا جِهَازَ التَّرْجَمَةِ بِالتَّوَاصُلِ مَعَ الْأَرْضِ حَتَّى يَسْتَطِيعُوا فَهْمَ كَلَامِهِ.

بَدَأَ الْفَضَائِيُّ بِتَهْدِيدِ الشَّبَابِ، حَيْثُ أَنَّهُمُ ارْتَكَبُوا **خَطَأً** فَادِحًا بِخَطْفِهِ مِنَ الْمَجَرَّةِ، وَسَوْفَ يَكُونُونَ **السَّبَبَ** فِي تَدْمِيرِ كَوْكَبِ الْأَرْضِ بَدَلَ إِصْلَاحِهِ. وَفِي مَوْتِ آلَافِ النَّاسِ: "لَمْ يَتَبَقَّ لَدَيْكُمْ إِلَّا نِصْفُ سَاعَةٍ فَقَطْ **لِتَشْهَدُوا** بِأَعْيُنِكُمْ تَدْمِيرَ كَوْكَبِ الْأَرْضِ!"

اِرْتَعَبَ الشَّابَّانِ وَبَدَءَا **بِالتَّوَسُّلِ** لِلْفَضَائِيِّ لِإِقْنَاعِ الزَّعِيمِ أَنْ يُعْرِضَ عَنْ فِكْرَتِهِ، وَأَخْبَرَاهُ أَنَّهُمَا مُسْتَعِدَّانِ لِأَنْ يَمُوتَا مُقَابِلَ أَنْ يَتْرُكُوا كَوْكَبَ الْأَرْضِ وَشَأْنَهُ. لَكِنْ دُونَ جَدْوَى!

تَبَقَّتْ 4 ثَوَانِي عَلَى الِانْفِجَارِ بِنَاءً عَلَى كَلَامِ الْفَضَائِيِّ!

اِنْتَهَى الْوَقْتُ!

فَزِعَ الشَّبَابُ لِلْغَايَةِ وَلَمْ يَسْتَطِيعُوا الْوُقُوفَ عَلَى **أَقْدَامِهِمْ** مِنْ شِدَّةِ الْخَوْفِ. لَكِنْ تَفَاجَؤُوا بِأَنَّ شَيْئًا لَمْ يَحْدُثْ لِكَوْكَبِ الْأَرْضِ. عِنْدَهَا فَهِمُوا أَنَّ كُلَّ هَذَا كَانَ مُجَرَّدَ تَخْطِيطٍ مِنَ الْفَضَائِيِّ حَتَّى يُعِيدُوهُ إِلَى كَوْكَبِهِ.

عَادَ الشَّبَابُ إِلَى كَوْكَبِ الْفَضَائِيِّينَ وَسَلَّمُوهُ، ثُمَّ تَحَدَّثُوا مَعَ **الزَّعِيمِ**، وَفَهِمَ الْجَمِيعُ أَنَّهُمْ جَاؤُوا فَقَطْ لِأَخْذِ عَيِّنَةٍ، وَلَا نِيَّةَ لَهُمْ بِالْأَذَى، وَكُلُّ مَا حَدَثَ كَانَ نَتِيجَةَ خَوْفٍ. **حَذَّرَ** الزَّعِيمُ الشَّبَابَ بِأَنْ لَا يَقْرَبُوا هَذَا الْكَوْكَبَ مُجَدَّدًا، وَأَنْ يُخْبِرُوا أَهْلَ الْأَرْضِ أَنَّ هَذَا الْكَوْكَبَ مَسْكُونٌ، وَلَا مَكَانَ لِأَحَدٍ آخَرَ فِيهِ، وَإِلَّا حَتْمًا سَيَنْتَهِي كَوْكَبُ الْأَرْضِ!

مُلَخَّصُ الْقِصَّةِ

انْطَلَقَ رَائِدَا الْفَضَاءِ عُمَر وَفَيْصَل عَلَى مَتْنِ مَرْكَبَةٍ فَضَائِيَّةٍ إِلَى أَحَدِ الْكَوَاكِبِ خَارِجَ مَجَرَّتِنَا، عَلَى أَمَلِ الْعُثُورِ عَلَى حَيَاةٍ فِيهِ، لِأَنَّ كَوْكَبَ الْأَرْضِ مُعَرَّضٌ لِلْخَطَرِ بِسَبَبِ الِاحْتِبَاسِ الْحَرَارِيِّ، حَيْثُ بَدَأَتِ الْمُحِيطَاتُ بِالْجَفَافِ وَانْقَرَضَتْ بَعْضُ النَّبَاتَاتِ بِسَبَبِ ارْتِفَاعِ دَرَجَةِ الْحَرَارَةِ. مَا إِنْ وَصَلَا إِلَى الْكَوْكَبِ الْمَنْشُودِ، حَتَّى لَقِيَا الْمُفَاجَأَةَ الَّتِي كَانَتْ بِانْتِظَارِهِمْ. فَمَا تِلْكَ الْمُفَاجَأَةُ؟ وَمَا الْأَحْدَاثُ الَّتِي تَعَرَّضُوا لَهَا حَتَّى يَسْتَدْعِيَ الْأَمْرُ إِرْسَالَ بَعْثَةٍ أُخْرَى دَعْمًا لَهُمْ!

Summary of the story

Omar and Faisal, two astronauts, embarked on a spacecraft heading to another planet, hoping they would find life there because Earth was at risk. For instance, because of global warming the oceans began to dry, and some plants went extinct due to rising temperatures. Once they reached the desired planet, they were surprised! What is that surprise? And what events occurred so that another mission in support of them would be necessary?

Vocabulary

launched	انْطَلَقَتِ
the space-based / the spatial	فَضَائِيَّةٌ
planet	كَوْكَبَ
risk	[لِ]لْخَطَرِ
mechanisms	آلِيَّاتُ
the precautionary	الِاحْتِيَاطِيَّةُ
repair	إِصْلَاحُ
the instructions	التَّعْلِيمَاتِ
armed	الْمُسَلَّحُونَ
the signal	الْإِشَارَةُ
the explosion	الِانْفِجَارِ
directions	التَّعْلِيمَاتُ
metal	الْمَعْدِنِيَّةِ
calm down	اهْدَأْ
see	تَرَى
finally	أَخِيرًا
mission	مُهِمَّةٌ
structures / buildings	أَبْنِيَةً
I swear	أُقْسِمُ
monitor us	يُرَاقِبُنَا

[to] discover	[لِ]اسْتِكْشَافِ
rocky	صَخْرِيَّةٌ
strange	غَرِيبَةٍ
possibility	احْتِمَالٌ
plan	خُطَّةٌ
decided	قَرَّرَ
delusions	الْأَوْهَامُ
[for] the topography	[لِ]التَّضَارِيسِ
my mind	عَقْلِي
to risk	الْمُجَازَفَةِ
device	جِهَازُ
send	أَرْسِلُوا
expedition	بَعْثَةً
the takeover	الِاسْتِيلَاءُ
we wait for you	نَنْتَظِرُكُمْ
a refuge	مَأْمَنٍ
caves	الْكُهُوفِ
detained	مُحْتَجَزَانِ
thirst	الْعَطَشِ
spread	انْتَشَرُوا
the hole	الْحُفْرَةَ

your head	رَأْسَكَ
creatures	الْمَخْلُوقَاتُ
the decisive	الْحَاسِمَةِ
[as a] hostage	[كَ]رَهِينَةٍ
experiments	التَّجَارِبِ
error	خَطَأً
the reason	السَّبَبَ
to witness	لِتَشْهَدُوا
freaked out	ارْتَعَبَ
to beg	بِالتَّوَسُّلِ
their feet	أَقْدَامِهِمْ
a leader	الزَّعِيمِ
caution	حذر

Questions about the story

1. مَنْ هُمَا رائدَا الفَضَاء اللّذَان ذَهَبَا لاسْتِكْشَاف الكَوْكَب؟

أ- عُمَر وَأحْمَد

ب- عَبيرُ وَفَيْصَل

ت- عمَرُ وَفَيْصَل

ث- فَيْصَل وَخَالِد

2. لِمَاذَا خَافَ عُمَرُ وَفَيْصَلُ عندَمَا وَصَلاَ إلَى الكَوْكَب؟

أ- لِرؤيتِهِمَا مَخلوقَات فَضَائيَّة غَريبَة

ب- لوُجُودِ بَرَاكِين

ت- لوُجُود فَيَضَان المَاء

ث- لوجُود زِلازِلَ

3. بمَاذَا شَبَّهَ الكَاتِبُ المَخْلُوقَات الفَضَائِيَّة؟

أ- تُشْبِهُ الحَيَوَانَات

ب- تشْبِهُ الإِنْسَان تَمَامًا

ت- تشبه الإنسان لَكِن مَلامحَهُمْ غَيْرُ وَاضِحَة

ث- تشبه المَخْلُوقَات الفَضَائيَّة

4. مَا الأمرُ الذي اسْتَدْعَى إرسَالَ بَعْثَةٍ جَدِيدَة؟

أ- عَدَمُ قُدْرَتِهِم عَلَى جَمْع المَعْلُومَاتِ

ب- للتَّرْفِيه عَلَى ذَلك الكَوْكَب

ت- للمُسَاعَدَة في جَمْعِ المَعْلُومَات لأنَّ اثنَيْن لاَ يَكْفِيَانِ

ث- لأنَّ رَائدا الفَضَاء الأولين تَعَرَّضَا للهُجُوم

5. مَاذَا حَصَلَ بعدَ اختِطَاف الفَريق للفَضَائِيِّ؟

أ- هَدَّدَهُمْ بتَدْمِير كَوْكَب الأَرْض وَقَتْلِهِم

ب- اسْتَسْلَمَ الفَضَائِيُّ لَهُمْ

ت- أَصْبَحَ الفَضَائِيُّ صَدِيقًا للفَرِيق

ث- وَصَل الفَرِيقُ بالفَضَائي للأَرْضِ وَأَجْرَوا عَلَيْه التَّجَارِب

Answers

1. Omar and Faisal

ت- عمر وفيصل

2. They saw aliens

أ- لرؤيتهم لمخلوقات فضائية غريبة

3. They resemble a human being, but their features are unclear

ت- تشبه الإنسان لكن ملامحهم غير واضحة

4. The first two astronauts were attacked

ث- لأن رائدا الفضاء الأولين تعرضا للهجوم

5. It threatened to destroy the planet and kill them

أ- هددهم بتدمير كوكب الأرض وقتلهم

Chapter 18

أُنْصُرْ أَخَاكَ

HELP YOUR BROTHER

اسْتَيْقَظَ أَحْمَد مِنْ نَوْمِهِ؛ **تَثَاءَبَ** وَمَدَّدَ جَسَدَهُ، ثُمّ نَظَرَ حَوْلَهُ، فَإِذَا بِبَيْتِهِ شَدِيدُ **الْقَذَارَةِ**؛ لَمْ يُنَظِّفْهُ مُنْذُ فَتْرَةٍ حَتَّى أَصْبَحَ شَكْلُهُ لَا يُحْتَمَلُ؛ فَرَائِحَتُهُ كَرِيهَةٌ وَالْحَشَرَاتُ تَمْلَؤُهُ.

قَالَ أَحْمَد فِي نَفْسِهِ: "هَذَا الْبَيْتُ يَجِبُ أَنْ يُنَظَّفَ، لَكِنِّي لَا أُحِبُّ الْقِيَامَ بِأَعْمَالِ التَّنْظِيفِ، فَمَاذَا أَفْعَلُ؟"

خَرَجَ أَحْمَد إِلَى بَابِ بَيْتِهِ وَنَظَرَ، فَوَجَدَ صَالِح يَسِيرُ فِي الطَّرِيقِ، فَتَوَجَّهَ نَحْوَهُ وَقَالَ لَهُ: "إِلَى أَيْنَ أَنْتَ ذَاهِبٌ الْآنَ يَا صَالِح؟"

صَالِح: "إِنِّي ذَاهِبٌ لِإِحْضَارِ الطَّعَامِ مِنَ **الْمَطْعَمِ**."

أَحْمَد: "**أُدْخُلِ** الْآنَ إِلَى بَيْتِي وَقُمْ بِتَنْظِيفِهِ."

صَالِح: "لَا وَقْتَ عِنْدِي. أُرِيدُ أَنْ أُحْضِرَ طَعَامِي فَأَنَا جَائِعٌ."

غَضِبَ أَحْمَد عَلَى صَالِح وَنَهَرَهُ بِشِدَّةٍ.

خَافَ صَالِح، وَدَخَلَ بَيْتَ أَحْمَد، وَبَدَأَ بِتَنْظِيفِهِ وَهُوَ **يُعَانِي** مِنَ الْجُوعِ وَمِنْ رَائِحَةِ بَيْتِ أَحْمَد **الْكَرِيهَةِ**، بَيْنَمَا اكْتَفَى أَحْمَد بِالنَّظَرِ إِلَيْهِ وَهُوَ يُنَظِّفُ وَيَعْمَلُ، وَقَالَ فِي نَفْسِهِ: "إِنَّ صَالح **فُرْصَةٌ ذَهَبِيَّةٌ**. الْآنَ قَدْ وَجَدْتُ مَنْ سَيَقُومُ بِتَنْظِيفِ بَيْتِي كُلَّ يَوْمٍ."

فِي نَفْسِ الْوَقْتِ، كَانَ صَالِح يُفَكِّرُ فِي **طَرِيقَةٍ** لِرَفْعِ الظُّلْمِ عَنْ نَفْسِهِ، فَأَحْمَد الظَّالِمُ **يُرْغِمُهُ** عَلَى تَنْظِيفِ بَيْتِهِ، وَهَذَا يَمْنَعُهُ مِنْ إِحْضَارِ طَعَامِهِ. فَقَالَ فِي نَفْسِهِ: "بَعْدَ أَنْ **أَنْتَهِي**، سَأَذْهَبُ إِلَى صَدِيقِي خَالِد كَيْ يُخَلِّصَنِي مِنْ أَحْمَد الظَّالِمِ."

طَرَقَ صَالِح بَيْتَ خَالِد، وَحَيَّاهُ، **وَرَدَّ** خَالِد **التَّحِيَّةَ** بِأَحْسَنَ مِنْهَا.

صَالِح: "لَدَيَّ مُشْكِلَةٌ، وَجِئْتُكَ كَيْ تُسَاعِدَنِي عَلَى **حَلِّهَا** يَا صَدِيقِي!"

خَالِد: "وَمَا هِيَ **مُشْكِلَتُكَ** يَا صَالِح؟"

حَكَى صَالِح لِخَالِد **قِصَّةَ** ظُلْمِ أَحْمَد لَهُ وَمُعَانَاتِهِ مِنَ الْجُوعِ وَرَائِحَةِ بَيْتِ أَحْمَد الْكَرِيهَةِ.

خَالِد: "وَمَاذَا **تُرِيدُ** مِنِّي أَنْ أَفْعَلَ؟"

صَالِح: "أَنْ تَضْرِبَهُ وَتُخَلِّصَنِي مِنْهُ!"

خَالِد: "وَأَنْتَ مَاذَا سَتَفْعَلُ؟"

صَالِح: "لَا **شَيْءَ**. لَا أَسْتَطِيعُ أَنْ أَفْعَلَ شَيْئًا."

وَهُنَا رَدَّ خَالِدٌ غَاضِبًا: "تُرِيدُنِي أَنْ أُسَبِّبَ لِنَفْسِي مُشْكِلَةً لِأَتَوَلَّى حَلَّ مُشْكِلَتِكَ، وَأَنْتَ سَتُشَاهِدُ وَلَنْ تَفْعَلَ أَيَّ شَيْءٍ؟"

صَالِح: "مَاذَا بِوُسْعِي أَنْ أَفْعَلَ إِذًا؟ **عَلِّمْنِي**."

خَالِد: "اذْهَبْ إِلَى عَلِي، وَسَوْفَ يُسَاعِدُكَ."

ذَهَبَ صَالِح إِلَى عَلِي مُسْرِعًا وَطَرَقَ بَابَهُ، وَحَيَّاهُ، وَرَدَّ عَلَيْهِ عَلِي التَّحِيَّةَ بِأَحْسَنَ مِنْهَا.

صَالِح: "لَقَدْ أَرْسَلَنِي خَالِد إِلَيْكَ."

عَلِي: "وَلِأَيِّ شَيْءٍ أَرْسَلَكَ؟"

أَعَادَ صَالِح إِلْقَاءَ قِصَّتِهِ مَعَ أَحْمَد وَأَضَافَ مَا دَارَ بَيْنَهُ وَبَيْنَ خَالِد.

فَقَالَ عَلِي: "**فَهِمْتُ**!"

صَالِح: "وَمَاذَا فَهِمْتَ؟"

عَلِي: "أَنَّ خَالِد يُرِيدُ مِنِّي أَنْ أُسَاعِدَكَ عَلَى حَلِّ مُشْكِلَتِكَ."

صَالِح: "وَكَيْفَ سَتَحُلُّ مُشْكِلَتِي يَا عَلِي؟ هَلْ سَتَضْرِبُهُ وَتَقْتُلُهُ؟ إِنَّكَ مِثْلِي أَضْعَفُ مِنْ أَحْمَد، بَلْ أَنْتَ أَضْعَفُ مِنِّي!"

عَلِي: "لِكُلِّ **مَخْلُوقٍ** نُقْطَةُ قُوَّةٍ، إِذَا أَحْسَنَ اسْتِغْلَالَهَا نَالَ مِنْ وَرَائِهَا **الْخَيْرَ** الْكَثِيرَ."

صَالِح: "وَمَاذَا عَنِّي أَنَا؟"

عَلِي: "اصْبِرْ قَلِيلًا وَدَعْنِي

أَخَذَ عَلَي **مَوْزَةً**، ثُمَّ جَلَسَ وَأَخَذَ يُزِيلُ قِشْرَتَهَا وَهُوَ يَنْظُرُ إِلَى صَالِح، وَبَدَأَ يُفَكِّرُ **بِعُمْقٍ**.

قَالَ صَالِحٌ: "لِمَاذَا تَنْظُرُ إِلَيَّ هَكَذَا؟"

لَمْ يُجِبْ عَلَي، وَ**اسْتَمَرَّ** بِالتَّفْكِيرِ، ثُمَّ انْتَفَضَ مِنْ مَجْلِسِهِ فَجْأَةً، وَقَالَ لِصَالِح: "لَدَيْكَ بِنْيَةٌ قَوِيَّةٌ، أَلَيْسَ كَذَلِكَ؟"

فَرِحَ صَالِح وَأَجَابَ: "نَعَمْ!"

عَلِي: "لِمَاذَا لَا **تَسْتَعْمِلُ** قُوَّةَ بِنْيَتِكَ فِي الدِّفَاعِ عَنْ نَفْسِكَ؟"

صَالِح: "فِكْرَةٌ جَيِّدَةٌ، لَكِنْ كَيْفَ؟"

عَلَي: "كُلُّ مَا عَلَيْكَ هُوَ تَمْرِينُ **عَضَلَاتِكَ** جَيِّدًا وَزِيَادَةُ قُوَّةِ جِسْمِكَ."

وَبِالْفِعْلِ ذَهَبَ صَالِح إِلَى قَاعَةِ الرِّيَاضَةِ، وَتَدَرَّبَ جَيِّدًا، وَاتَّفَقَ مَعَ صَاحِبِ **الْمَرْكَزِ** أَنْ يَعْمَلَ عِنْدَهُ لِفَتْرَةٍ مِنَ الزَّمَنِ عَلَى أَنْ **يُدَرِّبَهُ** جَيِّدًا.

افْتَقَدَ أَحْمَد صَالِح، بِحَيْثُ أَنَّهُ لَمْ يَعُدْ **يَظْهَرُ**.

بَعْدَ عِدَّةِ أَيَّامٍ، ظَهَرَ صَالِح مَاشِيًا فِي الطَّرِيقِ، فَلَمَّا رَآهُ أَحْمَد، اسْتَعْرَضَ قُوَّتَهُ وَقَالَ لَهُ: "أُدْخُلْ وَنَظِّفِ الْبَيْتَ فَقَدْ تَرَاكَمَتْ فِيهِ **الْقُمَامَةُ**. هَيَّا، أُدْخُلْ بِسُرْعَةٍ."

اسْتَجْمَعَ صَالِح قُوَّتَهُ وَ**شَجَاعَتَهُ**، وَقَالَ لِأَحْمَد: "لَا، لَنْ أَدْخُلَ بَيْتَكَ الْقَذِرَ وَلَنْ أُنَظِّفَهُ."

أَحْمَد: "إِذًا سَوْفَ أَقْتُلُكَ."

صَالِح: "لَنْ تَسْتَطِيعَ."

أَحْمَد: "**أَنَسِيتَ** نَفْسَكَ؟"

صَالِح: "لَا، لَكِنِّي مُسْتَعِدٌّ لِقِتَالِكَ الْآنَ. سَوْفَ أَضْرِبُكَ فَوْقَ رَأْسِكَ إِنْ حَاوَلْتَ الِاعْتِدَاءَ عَلَيَّ." ثُمَّ أَخَذَ صَالِح وَضْعَ الِاسْتِعْدَادِ لِلْقِتَالِ.

فَلَمَّا رَأَى أَحْمَد ذَلِكَ **تَرَاجَعَ** وَقَالَ: "اذْهَبْ."

صَالِح: "إِيَّاكَ أَنْ تَعْتَرِضَ طَرِيقِي مَرَّةً أُخْرَى!"

أَحْمَد: "حَسَنًا، لَنْ أَتَعَرَّضَ لَكَ مَرَّةً أُخْرَى."

قَالَ أَحْمَد فِي نَفْسِهِ: "سَوْفَ **أَبْحَثُ** عَنْ أَحَدٍ آخَرَ يَقُومُ بِتَنْظِيفِ الْبَيْتِ."

وَذَاتَ يَوْمٍ، بَيْنَمَا كَانَ صَالِح يَمُرُّ أَمَامَ بَيْتِ أَحْمَد، وَجَدَهُ مُسْتَعْرِضًا قُوَّتَهُ عَلَى شَخْصٍ آخَرَ لِجَعْلِهِ يَقُومُ بِتَنْظِيفِ الْبَيْتِ الْمُمْتَلِئِ بِالْقُمَامَةِ. قَالَ صَالِح فِي نَفْسِهِ: "لَقَدْ فَعَلَ أَحْمَد مَعَ هَذَا الْفَتَى الْمِسْكِينِ مِثْلَمَا فَعَلَ بِي، وَلِذَلِكَ لَنْ أَتْرُكَ هَذَا الْفَتَى لِأَحْمَد يَظْلِمُهُ." انْتَظَرَ صَالِح الْفَتَى حَتَّى انْتَهَى مِنْ تَنْظِيفِ بَيْتِ أَحْمَد، وَلَمَّا انْصَرَفَ، لَحِقَ بِهِ وَحَيَّاهُ، لَكِنَّ الْفَتَى رَدَّ التَّحِيَّةَ وَهُوَ **شَارِدُ الذِّهْنِ** مَهْمُومُ الْقَلْبِ.

صَالِح: "مَا لِي أَرَى عَلَامَاتِ الْحُزْنِ فِي وَجْهِكَ؟"

الْفَتَى: "لَا شَأْنَ لَكَ."

صَالِح: "لَعَلِّي أُسَاعِدُكَ!"

الْفَتَى: "كَيْفَ تُسَاعِدُنِي وَأَنْتَ مُجَرَّدُ فَتًى مِثْلِي؟ إِنِّي أَتَعَرَّضُ لِلظُّلْمِ وَ**الْقَهْرِ**: أَحْمَد الظَّالِمُ يُرْغِمُنِي عَلَى تَنْظِيفِ بَيْتِهِ الْقَذِرِ، وَيَحْرِمُنِي السَّعْيَ عَلَى رِزْقِي وَجَلْبَ طَعَامِي."

صَالِح: "وَمَا الَّذِي يَجْعَلُكَ تُطِيعُ **أَوَامِرَهُ** وَتَتَحَمَّلُ قَذَارَةَ بَيْتِهِ."

الْفَتَى: "إِنَّهُ **يُهَدِّدُنِي** بِالْقَتْلِ." ثُمَّ قَالَ فِي تَهَكُّمٍ وَاضِحٍ: "لَوْ كُنْتَ مَكَانِي، مَاذَا كُنْتَ لِتَفْعَلَ أَيُّهَا الصَّدِيقُ؟"

صَالِح: "لَقَدْ كُنْتُ مَكَانَكَ! كَانَ أَحْمَد **يُرْغِمُنِي** عَلَى تَنْظِيفِ بَيْتِهِ الْقَذِرِ مِثْلَكَ تَمَامًا."

انْتَفَضَ الْفَتَى وَقَالَ: "وَمَاذَا فَعَلْتَ؟"

حَكَى صَالِح لِلْفَتَى مَاذَا فَعَلَ حَتَّى أَخَافَ أَحْمَد وَأَبْعَدَهُ عَنْ طَرِيقِهِ؛ ذَهَبَ الْفَتَى وَفَعَلَ كَمَا فَعَلَ صَالِح تَمَامًا؛ تَوَجَّهَ إِلَى قَاعَةِ الرِّيَاضَةِ وَتَدَرَّبَ جَيِّدًا وَاسْتَطَاعَ أَنْ يَزْجُرَ أَحْمَد وَيَرُدَّ ظُلْمَهُ.

وَكُلَّمَا بَحَثَ أَحْمَد عَنْ فَتًى جَدِيدٍ، تَوَجَّهَ إِلَيْهِ صَالِح، وَأَسْدَى إِلَيْهِ هَذِهِ **النَّصِيحَةَ** كَيْ يَتَخَلَّصَ مِنْ ظُلْمِ أَحْمَد!

وَذَاتَ يَوْمٍ، اجْتَمَعَ صَالِح مَعَ سُكَّانِ **الْمِنْطَقَةِ** كَيْ يُنَاقِشُوا سَوِيًّا أَمْرَ أَحْمَد.

قَالَ صَالِح: "مَاذَا تَرَوْنَ أَنْ نَفْعَلَ فِي شَأْنِ أَحْمَد الظَّالِمِ؟"

قَالَ أَحَدُهُمْ: "نَجْتَمِعُ عَلَيْهِ وَنَقْتُلُهُ."

قَالَ آخَرُ: "بَلْ نُخْرِجُهُ مِنْ هَذِهِ الْمِنْطَقَةِ إِلَى مَكَانٍ بَعِيدٍ، فَلَا مَكَانَ لَهُ بَيْنَنَا."

وَقَالَ ثَالِثٌ: "بَلْ نَجْعَلُهُ يُنَظِّفُ بُيُوتَنَا لِقَاءَ تَنْظِيفِ بَيْتِهِ فِي السَّابِقِ."

قَالَ صَالِح: "بَلْ يُنَظِّفُ بُيُوتَنَا ثُمَّ يَرْحَلُ."

وَهُنَا اجْتَمَعَتْ أَصْوَاتُ أَصْحَابِ الْمِنْطَقَةِ بِالْمُوَافَقَةِ عَلَى هَذَا **الرَّأْيِ**.

تَوَجَّهَ النَّاسُ إِلَى بَيْتِ أَحْمَد، وَطَرَقُوا الْبَابَ، وَلَمَّا فَتَحَ الْبَابَ، وَجَدَ **مَجْمُوعَةً** مِنَ النَّاسِ، وَرَأَى فِي وُجُوهِهِمُ **التَّحَدِّي**، فَعَلِمَ أَنَّهُ لَا طَاقَةَ لَهُ بِهِمْ وَقَالَ: "مَاذَا تُرِيدُونَ؟"

النَّاسُ: "أَنْ تَقْضِيَ مَا عَلَيْكَ مِنْ **دُيُونٍ**."

أَحْمَد: "لَمْ أَقْتَرِضْ مِنْ أَحَدٍ شَيْئًا!"

النَّاسُ: "بَلِ اغْتَصَبْتَ **جُهْدَنَا** وَظَلَمْتَنَا."

أَحْمَد: "وَمَاذَا تُرِيدُونَ الْآنَ؟"

النَّاسُ: "أَنْ تَقُومَ بِتَنْظِيفِ بُيُوتِنَا جَمِيعًا كَمَا عَمِلْنَا عَلَى تَنْظِيفِ بَيْتِكَ."

أَحْمَد: "ثُمَّ مَاذَا؟"

النَّاسُ: "ثُمَّ تَرْحَلَ عَنْ هَذِهِ الْمِنْطَقَةِ حَتَّى لَا يَبْقَى فِيهَا **أَثَرٌ** لِلظُّلْمِ."

فَكَّرَ أَحْمَد وَرَأَى أَنَّهُ لَا خِيَارَ أَمَامَهُ إِلَّا الِاسْتِجَابَةُ لِمَطَالِبِهِمْ وَلَوْ ظَاهِرِيًّا، فَقَالَ: "سَوْفَ أَفْعَلُ، لَكِنْ أَمْهِلُونِي لِلْغَدِ."

أَجَابُوهُ: "لَكَ ذَلِكَ."

وَفِي **ظُلْمَةِ** اللَّيْلِ، قَالَ أَحْمَد فِي نَفْسِهِ: "لَمْ يَعُدْ لِي مَكَانٌ فِي هَذِهِ الْمِنْطَقَةِ: عَلَيَّ أَنْ أَهْرُبَ قَبْلَ أَنْ يَأْخُذُوا حَقَّهُمْ مِنِّي."

فِي الْوَقْتِ نَفْسِهِ، قَامَ النَّاسُ **بِحِرَاسَةِ** مَنَافِذِ الْمِنْطَقَةِ حَتَّى لَا يَهْرُبَ أَحْمَد قَبْلَ أَنْ **يُؤَدِّيَ** مَا عَلَيْهِ، وَهَكَذَا لَمْ يَجِدْ مَنْفَذًا لِلْهَرَبِ. فِي الصَّبَاحِ، طَافَ أَحْمَد عَلَى بُيُوتِ النَّاسِ وَنَظَّفَهَا جَمِيعًا، وَشَاهَدَ كُلُّ النَّاسِ هَذَا الظَّالِمَ **الْمَغْرُورَ** وَهُوَ يَتَجَرَّعُ **مَرَارَةَ** الْقَهْرِ وَالْمَذَلَّةِ. وَبَعْدَهَا أَخْرَجُوهُ مِنَ الْمِنْطَقَةِ، وَ**طَرَدُوهُ** بَعِيدًا عَنْهُمْ.

جَلَسَ أَهْلُ الْمِنْطَقَةِ ذَاتَ يَوْمٍ يَتَذَكَّرُونَ **ذِكْرَيَاتِهِمْ** مَعَ أَحْمَد. فَسَأَلَ أَحَدُهُمْ صَالِح: "لِمَاذَا سَعَيْتَ لِمُسَاعَدَةِ إِخْوَانِكَ وَقَدْ كُنْتَ تَسْتَطِيعُ أَنْ تَتْرُكَهُمْ بَعْدَ أَنْ نَجَوْتَ بِنَفْسِكَ؟"

فَقَالَ: "إِنَّ النَّفْسَ السَّوِيَّةَ لَا تَرْضَى بِالظُّلْمِ لِغَيْرِهَا كَمَا لَا تَرْضَاهُ لِنَفْسِهَا."

217

مُلَخَّص الْقِصَّةِ

أَحْمَد شَابٌّ جَشِعٌ وَظَالِمٌ جِدًّا. يَسْتَغِلُّ مَنْ حَوْلَهُ مِنَ الضُّعَفَاءِ مِنْ أَهْلِ الْمِنْطَقَةِ وَيَجْعَلُهُمْ يَعْمَلُونَ عَلَى تَنْظِيفِ بَيْتِهِ وَقَذَارَتِهِ وَيَتَآمَرُ عَلَيْهِمْ. قَامَ بِذَلِكَ فِي الْبِدَايَةِ مَعَ فَتًى وَاسْتَغَلَّهُ، لَكِنَّ الْفَتَى اسْتَطَاعَ فِي النِّهَايَةِ أَنْ يُفْلِتَ مِنْ قَبْضَةِ الظَّالِمِ. لَمْ يَتَعَلَّمْ أَحْمَد، وَبَقِيَ فِي كُلِّ مَرَّةٍ يُحْضِرُ فَتًى جَدِيدًا. فَهَلْ سَيَبْقَى الْحَالُ مَعَ أَحْمَد عَلَى هَذَا الْمِنْوَالِ، أَمْ سَتَتَغَيَّرُ الْأَحْوَالُ وَسَيَتَلَقَّى جَزَاءَ أَعْمَالِهِ؟

Summary of the story

Ahmed is an unfair and unjust young man. He exploits those around him who are weak, making them clean his house and his mess every day. At first, one such boy was controlled by Ahmed, but he managed to overcome him. Ahmed kept doing this till the boy made a plan! What is that plan? And what happened to Ahmed?

Vocabulary

yawned	تَثَاءَبَ
the dirt	الْقَذَارَةِ
the restaurant	الْمَطْعَمِ
(you) enter	أُدْخُلِ
(he) suffers	يُعَانِي
the stinking	الْكَرِيهَةِ
a golden opportunity	فُرْصَةٌ ذَهَبِيَّةٌ
way	طَرِيقَةٍ
(he) compels him	يُرْغِمُهُ
I finish	أَنْتَهِي
(he) replied	رَدَّ
salute	التَّحِيَّةَ
to solve it	حَلِّهَا
your problem	مُشْكِلَتُكَ
story	قِصَّةَ
you want	تُرِيدُ
something	شَيْءَ
teach me	عَلِّمْنِي
I understand	فَهِمْتُ
creature	مَخْلُوقٍ

the good	الْخَيْرَ
banana	مَوْزَةً
thoroughly	(يُفَكِّرُ) بِعُمْقٍ
continued	اسْتَمَرَّ
use / utilize	تَسْتَعْمِلُ
your muscles	عَضَلَاتِكَ
the center	الْمَرْكَزِ
train him	يُدَرِّبَهُ
appear	يَظْهَرُ
the garbage	الْقُمَامَةُ
his courage	شَجَاعَتَهُ
[did you] forget...?	[أَ]نَسِيتَ...؟
fell back / retreated	تَرَاجَعَ
i search	أَبْحَثُ
absent-minded	شَارِدُ الذِّهْنِ
the oppression	الْقَهْرِ
his orders	أَوَامِرَهُ
threatens me	يُهَدِّدُنِي
to oblige	يُرْغِمُنِي
the advice	النَّصِيحَةَ
the region	الْمِنْطَقَةِ

the opinion	الرَّأْيِ
group	مَجْمُوعَةً
the challenge	التَّحَدِّي
debts	دُيُونٍ
our efforts	جُهْدَنَا
a trace	أَثَرٌ
darkness	ظُلْمَةِ
to guard	بِحِرَاسَةِ
to lead to	يُؤَدِّي
the arrogant	الْمَغْرُورَ
kicked him out	طَرَدُوهُ
sourness	مَرَارَةَ
their memories	ذِكْرَيَاتِهِمْ

Questions about the story

1. مَاذَا كَانَ يَفْعَلُ أَحْمَدُ مَعَ فِتْيَان المِنْطَقَة؟

أ- يَلْعَبُ مَعَهُمْ كُرَةَ القَدَم

ب- يَجْتَمِعُ مَعَهُمْ للحَدِيث حَوْلَ أَحْوَالِهِم

ت- يُرْغِمُهُمْ عَلَى تَنْظِيفِ بَيْتِه ظُلمًا

ث- يَذْهَبُونَ لزِيَارَة الأَصْدِقَاء

2. مَاذَا فَعَل صالح ليَتَخَلَّص منْ أَحْمَد؟

أ- أقْنَعَهُ بالذَّهَاب بَعِيدًا

ب- تَشَاجَرَ مَعَهُ شِجَارًا قَوِيًّا

ت- تَدَرَّبَ جَيِّدًا لِيُصْبِحَ أَقْوَى مِنْه

ث- تَلَقَّى المُسَاعَدَة مِنْ الأَصْدِقَاء

3. من الذِي نَصَحَ صَالِحَ بالتَّدْرِيب؟

أ- خَالد

ب- عَلِي

ت- الفَتَى

ث- أحمَد

4. مَاذَا فَعَل صالِح مَعَ الفِتْيَان الآخَرين الذِينَ اسْتَغَلَّهُمْ أَحْمَد؟

أ- تركَهُمْ يَخْدِمُونَ أَحْمَدَ

ب- نَصَحَهُمْ وَلَمْ يَسْتَمِعُوا لَه

ت- اسْتَهْزَأَ بِهِمْ

ث- نَصَحَهُمْ وَخَلَّصهُمْ مِنْ أَحْمَد

5. مَاذَا فَعَلَ أَهْلُ المِنْطَقَة بِأَحْمَد؟

أ- جَعَلُوه يُنظِّفُ بيوتَهُمْ ثُمَّ طَرَدُوه

ب- تَرَكُوه يَفْعَلُ مَا يَشَاءُ

ت- أَعْطُوه فتيانا آخَرِينَ حَتَّى يُنَظِّفُوا بَيْتَه

ث- سَامَحُوهُ وَتَرَكُوه في سبِيلِه

Answers

1. He unjustly forced them to clean his house

ت- يرغمهم على تنظيف بيته ظلمًا

2. He trained well to be stronger than him

ت- تدرب جيدًا ليصبح أقوى منه

3. Ali

ب- علي

4. He advised them and saved them from Ahmed

ث- نصحهم وخلصهم من أحمد

5. He cleaned their houses; then, they kicked him out

أ- جعلوه ينظف بيوتهم ثم طردوه

Chapter 19

عَبْرَ خُطوطِ السَّمَاءِ
ACROSS THE SKY LINES

أَلْقَى نَظْرَةً مِنْ نَافِذَتِهِ لِرُؤْيَةِ غُرُوبِ الشَّمْسِ وَلَوْنِ السَّمَاءِ الدَّاكِنِ. ذَلِكَ الْجَمَالُ الْمُمْتَدُّ مِنْ جَمِيعِ جِهَاتِ الْأُفُقِ. ثُمَّ جَلَسَ لِمُدَّةٍ طَوِيلَةٍ بَعْدَ قِرَاءَتِهِ قِصَّةَ بْنِ فِرْنَاس الَّذِي حَاوَلَ **الطَّيَرَانَ**.

دَرَسَ الطَّبِيبُ الْبَيْطَرِيُّ جَاد فِي مَجَالِ الْحَيَوَانَاتِ، وَبِالْأَخَصِّ فِي مَجَالِ الطُّيُورِ. **عِشْقُهُ** لَهَا غَيْرُ مَحْدُودٍ، بَلْ وَأَوْسَعُ مِنَ السَّمَاءِ.

ضَرَبَ بِيَدِهِ عَلَى **الطَّاوِلَةِ** الَّتِي بِجَانِبِهِ، ثُمَّ أَغْمَضَ **عَيْنَيْهِ** وَقَالَ: "لَقَدْ آنَ الْأَوَانُ! يَجِبُ عَلَيَّ أَنْ أَفْعَلَ ذَلِكَ! لَرُبَّمَا مَنْ حَاوَلَ قَبْلِي لَمْ يَكُنْ فَاشِلًا، إِنَّمَا لَمْ يَنْجَحْ فَقَطْ.يَجِبُ عَلَيَّ **الْمُحَاوَلَةُ** وَعَدَمُ الْيَأْسِ."

ثُمَّ نَادَانِي بِصَوْتٍ عَالٍ: "يُمْنَى، **تَعَالَيْ** بِسُرْعَةٍ."

عَدَّلْتُ مَظْهَرِي، وَ**انْتَظَرْتُ** قَلِيلًا، وَأَصْدَرْتُ صَوْتَ **مَشْيٍ** حَتَّى لَا يَعْرِفَ أَنِّي كُنْتُ وَرَاءَ بَابِ مَكْتَبِهِ. طَرَقْتُ الْبَابَ وَدَخَلْتُ.

أَوْمَأَ لِي بِالْجُلُوسِ؛ لَمْ يَطْلُبْ مِنِّي ذَلِكَ قَبْلًا؛ جَلَسْتُ وَنَظَرَ إِلَيَّ، ثُمَّ قَالَ: "سَأَعْمَلُ عَلَى **تَطْوِيرِ** مَشْرُوعِي. هَلْ تَرَيْنَ ذَلِكَ؟ السَّمَاءُ الْوَاسِعَةُ تُنَادِينِي، وَأَنَا سَأَسْتَجِيبُ." وَأَشَارَ بِيَدِهِ لِلنَّافِذَةِ.

"لَكِنَّ هَذَا الْأَمْرَ **خَطِيرٌ**، وَلَا أَظُنُّ أَنَّهُ يُمْكِنُكَ الْقِيَامُ بِهِ بِمُفْرَدِكَ."

"لَا عَلَيْكِ. أُرِيدُ مِنْكِ الْآنَ أَنْ تَتَّصِلِي بِوَائِل لِيَأْتِي، وَأَلْغِي كُلَّ **مَوَاعِيدِي** لِأَنِّي أُرِيدُ بَدْأَ الِاخْتِبَارِ قَرِيبًا."

"لَكِنْ يَا دُكْتُورُ جَاد، هَذِهِ **الْعِيَادَةُ** أَيْضًا تُنَادِيكَ، وَكُلُّ الْحَيَوَانَاتِ الَّتِي يُؤْتَى بِهَا هُنَا تَحْتَاجُكَ."

"لَنْ أَتْرُكَ أَيَّ **حَيَوَانٍ** يَتَضَرَّرُ بِسَبَبِي، لَكِنْ هَذَا لَا يَعْنِي أَنَّنِي لَنْ أَقُومَ بِتَجْرِبَتِي. إِنِ اسْتَطَعْتُ **النَّجَاحَ** فِيهَا، فَرُبَّمَا أَعُودُ إِلَى الْعِيَادَةِ."

"أَرْجُوكَ لَا تَفْعَلْ ذَلِكَ؛ أَخْشَى أَنْ يُصِيبَكَ أَذًى."

"إِنْ حَدَثَ لِي شَيْءٌ، فَسَأَكُونُ **إِنْسَانًا** عَادِيًّا عَاشَ وَمَاتَ، لَكِنْ إِنْ لَمْ يَحْدُثْ لِي شَيْءٌ وَنَجَوْتُ، فَسَأَبْقَى سَطْرًا خَالِدًا فِي دَفْتَرِ الْحَيَاةِ. وَالْآنَ، **اتَّصِلِي** بِوَائِل وَأَخْبِرِيهِ أَنْ يَأْتِيَ."

"حَاضِرَةٌ يَا دُكْتُورُ جَاد. أَتُرِيدُ شَيْئًا غَيْرَهُ؟"

"لَا، هَذَا فَقَطْ، وَ**شُكْرًا** لَكِ. إِذَا كُنْتِ تُرِيدِينَ الذَّهَابَ إِلَى مَنْزِلِكِ، فَاذْهَبِي."

"**الْعَفْوُ**... أَجَلْ، اسْمَحْ لِي أَنْ أَذْهَبَ فَقَدْ **تَأَخَّرَ** الْوَقْتُ قَلِيلًا."

"اذْهَبِي وَلَا تَتَأَخَّرِي غَدًا."

اتَّصَلْتُ بِوَائِل الَّذِي لَمْ يَتَأَخَّرْ يَوْمًا قَطُّ عَنِ **الدُّكْتُورِ** جَاد، فَدَخَلَ عِنْدَهُ، وَأَخَذْتُ أَنَا أَغْرَاضِي، وَخَرَجْتُ.

دَخَلَ وَائِل عَلَى جَاد فَوَجَدَهُ **مَهْمُومًا** بَعْضَ الشَّيْءِ. لَمْ يَرَهُ هَكَذَا مُنْذُ أَنْ تَرَكَ حَبِيبَتَهُ **السَّابِقَةَ** حَنَان الَّتِي لَمْ يَقْبَلْ وَالِدُهَا بِتَزْوِيجِهَا لَهُ. جَلَسَ قُبَالَتَهُ وَحَيَّاهُ: "مَرْحَبًا، جَادا"

"أَهْلًا وَائِل. أَخْبِرْنِي، مَا أَخْبَارُ الْعَمَلِ فِي مَجَالِ **الْأَعْصَابِ**؟"

"اسْمَعْ، إِنْ قُلْتُ لَكَ أَنِّي أُدَاوِي مَرْضَايَ وَكَأَنَّنِي الْمُصَابُ بِدَائِهِمْ، فَلَا تَأْخُذْهَا عَلَى مَحْمَلِ الْجِدِّ، عَلَى الْأَقَلِّ أَكُونُ حِينَهَا إِنْسَانًا لَا أَكْثَرَ."

"لَكِنِّي أُرِيدُ أَنْ أَكُونَ أَكْثَرَ."

"**أَتَمْزَحُ** مَعِي أَمْ مَاذَا؟"

"أَنَا لَا أَمْزَحُ. قَرَأْتُ لِلتَّوِّ قِصَّةَ بْنِ فِرْنَاس الَّذِي حَاوَلَ الطَّيَرَانَ، فَأَشْعَلَ فِيَّ **رَغْبَةً** لِصُنْعِ ذَلِكَ."

"وَكَيْفَ سَتَفْعَلُهَا؟"

"بَلْ تَقْصِدُ كَيْفَ سَنَفْعَلُهَا..."

"مَاذَا؟ أَتَمْزَحُ مَعِي؟ أَرْجُوكَ كُفَّ عَنِ الْمُزَاحِ."

"**رَكِّزْ** جَيِّدًا؛ أَنْتَ خَبِيرُ أَعْصَابٍ، وَأَنَا خَبِيرُ حَيَوَانَاتٍ. إِنِ اسْتَطَعْنَا فِعْلَهَا، فَسَنُحَقِّقُ إِنْجَازًا بَاهِرًا."

"لَكِنْ إِنْ فَشِلْنَا، فَأَنَا لَسْتُ مُسْتَعِدًّا لِتَحَمُّلِ مَسْؤُولِيَّةِ فُقْدَانِكَ."

"لَنْ نَفْشَلَ. فِي زَمَنِنَا هَذَا، أَصْبَحَتْ كُلُّ الْأُمُورِ مُتَطَوِّرَةً، لِذَلِكَ نَسْتَطِيعُ فِعْلَهَا."

"وَمَتَى تُرِيدُنَا أَنْ نَبْدَأَ؟"

"**بِالتَّأْكِيدِ** لَنْ أَقُولَ لَكَ الْيَوْمَ. كُنْ جَاهِزًا غَدًا لِتَطْبِيقِ الْخُطَّةِ."

"وَمَاذَا نَحْتَاجُ لِفِعْلِ ذَلِكَ؟"

"**الْإِرَادَةَ**..."

"لَا، أَقْصِدُ **الْأَدَوَاتِ** وَالْمُعَدَّاتِ."

"كُلُّهَا عِنْدِي. لَقَدْ جَهَّزْتُ كُلَّ الْمُعَدَّاتِ. فَقَطِ اذْهَبْ وَاسْتَرِحْ، وَلَا تَتَأَخَّرْ فِي النَّوْمِ كَعَادَتِكَ، لِأَنَّ غَدًا سَيَكُونُ يَوْمًا حَافِلًا."

"أَجَلْ، لَنْ أَتَأَخَّرَ. **وَدَاعًا**."

بَدَأَ جَاد بِالتَّحَدُّثِ إِلَى نَفْسِهِ: "هَلْ سَأَسْتَطِيعُ فِعْلَهَا؟ لَطَالَمَا تَرَدَّدَ هَذَا السُّؤَالُ فِي ذِهْنِي وَدَائِمًا يَعْجِزُ **لِسَانِي** عَنِ الْإِجَابَةِ عَنْهُ. لَقَدْ فَكَّرْتُ كَثِيرًا؛ أَنَا لَا شَيْءَ إِنْ لَمْ أَقُمْ بِفِعْلِهَا. يَجِبُ عَلَيَّ الْمُحَاوَلَةُ، فَهَلْ سَأَسْتَطِيعُ حَقًّا؟ فِي السَّمَاءِ نُجُومٌ لَا تُحْصَى. إِنَّهَا جَمِيلَةٌ، لَكِنَّهَا سَتَبْدُو أَجْمَلَ عَنْ قُرْبٍ؛ لَيْسَ **النُّجُومَ** فَقَطْ، بَلْ كُلُّ شَيْءٍ. لَا بُدَّ وَأَنْ نَجِدَ فِي السَّمَاءِ نَجْمًا وَسَطَ كَبِدِ **الظَّلَامِ**. أَتَصَوَّرُ بِذِهْنِي أَنِّي أُبْحِرُ فِي سَمَاءٍ وَاسِعَةٍ بَحْثًا عَنْ طَرِيقِ وُصُولِي وَالْمَدَى الَّذِي أَسْتَطِيعُ بُلُوغَهُ. أَنْتَظِرُ الْغَدَ بِشِدَّةٍ لِأَنَّهُ سَيَكُونُ يَوْمًا حَاسِمًا فِي حَيَاتِي."

فِي الْيَوْمِ **التَّالِي**، اسْتَيْقَظَ جَاد مَعَ شُرُوقِ الشَّمْسِ الَّتِي ظَلَّتْ تُرَافِقُهُ مُنْذُ نُعُومَةِ أَظَافِرِهِ. نَظَرَ إِلَى السَّاعَةِ فَوَجَدَهَا السَّادِسَةَ وَالنِّصْفَ؛ إِنَّهُ وَقْتُهُ الْمُفَضَّلُ لِلِاسْتِيقَاظِ!

قَامَ وَجَهَّزَ نَفْسَهُ... بِالتَّأْكِيدِ يَجِبُ عَلَيْهِ فِعْلُ ذَلِكَ، فَهَذَا يَوْمٌ لَرُبَّمَا يَكُونُ ذِكْرَى **سَنَوِيَّةً يَحْتَفِلُ** بِهَا الْعَالَمُ، أَوْ يَحْزَنُ فِيهَا عِدَّةُ أَشْخَاصٍ دُونَ سِوَاهُمْ.

انْطَلَقَ جَاد إِلَى الْمُخْتَبَرِ الَّذِي أَنْشَأَهُ فِي مَنْزِلِهِ. لَدَيْهِ أَمْصَالٌ لِجَمِيعِ الصِّفَاتِ الَّتِي تُمَيِّزُ كُلَّ الْحَيَوَانَاتِ، وَمِنْ بَيْنِهَا مَصْلُ الطَّيْرِ الَّذِي يُسَاعِدُ عَلَى الطَّيَرَانِ، وَمَصْلُ **الْخُفَّاشِ** الَّذِي يُسَاعِدُ عَلَى خِفَّةِ الْوَزْنِ، وَغَيْرُهَا. أَخَذَ الْأَمْصَالَ الَّتِي عِنْدَهُ، وَانْطَلَقَ بِهَا إِلَى عِيَادَتِهِ، وَوَجَدَ يُمْنَى هُنَاكَ فَحَيَّاهَا: "صَبَاحُ الْخَيْرِ، يُمْنَى."

"أَهْلًا، دُكْتُورُ جَاد. هَلْ تُرِيدُ كُوبَ قَهْوَةٍ؟"

"لَا، شُكْرًا. فَقَطْ اتَّصِلِي بِوَائِل، وَأَخْبِرِيهِ أَنَّنِي بِانْتِظَارِهِ، أَيْ أَلَّا يَتَأَخَّرَ."

"أَجَلْ، هَلْ تَوَدُّ أَيَّ شَيْءٍ؟"

"لَا، شُكْرًا لَكِ. فَقَطْ اذْهَبِي لِعَمَلِكِ."

خَرَجَتْ يُمْنَى وَذَهَبَتْ إِلَى مَكْتَبِهَا، وَمَا إِنْ هَمَّتْ بِالِاتِّصَالِ بِوَائِل، حَتَّى دَخَلَ إِلَى الْعِيَادَةِ وَسَأَلَهَا عَنْ جَاد، وَقَالَتْ إِنَّهُ يَنْتَظِرُهُ فِي الْعِيَادَةِ.

دَخَلَ وَائِل عَلَى جَاد وَهُوَ **مُتَوَتِّرٌ** وَخَائِفٌ مِنْ إِخْبَارِهِ بِتَعَذُّرِهِ عَنْ مُسَاعَدَتِهِ فِي هَذِهِ التَّجْرِبَةِ. لَقَدْ فَشِلَ جَاد مِنْ قَبْلُ فِي مَجَالِ الْحُبِّ عَلَى أَيْدِي حَنَان، فَكَيْفَ لِوَائِل أَنْ يُفْشِلَهُ الْآنَ عَلَى يَدَيْهِ وَهُوَ صَدِيقُهُ الْوَحِيدُ!

حَاوَلَ وَائِل **إِقْنَاعَ** جَاد بِشَتَّى الْوَسَائِلِ، لَكِنَّهُ لَمْ يَسْتَطِعْ؛ لَقَدْ كَانَ جَاد مُصِرًّا جِدًّا عَلَى الْقِيَامِ بِهَذِهِ التَّجْرِبَةِ، فَهِيَ مِنْ وِجْهَةِ نَظَرِهِ أَمْرٌ عَظِيمٌ يَسْتَحِقُّ الْمُجَازَفَةَ وَالْمُحَاوَلَةَ!

بَدَأَ جَاد وَوَائِل بِالْقِيَامِ بِالتَّجْرِبَةِ. اسْتَلْقَى الدُّكْتُورُ جَاد عَلَى السَّرِيرِ حَتَّى يَقُومَ الدُّكْتُورُ وَائِل بِالتَّجْرِبَةِ عَلَى جَسَدِهِ.

كَانَ وَائِل مُتَوَتِّرًا جِدًّا، لَكِنَّ ضَحِكَ جَاد خَفَّفَ مِنْ تَوَتُّرِهِ، فَقَدْ طَمْأَنَهُ وَأَخْبَرَهُ كَمْ هُوَ دُكْتُورٌ نَاجِحٌ وَعَظِيمٌ، حَيْثُ يُعَدُّ مِنْ أَمْهَرِ الدَّكَاتِرَةِ فِي جِرَاحَةِ الْأَعْصَابِ. لَقَدْ نَجَحَ فِي الْقِيَامِ بِرَبْطِ أَعْصَابِ دِمَاغِ مَرِيضٍ مِنْ قَبْلُ، وَكَانَتْ هَذِهِ الْعَمَلِيَّةُ مِنْ أَشْهَرِ **الْعَمَلِيَّاتِ** الَّتِي أَجْرَاهَا.

حَقَنَ الدُّكْتُورُ وَائِل جَسَدَ الدُّكْتُورِ جَاد **بِالْمَصْلِ**، لَكِنَّهُ لَمْ يُعْطِ أَيَّ تَأْثِيرٍ.

خَرَجَ الدُّكْتُورَانِ وَفِي عَيْنَيْهِمَا إِحْبَاطٌ شَدِيدٌ... لَكِنْ فِي قَلْبَيْهِمَا أَمَلٌ كَبِيرٌ.

عَادَ كُلُّ وَاحِدٍ مِنْهُمَا مِنْ حَيْثُ أَتَى، لِيَعُودَا غَدًا بِإِصْرَارٍ أَكْبَرَ وَعَزِيمَةٍ أَقْوَى!

بَدَأَ الْيَوْمُ الثَّانِي، وَجَاءَ الدُّكْتُورُ وَائِل إِلَى الْعِيَادَةِ وَكُلُّهُ هِمَّةٌ وَ**نَشَاطٌ**. أَمَّا الدُّكْتُورُ جَاد، فَقَدْ كَانَ عَلَى غَيْرِ عَادَتِهِ وَعَكْسَ الْأَمْسِ تَمَامًا، وَكَأَنَّ الْأَدْوَارَ تَبَدَّلَتْ: ازْدَادَ حَمَاسُ وَائِل، بَيْنَمَا كَانَ جَاد هَادِئًا وَلَا يُرِيدُ الْإِقْدَامَ عَلَى الْعَمَلِ بِسُرْعَةٍ.

شَجَّعَ الدُّكْتُورُ وَائِل جَاد، وَأَقْنَعَهُ بِالْمُحَاوَلَةِ مِنْ جَدِيدٍ وَعَدَمِ الْخَوْفِ، لَكِنْ طَلَبَ مِنْهُ فِي **الْبِدَايَةِ** أَنْ يَشْرَحَ لَهُ سِرَّ الْمَصْلِ الَّذِي قَامَ بِتَكْوِينِهِ.

شَرَحَ الدُّكْتُورُ جَاد الْمَصْلَ لِوَائِل قَائِلًا: "الْمَصْلُ هُوَ عِبَارَةٌ عَنْ مَزِيجٍ مِنْ عِدَّةِ مُكَوِّنَاتٍ وَيَقُومُ بِمَنْحِكَ مِيزَةَ الْحَيَوَانِ الَّذِي اسْتُخْرِجَ مِنْهُ، أَمَّا **التِّرْيَاقُ** فَيَقُومُ بِإِعَادَةِ وَضْعِكَ إِلَى السَّابِقِ. لَقَدْ قُمْتُ بِتَجْرِبَةِ مَصْلِ السُّرْعَةِ عَلَى فَأْرٍ كَسُولٍ فَأَصْبَحَ سَرِيعًا جِدًّا لِدَرَجَةِ أَنَّهُ لَا يُمْكِنُكَ رُؤْيَتُهُ، ثُمَّ حَقَنْتُهُ بِالتِّرْيَاقِ فَعَادَ كَمَا كَانَ سَابِقًا."

لَدَى الدُّكْتُورِ وَائِل قَلْبٌ قَوِيٌّ بِمَا فِيهِ الْكِفَايَةُ لِإِجْرَاءِ الْعَمَلِيَّةِ دُونَ تَرَدُّدٍ، فَجَهَّزَ جَمِيعَ الْأَدَوَاتِ وَالْمُعِدَّاتِ اللَّازِمَةِ لِنَجَاحِهَا. لَمْ أَرَ فِي حَيَاتِي صَدِيقَيْنِ مِثْلَهُمَا؛ إِنَّهُمَا حَقًّا رُوحٌ وَاحِدَةٌ فِي جَسَدَيْنِ مُنْفَصِلَيْنِ: جَاد ذَكِيٌّ وَشُجَاعٌ وَهُوَ رَجُلٌ بِكُلِّ مَعْنَى الْكَلِمَةِ، وَوَائِل شَابٌّ **مَرِحٌ** وَمُتَأَنٍّ جِدًّا فِي عَمَلِهِ، وَلَمْ يَتَخَلَّ عَنْ صَدِيقِهِ أَبَدًا مِنْ قَبْلُ.

بَدَأَتِ الْعَمَلِيَّةُ... حَقَنَ وَائِل جَاد **بِالْمُخَدِّرِ** وَأَفْقَدَهُ الْوَعْيَ. حَقَنَهُ بَعْدَهَا بِمَصْلِ الْخُفَّاشِ وَنَجَحَ، فَقَدْ أَصْبَحَ وَزْنُ جَاد يَقِلُّ تَدْرِيجِيًّا. وَالْآنَ حَانَ وَقْتُ الْمَصْلِ الْآخَرِ الَّذِي يُسَاعِدُ عَلَى الطَّيَرَانِ!

طَلَبَ وَائِل مِنْ يُمْنَى أَنْ تَحْقِنَ جَاد بِمِقْدَارِ **زُجَاجَةٍ** مُتَوَسِّطَةٍ مِنْ هَذَا الْمَصْلِ، لَكِنْ بِسَبَبِ خَوْفِهَا وَقَلَقِهَا، ارْتَجَفَتْ يَدَاهَا وَحَقَنَتْهُ **بِكَمِّيَّةٍ** أَكْثَرَ.

بَدَأَتْ هَالَاتُ **الْهَلَعِ** وَالْخَوْفِ عَلَى يُمْنَى وَوَائِل بِالظُّهُورِ، فَقَدْ وَضَعَا كَمِّيَّةً كَبِيرَةً، وَهَذَا قَدْ يُؤَدِّي إِلَى أَذِيَّةِ جَاد. صَرَخَ وَائِل عَالِيًا: "مَاذَا فَعَلْتِ؟ يَجِبُ عَلَيْكِ أَنْ تَكُونِي حَذِرَةً. هَذَا أَمْرٌ خَطِيرٌ! اذْهَبِي وَأَحْضِرِي **التِّرْيَاقَ** بِسُرْعَةٍ حَتَّى نُبْطِلَ مَفْعُولَ هَذَا الْمَصْلِ قَبْلَ أَنْ يَنْتَشِرَ فِي جَسَد جَاد."

أَسْرَعَتْ يُمْنَى وَأَحْضَرَتِ التِّرْيَاق، وَنَاوَلْتُهُ جَاد فِي الْوَقْتِ الْمُنَاسِبِ، وَأَبْطَلَا الْمَفْعُولَ فِي **اللَّحْظَةِ** الْأَخِيرَةِ!

عَادَ وَائِل لِحَقْنِ الْكَمِّيَّة الْمَطْلُوبَة مِنَ الْمَصْلِ الثَّانِي بِنَفْسِهِ حَتَّى لَا تُخْطِئَ يُمْنَى مِنْ جَدِيدٍ وَتُحْدِثَ **كَارِثَةً**!

انْتَهَتِ التَّجْرِبَةُ، وَسَتَظْهَرُ النَّتَائِجُ فِي الْيَوْمِ التَّالِي. غَطَّ الصِّدِيقَانِ فِي نَوْمٍ عَمِيقٍ.

فِي الْيَوْمِ التَّالِي، قَبْلَ أَنْ يُجَرِّبَ جَاد التَّحْلِيقَ فِي **الْفَضَاءِ** وَيَرَى نَجَاحَ تَجْرِبَتِهِ، نَصَحَ وَائِل **بِالزَّوَاجِ** مِنْ يُمْنَى لِأَنَّهُمَا يُنَاسِبَانِ بَعْضَهُمَا الْبَعْضَ. طَارَ جَاد فِي السَّمَاءِ الْوَاسِعَةِ، وَشَهِدَ نَجَاحَ التَّجْرِبَةِ الَّتِي قَامَ بِهَا هُوَ وَوَائِل. لَقَدْ **لَمَسَ** أَخِيرًا خُطُوطَ السَّمَاءِ الْوَاسِعَةِ وَانْتَفَضَ!

انْتَهَى الْأَمْرُ بِزَوَاجِ وَائِل بِيُمْنَى، وَكَوَّنَا **عَائِلَةً** سَعِيدَةً. أَمَّا جَاد، فَقَدْ كَانَ يُحَلِّقُ مِنْ وَقْتٍ لِآخَرَ، إِلَى أَنْ أَصْبَحَ مَشْهُورًا وَتَلَقَّى جَوَائِزَ عِدَّةً!

لَا يَجِبُ عَلَى الْإِنْسَانِ أَنْ يَقِفَ مَكْتُوفَ الْيَدَيْنِ، بَلْ عَلَيْهِ الْإِيمَانُ **بِحُلْمِهِ**؛ فَالْحَالِمُونَ لَا يُمْكِنُ تَرْوِيضُهُمْ أَبَدًا. الدُّكْتُورُ جَاد كَانَ مِثَالًا مِنْ نَسْجِ الْخَيَالِ، أَمَّا أَنْتَ، فَتَسْتَطِيعُ تَحْقِيقَ حُلْمِكَ أَيْضًا؛ فَقَطْ ثَابِرْ وَكَافِحْ مِنْ أَجْلِ **هَدَفِكَ**!

مُلَخَّص الْقِصَّةِ

جَاد دُكْتُورٌ يَحْلُمُ بِالطَّيَرَانِ فِي السَّمَاءِ الْوَاسِعَةِ. فِي يَوْمٍ مِنَ الْأَيَّامِ، قَرَأَ عَنْ تَجْرِبَةِ عَبَّاس بْنِ فِرْنَاس الَّتِي حَاوَلَ فِيهَا الطَّيَرَانَ وَالَّتِي بَاءَتْ بِالْفَشَلِ، وَهَا هُوَ الْآنَ يُحَاوِلُ نَفْسَ التَّجْرِبَةِ بِطَرِيقَتِهِ وَأُسْلُوبِهِ الْخَاصِّ، بِاسْتِخْدَامِ أَنْوَاعٍ مُتَعَدِّدَةٍ مِنَ الْأَمْصَالِ وَالتَّرْكِيبَاتِ الَّتِي حَضَّرَهَا، وَبِمُسَاعَدَةِ صَدِيقِهِ وَائِل، دُكْتُورِ الْأَعْصَابِ. فَهَلْ سَتَنْجَحُ التَّجْرِبَةُ؟ وَهَلْ سَيُحَلِّقُ جَاد فِي السَّمَاءِ؟ أَمْ سَيَحِلُّ بِهِ مَا حَلَّ بِابْنِ فِرْنَاس وَيَلْقَى حَتْفَهُ؟

Summary of the story

Jad is a veterinarian. He dreams of flying in the spacious sky. He reads about Abbas ibn Firnas' experience, in which he tried to fly but failed. Now, Jad is trying it by using various kinds of serums and formulations that he has prepared with his friend Dr. Wael, a neurologist. Will it succeed? Will he soar in the sky? Or will he die like Abbas Ibn Firnas?

Vocabulary

the flight	الطَّيَرَانَ
studied	دَرَسَ
the veterinarian	الطَّبِيبُ الْبَيْطَرِيُّ
his adoration	عِشْقُهُ
the table	الطَّاوِلَةِ
his eyes	عَيْنَيْهِ
the attempt	الْمُحَاوَلَةُ
come	تَعَالَيْ
i waited	انْتَظَرْتُ
walking	مَشْيٍ
develop	تَطْوِيرِ
dangerous	خَطِيرٌ
my appointments	مَوَاعِيدِي
the clinic	الْعِيَادَةُ
animal	حَيَوَانٍ
the success	النَّجَاحَ
human	إِنْسَانًا
call	اتَّصِلِي
thank you	شُكْرًا
you're welcome	الْعَفْوُ

late	تَأَخَّرَ
the doctor	الدُّكْتُورِ
anxious	مَهْمُومًا
the previous / the ex-	السَّابِقَةَ
the nerves	الْأَعْصَابِ
are you kidding	أَتَمْزَحُ
desire	رَغْبَةً
concentrate	رَكِّزْ
surely	بِالتَّأْكِيدِ
the will(ingness)	الْإِرَادَةَ
the tools	الْأَدَوَاتِ
goodbye	وَدَاعًا
my tongue	لِسَانِي
the stars	النُّجُومَ
the darkness	الظَّلَامِ
the next	التَّالِي
annual	سَنَوِيَّةً
celebrate	يَحْتَفِلُ
the bat	الْخُفَّاشِ
nervous	مُتَوَتِّرٌ
convince	إِقْنَاعَ

the operations	الْعَمَلِيَّاتِ
[with] the serum	[بِ]الْمَصْلِ
activity	نَشَاطٌ
the beginning	الْبِدَايَةِ
the antidote	التِّرْيَاقُ
fun	مَرِحٌ
[with] the drug	[بِ]الْمُخَدِّرِ
bottle	زُجَاجَةٍ
the amount / the quantity	بِكَمِّيَّةٍ
the panic	الْهَلَعِ
the cure	التِّرْيَاقَ
disaster	كَارِثَةً
the space	الْفَضَاءِ
[to] marry	[بِ]الزَّوَاجِ
touched	لَمَسَ
family	عَائِلَةً
[in] their dream	[بِ]حُلْمِهِ
your goal	هَدَفِكَ

Questions about the story

1. مَا هي مِهْنَةُ جَاد؟

أ- طَبيبُ أَعْصَاب
ب-طَبيبٌ بَيْطَرِيٌّ
ت-طَبيبُ عُيُونٍ
ث-طَبيبُ جِرَاحَةٍ

2. مِمَّ اسْتَخْرَجَ جَاد مَصْلَ الطَّيَرَان؟

أ- الخُفَّاش
ب-الغَزَال
ت-الطَّيْر
ث-الفَأْر

3. مِمَّ استَخْرَجَ جَاد مَصْلَ تَخْفِيف الوَزْن؟

أ- الخُفَّاش
ب-الغَزَال
ت-الطُّيُور
ث-الفَأْر

4. مَاذَا حَصَلَ بَعْدَ إِضَافَة كَمِّيَّة زَائِدَة مِنْ المَصْلِ فِي جَسَدِ جَاد؟

أ- مَاتَ
ب-تَأَثَّرَتْ أَعْضَاؤُهُ سَلبًا
ت-استَدْرَك وَائل الأمْرَ بسرْعَة، وَأَخْرَجَهَا
ث-شُلَّ

5. هَل نَجَحَ جَاد بالتَّحلِيق؟

أ- لاَ، لَم ينجح
ب-نجح في البِدَايَة لَكنه سَقَطَ في النِّهَايَة
ت-نَجَحَ لكِنْ انْتَهَى الأَمْرُ بالتأثير عليه بسَبَبِ الأمْصَال
ث-نَجَحَ وَلاَمَسَ خُطوطَ السَّمَاء وَأَصْبَحَ مَشْهُورًا

Answers

1. He is a veterinarian   ب- طبيب بيطري

2. Bird   ت- الطير

3. Bat   أ- الخفاش

4. Wael took it out quickly   ت- استدرك وائل الأمر بسرعة، وأخرجها

5. He succeeded and touched the skylines and became famous   ث- نجح ولامس خطوط السماء وأصبح مشهورًا

Chapter 20

شَجَرَةُ الْحَيَاةِ
TREE OF LIFE

عَاشَتْ فِي قَدِيمِ الزَّمَانِ سَيِّدَةٌ عَجُوزٌ، مَاتَ زَوْجُهَا بَعْدَ أَنْ تَرَكَ لَهَا **طِفْلًا** صَغِيرًا لَا يَزِيدُ عُمْرُهُ عَنْ سَبْعِ سَنَوَاتٍ.

كَانَ اسْمُ الطِّفْلِ الصَّغِيرِ يُوسُف، وَكَانَتْ هَذِهِ الْعَجُوزُ **تُحِبُّ ابْنَهَا** حُبًّا جَمًّا، فَقَدْ كَانَ مِثَالًا لِلذَّكَاءِ وَ**الْوَفَاءِ** وَالْإِخْلَاصِ وَالْإِحْسَانِ، كَمَا كَانَ عَطُوفًا بَارًّا بِكُلِّ مَنْ يَلْقَاهُ مِنْ إِنْسَانٍ وَحَيَوَانٍ.

كَانَ يُوسُف الصَّغِيرُ يُؤَدِّي أَعْمَالَ الْبَيْتِ كُلَّهَا، حَتَّى يَتْرُكَ أُمَّهُ تَقُومُ بِأَعْمَالِ **الصُّوفِ** وَالنَّسْجِ، لِتَذْهَبَ بِمَا تُنْتِجُهُ إِلَى السُّوقِ وَتَبِيعَهُ، فَتَقْتَاتَ بِثَمَنِهِ هِيَ وَابْنُهَا يُوسُف الصَّغِيرُ.

وَكَانَ يُوسُف مَا إِنْ يَنْتَهِي مِنْ أَدَاءِ وَاجِبِهِ فِي الْبَيْتِ، حَتَّى يَنْصَرِفَ إِلَى إِعْدَادِ الْمَائِدَةِ، وَإِصْلَاحِ ثِيَابِهِ وَحِذَائِهِ، وَكَذَلِكَ مَتَاعَ أُمِّهِ، وَمَا إِلَى ذَلِكَ مِنْ أَعْمَالِ الْبَيْتِ الْكَثِيرَةِ الَّتِي تَشْغَلُ كُلَّ وَقْتِهِ.

كَانَتْ نَوَافِذُ الدَّارِ الَّتِي يَسْكُنَانِهَا تُطِلُّ عَلَى **جَبَلٍ** عَالٍ شَاهِقِ الِارْتِفَاعِ، وَلَمْ يَكُنْ أَحَدٌ يَسْتَطِيعُ أَنْ **يَتَسَلَّقَ** هَذَا الْجَبَلَ إِلَى قِمَّتِهِ، لِارْتِفَاعِهِ وَالْتِوَاءِ الطُّرُقِ الَّتِي تُحِيطُ بِهِ، وَكَثْرَةِ الْأَسْوَارِ الْمُرْتَفِعَةِ، وَ**الْمُنْحَدَرَاتِ** الْعَمِيقَةِ الَّتِي تَحُولُ دُونَ الْوُصُولِ إِلَيْهِ.

كَانَتِ **الْأَرْمَلَةُ** وَابْنُهَا يُوسُف يَعِيشَانِ حَيَاةً سَعِيدَةً، وَلَمْ يَعْرِفِ الْحُزْنُ طَرِيقًا إِلَى حَيَاتِهِمَا.

ذَاتَ يَوْمٍ، مَرِضَتِ الْأَرْمَلَةُ الْعَجُوزُ، وَلَمْ يَكُنْ مَعَهَا الْمَالُ الْكَافِي لِلْعِلَاجِ.

اشْتَدَّ حُزْنُ يُوسُف الْمِسْكِينِ، وَ**عَجَزَ** عَنِ الِاهْتِدَاءِ إِلَى وَسِيلَةٍ لِشِفَاءِ أُمِّهِ، وَلَمْ يَتَبَقَّ لَهُ هَدَفٌ غَيْرَ الْعِنَايَةِ بِهَا، فَقَدْ ضَاقَتْ بِهِ الدُّنْيَا كَثِيرًا.

لَمْ يَكُنْ يَتَنَاوَلُ مِنَ الْغَذَاءِ إِلَّا كَسْرَةً مِنَ **الْخُبْزِ** الْيَابِسِ، وَيُوَفِّرُ مَا لَدَيْهِ حَتَّى يُطْعِمَ أُمَّهُ لِأَنَّهَا **تَحْتَاجُ** إِلَى الْعِنَايَةِ.

اشْتَدَّ مَرَضُ الْأَرْمَلَةِ الْعَجُوزِ، وَازْدَادَ أَلَمُهَا، وَضَعُفَ **قِوَامُهَا**، وَنَهَكَ جِسْمُهَا، فَعَجَزَتْ عَنِ الْكَلَامِ، كَمَا عَجَزَتْ عَنْ تَنَاوُلِ الطَّعَامِ، وَبَلَغَ بِهَا الضُّعْفُ أَنْ عَجَزَتْ عَنْ شُرْبِ الْمَاءِ، ثُمَّ اسْتَوْلَى عَلَيْهَا النِّسْيَانُ، فَلَمْ تَعُدْ **تَتَذَكَّرُ** شَيْئًا!

وَلَعَلَّكَ تَنْدَهِشُ إِذَا قُلْتُ لَكَ أَنَّ النِّسْيَانَ قَدْ بَلَغَ بِهَا حَدًّا جَعَلَهَا تَنْسَى وَلَدَهَا يُوسُف الصَّغِيرَ الْحَبِيبَ إِلَى قَلْبِهَا، فَلَا تَعْرِفُهُ إِذَا رَأَتْهُ، وَلَا تَفْهَمُ مِنْهُ شَيْئًا إِذَا حَدَّثَهَا، وَلَا تَسْمَعُهُ إِذَا نَادَاهَا.

اشْتَدَّ الْأَلَمُ بِيُوسُف، وَبَقِيَ مُلَازِمًا **سَرِيرَهَا** بَاكِيًا.

فَجْأَةً، هَتَفَ بِاسْمِ **الْجِنِّيَّةِ** الظَّرِيفَةِ، وِدَاد، مُسْتَنْجِدًا بِهَا لِتَكُونَ لَهُ عَوْنًا فِي هَذَا الْمَأْزِقِ الْحَرِجِ، وَتُيَسِّرَ لَهُ السَّبِيلَ لِإِنْقَاذِ أُمِّهِ مِنْ كُلِّ الْمَصَائِبِ وَ**الْمِحَنِ** الَّتِي أَلَمَّتْ بِهَا.

مَا إِنْ نَطَقَ يُوسُف الصَّغِيرُ بِاسْمِ الْجِنِّيَّةِ، حَتَّى سَمِعَ صَوْتًا لَطِيفًا يَقُولُ لَهُ مُتَوَدِّدًا: "لَبَّيْكَ يَا صَدِيقِي الصَّغِيرُ. لَقَدْ نَادَيْتَنِي، وَهَا أَنَا قَدِ اسْتَمَعْتُ إِلَى نِدَائِكَ، وَاسْتَجَبْتُ لَكَ، فَأَخْبِرْنِي مَاذَا تُرِيدُ."

صَاحَ بِهَا يُوسُف الصَّغِيرُ مُسْتَعْطِفًا **مُتَوَسِّلًا**: "لَطَالَمَا أَوْصَاكِ بِي وَالِدِي خَيْرًا قَبْلَ رَحِيلِهِ. فَإِذَا كُنْتِ أَنْتِ الْجِنِيَّةَ وِدَاد الَّتِي طَالَمَا حَدَّثَنِي أَبِي عَنْهَا وَأَوْصَانِي بِاللُّجُوءِ إِلَيْهَا كُلَّمَا وَقَعْتُ فِي مَأْزِقٍ لَا أَسْتَطِيعُ الْخَلَاصَ مِنْهُ، فَأَسْرِعِي مُتَفَضِّلَةً بِإِنْقَاذِ أُمِّي. لَا أُرِيدُ أَنْ أَبْقَى وَحِيدًا فِي هَذَا الْعَالَمِ."

نَظَرَتِ الْجِنِّيَّةُ إِلَى يُوسُف الصَّغِيرِ نَظْرَةَ عَطْفٍ، ثُمَّ دَنَتْ مِنَ الْمَرْأَةِ **الْمِسْكِينَةِ** وَفَحَصَتْ مَرَضَهَا فَحْصًا دَقِيقًا.

فَلَمَّا عَرَفَتِ الْجِنِّيَّةُ حَقِيقَةَ مَرَضِهَا، أَعْلَنَتْ عَجْزَهَا عَنْ شِفَائِهَا، قَائِلَةً: "لَيْسَ فِي مَقْدُورِي يَا بُنَيَّ أَنْ أَشْفِيَ أُمَّكَ الْمِسْكِينَةَ، وَلَيْسَ فِي الدُّنْيَا كُلِّهَا أَحَدٌ غَيْرُكَ يَسْتَطِيعُ إِنْقَاذَهَا. أَنْتَ وَحْدَكَ الْقَادِرُ عَلَى شِفَائِهَا مِنْ ذَلِكَ الْمَرَضِ الْخَطِيرِ، هَذَا إِنْ كُنْتَ لَا تَزَالُ كَمَا عَهِدْتُكَ، وَكَمَا حَدَّثَتْنِي عَنْكَ أَخَوَاتِي الْجِنِيَّاتُ، شُجَاعًا مِقْدَامًا، لَا تَهَابُ **السَّفَرَ** وَلَا تَخْشَى الْعُقُوبَاتِ، وَلَا يَعْرِفُ الْيَأْسُ إِلَى **قَلْبِكَ** سَبِيلًا. لَا سَبِيلَ لِشِفَاءِ أُمِّكَ إِلَّا إِذَا أَحْضَرْتَ لَهَا **أَوْرَاقًا** مِنْ **شَجَرَةِ** الْحَيَاةِ الْمَوْجُودَةِ فِي أَعْلَى الْجَبَلِ الَّذِي تُطِلُّ عَلَيْهِ مِنْ **نَافِذَتِكَ** كُلَّ يَوْمٍ."

وَأَضَافَتْ قَائِلَةً: "عِنْدَمَا تَحْصُلُ عَلَى هَذِهِ الْأَوْرَاقِ الشَّافِيَةِ، سَيَكُونُ عَلَيْكَ أَنْ **تَعْصِرَهَا** لِتَشْرَبَهَا أُمُّكَ لِتُشْفَى مِنْ مَرَضِهَا."

سَأَلَ يُوسُف الْجِنِّيَّةَ وِدَاد عَمَّنْ **سَيَعْتَنِي** بِأُمِّهِ فِي فَتْرَةِ غِيَابِهِ، وَقَالَ بَاكِيًا أَنَّهُ يَخْشَى أَنْ يَحْدُثَ لَهَا مَكْرُوهٌ قَبْلَ عَوْدَتِهِ، لَكِنْ طَمْأَنَتْهُ الْجِنِّيَّةُ بِأَنَّهَا سَتَعْتَنِي بِهَا، وَعَلَيْهِ الْآنَ أَنْ يَتَحَلَّى بِالْكَثِيرِ مِنَ الشَّجَاعَةِ، لِأَنَّهُ سَيُوَاجِهُ مَصَاعِبَ جَمَّةً.

سَأَلَ يُوسُف: "كَيْفَ سَأَعْرِفُ هَذِهِ الشَّجَرَةَ؟ وَكَيْفَ سَأَمْضِي نَحْوَهَا؟ وَفِي أَيِّ مَكَانٍ مِنَ الْجَبَلِ سَأَعْثُرُ عَلَيْهَا بِالضَّبْطِ؟"

أَجَابَتِ الْجِنِّيَّةُ: "مَتَى مَا وَصَلْتَ إِلَى أَعْلَى الْجَبَلِ وَبَلَغْتَ **الْقِمَّةَ**، فَلَنْ يَصْعُبَ عَلَيْكَ الْعُثُورُ عَلَيْهَا."

انْطَلَقَ يُوسُف الصَّغِيرُ فِي طَرِيقِهِ إِلَى الْجَبَلِ وَقَلْبُهُ كُلُّهُ إِيمَانٌ وَاطْمِئْنَانٌ وَثِقَةٌ بِالْفَوْزِ وَالنَّجَاحِ. كَانَ يَحْسِبُ الْجَبَلَ، وَهُوَ يَرَاهُ مِنْ نَافِذَةِ بَيْتِهِ، **قَرِيبًا** مِنْهُ، لَكِنَّهُ دُهِشَ حِينَ رَآهُ أَبْعَدَ مِمَّا يَظُنُّ.

لَقَدْ حَسِبَ أَنَّهُ **سَيَصِلُ** إِلَى قِمَّةِ الْجَبَلِ فِي غُضُونِ نِصْفِ سَاعَةٍ، لَكِنَّ الْأَمْرَ لَمْ يَكُنْ سَهْلًا كَمَا تَخَيَّلَ. فَقَدْ مَشَى طَوَالَ الْيَوْمِ دُونَ أَنْ يَصِلَ إِلَى وِجْهَتِهِ.

عِنْدَمَا بَلَغَ يُوسُف ثُلُثَ الطَّرِيقِ، مَرَّ بِشَجَرَةٍ عِمْلَاقَةٍ، فَجَلَسَ وَاسْتَظَلَّ بِهَا، وَكَانَ قَدْ أَعْيَاهُ **التَّعَبُ**، فَأَكَلَ كَسْرَةَ خُبْزٍ وَأَخَذَ قِسْطًا مِنَ الرَّاحَةِ. كَانَ فِي الْأَرْجَاءِ **ثَعْلَبٌ** يَلْحَقُ دِيكًا يُرِيدُ أَنْ يَأْكُلَهُ، وَكَانَ يَجْرِي بِأَقْصَى سُرْعَتِهِ. مَا إِنْ مَرَّ الدِّيكُ بِالْقُرْبِ مِنْ يُوسُف، حَتَّى أَمْسَكَهُ وَ**خَبَّأَهُ** تَحْتَ سُتْرَتِهِ. لَمْ يُلَاحِظِ الثَّعْلَبُ وَاسْتَمَرَّ بِالْعَدْوِ، وَعِنْدَمَا **اخْتَفَى** مِنَ الْأَنْظَارِ، أَخْرَجَ يُوسُف الدِّيكَ مِنْ تَحْتِ سُتْرَتِهِ، فَشَكَرَهُ الدِّيكُ قَائِلًا: "شُكْرًا عَلَى حُسْنِ صَنِيعِكَ يَا سَيِّدِي يُوسُف؛ سَأُجَازِيكَ يَوْمًا خَيْرَ الْجَزَاءِ عَلَى مُسَاعَدَتِكَ."

بَعْدَ أَنْ أَنْهَى اسْتِرَاحَتَهُ، أَكْمَلَ يُوسُف طَرِيقَهُ وَوَصَلَ إِلَى سَفْحِ الْجَبَلِ، لَكِنَّهُ فُوجِئَ بِوُجُودِ **نَهْرٍ** كَبِيرٍ تَكَادُ ضِفَّتُهُ الْأُخْرَى لَا تَظْهَرُ. وَقَفَ لِبُرْهَةٍ حَائِرًا مُرْتَبِكًا، وَأَخَذَ يَمْشِي حَوْلَ النَّهْرِ عَلَّهُ يَجِدُ قَارِبًا أَوْ **سَفِينَةً** أَوْ أَيَّ شَيْءٍ يُعِينُهُ عَلَى عُبُورِ النَّهْرِ، لَكِنَّهُ لَمْ يَجِدْ شَيْئًا!

ظَلَّ يُوسُف يَبْكِي مُسْتَنْجِدًا بِالْجِنِّيَّةِ وَدَاد وَيُنَادِي عَلَيْهَا، لَكِنْ دُونَ اسْتِجَابَةٍ، إِلَى أَنْ ظَهَرَ الدِّيكُ الَّذِي أَنْقَذَهُ مِنَ الثَّعْلَبِ وَقَالَ: "لَا تَسْتَطِيعُ الْجِنِّيَّةُ وِدَاد أَنْ تَصْنَعَ لَكَ شَيْئًا فِي هَذَا الْمَكَانِ، لِأَنَّ الْجَبَلَ خَارِجٌ عَنْ **سُلْطَانِهَا** وَقُوَّتِهَا، بَعِيدٌ عَنْ نُفُوذِهَا

وَقُدْرَتِهَا. وَلَقَدْ سَمِعْتُ **اسْتِغَاثَتَكَ**، فَأَسْرَعْتُ إِلَى نَجْدَتِكَ، لِأُثْبِتَ لَكَ اعْتِرَافِي بِجَمِيلِكَ، وَشُكْرِي لِمَعْرُوفِكَ، لِأَنَّكَ أَنْقَذْتَ حَيَاتِي مِنَ الضَّيَاعِ. فَهَلُمَّ بِالصُّعُودِ عَلَى ظَهْرِي؛ لَأُبْلِغَنَّ بِكَ الضِّفَّةَ الْأُخْرَى مِنَ النَّهْرِ سَالِمًا."

أَمْسَكَ يُوسُف بِعُرْفِ الدِّيكِ وَهُوَ يَعْبُرُ النَّهْرَ. وَظَلَّ الدِّيكُ يَطِيرُ بِهِ عَائِمًا عَلَى سَطْحِ الْمَاءِ **عِشْرِينَ** يَوْمًا.

فِي الْيَوْمِ الْحَادِي وَالْعِشْرِينَ، وَصَلَ يُوسُف إِلَى الضِّفَّةِ الْأُخْرَى، دُونَ أَنْ تَبْتَلَّ مَلَابِسُهُ بِقَطْرَةٍ وَاحِدَةٍ مِنْ الْمَاءِ.

خِلَالَ هَذِهِ الْأَيَّامِ، لَمْ يَشْعُرْ يُوسُف بِجُوعٍ وَلَا **ظَمَإٍ** وَلَا حَاجَةٍ لِلنَّوْمِ.

شَكَرَ يُوسُف الدِّيكَ وَ**أَثْنَى** عَلَيْهِ أَحْسَنَ الثَّنَاءِ، ثُمَّ غَادَرَ الدِّيكُ مُوَدِّعًا مُبْتَهِجًا.

أَكْمَلَ يُوسُفُ طَرِيقَهُ بِكُلِّ عَزْمٍ وَمُثَابَرَةٍ، حَيْثُ ظَلَّ مَاشِيًا لِمَا يَزِيدُ عَنْ وَاحِدٍ وَعِشْرِينَ يَوْمًا، لَكِنَّ ذَلِكَ لَمْ يُفْقِدْهُ عَزِيمَتَهُ، بَلْ إِنَّ عَزْمَهُ زَادَ عَنْ أَوَّلِ يَوْمٍ سَافَرَ فِيهِ. وَظَلَّ **مُصَمِّمًا** عَلَى بُلُوغِ غَايَتِهِ.

قَابَلَ يُوسُف شَيْخًا عَجُوزًا طَاعِنًا فِي السِّنِّ، كَانَ يَنْظُرُ إِلَيْهِ بِخَبَثٍ وَمَكْرٍ قَائِلًا: "أَرَاكَ لَا تَزَالُ **تَطْمَعُ** فِي الْوُصُولِ إِلَى تَحْقِيقِ غَايَتِكَ الْبَعِيدَةِ التَّحْقِيقِ، غَيْرَ يَائِسٍ مِنَ الظَّفَرِ بِهَا، بَعْدَ أَنْ لَقِيتَ فِي سَبِيلِهَا أَكْبَرَ الْمَتَاعِبِ، وَأَشَدَّ الْعَقَبَاتِ، وَإِلَّا فَمَا بَالُكَ تَرْنُو بِبَصَرِكَ إِلَى قِمَّةِ الْجَبَلِ؟"

أَجَابَهُ يُوسُف: "أَجَلْ أَيُّهَا الشَّيْخُ، إِنِّي أَرْنُو إِلَى شَجَرَةِ الْحَيَاةِ، فَوَرَقُهَا وَحْدَهُ قَادِرٌ عَلَى **شِفَاءِ** أُمِّي الَّتِي **شَارَفَتْ** عَلَى الْمَوْتِ."

رَدَّ الْعَجُوزُ قَائِلًا: "حَسَنًا يَا يُوسُف الصَّغِيرُ، سَأَدَعُكَ تَذْهَبُ وَلَنْ أَعْتَرِضَ طَرِيقَكَ أَبَدًا مَتَى **حَقَّقْتَ** لِي شَيْئًا وَاحِدًا. لَسْتُ أُرِيدُ مِنْكَ أَكْثَرَ مِنْ حَصْدِ مَا يَحْتَوِيهِ حَقْلِي هَذَا مِنْ

قَمحٍ. وَبَعْدَ أَنْ تَذْرُوهُ، غَرْبِلْهُ وَاطْحَنْهُ، وَمَتَى أَتْمَمْتَ كُلَّ هَذَا، فَلَنْ يَبْقَى عَلَيْكَ إِلَّا أَنْ تَخْبِزَهُ. هَذَا كُلُّ مَا أُرِيدُ. إِذَا حَقَّقْتَهُ لِي، فَنَادِنِي بِاسْمِي، أَحْضُرْ إِلَيْكَ فِي الْحَالِ، وَسَتَجِدُ الْآنِيَةَ وَكُلَّ **الْمُعِدَّاتِ** عَلَى يَمِينِكَ فِي هَذِهِ الْحُفْرَةِ الْكَبِيرَةِ."

بَدَأَ يُوسُف بِالْعَمَلِ بِلَا **كَلَلٍ** أَوْ مَلَلٍ، وَاسْتَغْرَقَ هَذَا الْعَمَلُ مِنْهُ قُرَابَةَ سَنَةٍ وَنِصْفٍ، لَكِنَّهُ لَمْ يَيْأَسْ أَبَدًا، بَلْ كَانَتْ عَزِيمَتُهُ تَزْدَادُ يَوْمًا بَعْدَ يَوْمٍ، فَهُنَالِكَ هَدَفٌ يُرِيدُ الْوُصُولَ إِلَيْهِ، وَلَنْ يَجْعَلَ أَمَامَهُ أَيَّ **حَاجِزٍ** يَحُولُ بَيْنَهُ وَبَيْنَ هَذَا الْهَدَفِ.

مَا إِنِ انْتَهَى يُوسُف بَعْدَ سَنَةٍ وَنِصْفٍ مِنْ حَصْدِ **الْحُقُولِ** إِلَى خَبْزِهَا، نَادَى عَلَى الشَّيْخِ الْعَجُوزِ. **تَذَوَّقَ** الشَّيْخُ الرَّغِيفَ الْأَوَّلَ وَالْأَخِيرَ، ثُمَّ أَثْنَى عَلَى يُوسُف، وَأَخْبَرَهُ أَنَّهُ اجْتَازَ **الِاخْتِبَارَ** وَأَنَّهُ مِنَ الصَّالِحِينَ الْكَرِيمِينَ، ثُمَّ أَعْطَاهُ عُلْبَةً صَغِيرَةً، وَأَوْصَاهُ بِأَنْ يَفْتَحَهَا عِنْدَمَا يَعُودُ إِلَى الْبَيْتِ بَعْدَ انْتِهَاءِ مُهِمَّتِهِ، ثُمَّ وَدَّعَهُ الشَّيْخُ ضَاحِكًا. اسْتَغْرَبَ يُوسُف مِنْ تَصَرُّفِهِ، لَكِنَّهُ ظَلَّ لَطِيفًا حَتَّى النِّهَايَةِ، وَلَمْ يَتَكَلَّمْ أَوْ **يَعْتَرِضْ** عَلَى تَصَرُّفَاتِ هَذَا الْعَجُوزِ أَبَدًا.

أَكْمَلَ يُوسُف طَرِيقَهُ. لَمْ يَمْضِ الْكَثِيرُ عَلَى تَجَاوُزِهِ عَقَبَةَ الْعَجُوزِ، حَتَّى ظَهَرَتْ أَمَامَهُ أُخْرَى، جِدَارٌ كَبِيرٌ يَحُولُ بَيْنَهُ وَبَيْنَ الطَّرِيقِ. ظَلَّ يُوسُف يَبْحَثُ عَنْ ثَغْرَةٍ أَوْ سَبِيلٍ لِلْعُبُورِ، لَكِنَّهُ لَمْ يَجِدْ، وَبِالرَّغْمِ مِنْ ذَلِكَ، لَمْ يَيْأَسْ وَظَلَّ يُحَاوِلُ لِشُهُورٍ، حَتَّى ظَهَرَ أَمَامَهُ جِنِّيُّ **الْجِدَارِ** وَسَأَلَهُ: "أَلَمْ تَيْأَسْ بَعْدُ؟ مَا هِيَ غَايَتُكَ؟"

أَجَابَهُ يُوسُف: "لَا، لَنْ أَيْأَسَ؛ أُرِيدُ بُلُوغَ شَجَرَةِ الْحَيَاةِ، فَفِي أَوْرَاقِهَا الشِّفَاءُ لِأُمِّي الَّتِي شَارَفَتْ عَلَى الْمَوْتِ."

اشْتَرَط عَلَيْهِ الْجِنِّيُّ الْمُسَاعَدَةَ مُقَابِلَ الْعُبُورِ: عَلَيْهِ أَنْ يَمْلَأَ كُهُوفَ الْجِنِّيِّ **بِعَصِيرِ الْعِنَبِ**، وَهَذِهِ الْمُهِمَّةُ صَعْبَةٌ جِدًّا كَسَابِقَتِهَا. قَالَ الْجِنِّيُّ: "هَا هِيَ كُرُومُ الْعِنَبِ. اجْنِي مَا تَحْوِيهِ مِنْ عِنَبٍ وَاصْنَعْ لِي مِنَ الْعَصِيرِ مَا يَمْلَأُ كُلَّ كُهُوفِي."

خَفَّفَ يُوسُف مِنْ ثِيَابِهِ، وَأَمْسَكَ **بِالْمِنْجَلِ**، وَبَدَأَ بِجَنْيِ الْعِنَبِ مِنَ الْكُرُومِ بِكُلِّ عَزْمٍ وَاجْتِهَادٍ وَنَشَاطٍ، دُونَ أَنْ **يُضَيِّعَ** مِنْ وَقْتِهِ شَيْئًا، وَاسْتَغْرَقَ الْأَمْرُ مِنْهُ ثَلَاثَةَ أَشْهُرٍ كَامِلَةً.

نَادَى يُوسُف الْجِنِّيَّ لَحْظَةَ انْتِهَاءِهِ، فَظَهَرَ أَمَامَهُ بِسُرْعَةٍ. تَذَوَّقَ الْجِنِّيُّ مِنَ الْبَرَامِيلِ وَتَأَكَّدَ مِنْهَا وَمِنْ صِحَّتِهَا وَطَعْمِهَا، ثُمَّ أَخْرَجَ زَهْرَةَ **شَوْكٍ** وَأَعْطَاهَا لِيُوسُف وَقَالَ لَهُ: "خُذْ هَذِهِ الزَّهْرَةَ، وَعِنْدَمَا تَعُودُ لِلْبَيْتِ، اعْتَنِ بِهَا، فَإِنَّهَا سَتَسُدُّ جَمِيعَ **احْتِيَاجَاتِكَ**، وَلَنْ تَحْتَاجَ شَيْئًا."

اخْتَفَى الْجِنِّيُّ تَارِكًا يُوسُف، وَأَصْبَحَ الطَّرِيقُ الْآنَ مَفْتُوحًا، فَأَكْمَلَ سَيْرَهُ قَاصِدًا غَايَتَهُ. وَأَخِيرًا، بَلَغَ يُوسُف شَجَرَةَ الْحَيَاةِ وَأَخَذَ مِنْهَا بَعْضَ أَوْرَاقِهَا، وَعَادَ بِهَا إِلَى أُمِّهِ، فَشُفِيَتْ وَعَادَتْ إِلَيْهَا الْحَيَاةُ، وَنَظَرَتْ بِانْدِهَاشٍ إِلَى ابْنِهَا يُوسُف الَّذِي كَبُرَ سَنَتَيْنِ وَنِصْفٍ خِلَالَ **رِحْلَتِهِ**.

سَعِدَ يُوسُف بِشِفَاءِ أُمِّهِ، وَلَمْ يَنْسَ النَّفَائِسَ الَّتِي حَصَلَ عَلَيْهَا خِلَالَ رِحْلَتِهِ: زَهْرَةُ الشَّوْكِ الَّتِي تُلَبِّي طَلَبَاتِهِ وَمُتَمَنِّيَاتِهِ وَقْتَمَا شَاءَ، وَالْعُلْبَةُ الصَّغِيرَةُ الَّتِي خَرَجَ مِنْهَا **أَقْزَامٌ** صِغَارٌ **شَيَّدُوا** لِيُوسُف وَأُمِّهِ قَصْرًا كَبِيرًا جَمِيلًا مُحَاطًا بِحَدِيقَةٍ كَبِيرَةٍ وَرَائِعَةٍ.

هَذِهِ نِهَايَةُ كُلِّ **صَابِرٍ** مُثَابِرٍ مُجِدٍ مُقْبِلٍ عَلَى الْحَيَاةِ لِتَحْقِيقِ غَايَتِهِ وَهَدَفِهِ وَطُمُوحِهِ.

مُلَخَّصُ الْقِصَّةِ

تَدُورُ هَذِهِ الْقِصَّةُ حَوْلَ وَلَدٍ صَغِيرٍ يُدْعَى يُوسُف. يَعِيشُ يُوسُف مَعَ أُمِّهِ الْأَرْمَلَةِ الْفَقِيرَةِ وَيُسَاعِدُهَا وَيَحْنُو عَلَيْهَا وَيُحِبُّهَا حُبًّا جَمًّا. فِي يَوْمٍ مِنَ الْأَيَّامِ، مَرِضَتْ أُمُّ يُوسُف وَاشْتَدَّ مَرَضُهَا، وَلَمْ يَعْرِفْ يُوسُف مَاذَا يَفْعَلُ لِإِنْقَاذِهَا، غَيْرَ اللُّجُوءِ إِلَى الْجِنِّيَّةِ وِدَاد الَّتِي تَدُلُّهُ عَلَى شَجَرَةٍ فِيهَا الشِّفَاءُ لِأُمِّهِ. تَقَعُ هَذِهِ الشَّجَرَةُ فِي قِمَّةِ الْجَبَلِ الْمُقَابِلِ لِمَنْزِلِهِمْ، وَعَلَى يُوسُف أَنْ يَتَسَلَّقَهُ وَيُوَاجِهَ التَّحَدِّيَاتِ مِنْ أَجْلِ أَنْ يَأْتِيَ لِأُمِّهِ بِالدَّوَاءِ الْمَوْجُودِ فِي أَوْرَاقِ هَذِهِ الشَّجَرَةِ. هَلْ سَيَنْجَحُ يُوسُف فِي ذَلِكَ؟ وَمَاذَا يَنْتَظِرُهُ مِنْ مَخَاطِرَ وَعَرَاقِيلَ؟

Summary of the story

This story tells us about a young boy called Yousef, living with his poor widowed mother. He helps her and loves her very much. One day, a disease strikes Yousef's mother, and then worsens. Yousef does not know what he will do to save her. He has no other choice but to resort to the fairy "Wedad" who leads him to a tree, which holds the healing power for his mother within it. This tree is located on the top of the mountain opposite to their house. Yousef has to climb this mountain and face the risks to reach the tree of life. Will Yousef succeed? What are the dangers and horrors waiting for him?

Vocabulary

boy	طِفْلًا
(she) loves	تُحِبُّ
her son	ابْنَهَا
the fulfilment / the loyalty	الْوَفَاءِ
the wool	الصُّوفِ
the table	الْمَائِدَةِ
mountain	جَبَلٍ
climb	يَتَسَلَّقَ
the slopes	الْمُنْحَدَرَاتِ
the widow	الْأَرْمَلَةُ
was unable	عَجَزَ
the bread	الْخُبْزِ
(she) needs	تَحْتَاجُ
her body	قِوَامُهَا
(she) remembers	تَتَذَكَّرُ
her bed	سَرِيرَهَا
the fairy	الْجِنِّيَّةِ
the trials / the hardships	الْمِحَنِ
begging	مُتَوَسِّلًا
the poor	الْمِسْكِينَةِ

the travel	السَّفَرَ
your heart	قَلْبِكَ
leaves	أَوْرَاقًا
tree	شَجَرَةِ
your window	نَافِذَتِكَ
squeeze them	تَعْصِرَهَا
will take care of	سَيَعْتَنِي
the top / the peak	الْقِمَّةَ
near	قَرِيبًا
will reach	سَيَصِلُ
the tiredness	التَّعَبُ
fox	ثَعْلَبٌ
hid it	خَبَّأَهُ
disappeared	اخْتَفَى
river	نَهْرٍ
ship	سَفِينَةً
her authorities	سُلُطَاتِهَا
your mayday	اسْتِغَاثَتَكَ
twenty	عِشْرِينَ
thirst	ظَمَأٍ
praised	أَثْنَى

determined	مُصَمِّمًا
met	قَابَلَ
covet	تَطْمَعُ
heal	شِفَاءِ
about to	شَارَفَتْ
accomplished	حَقَّقْتَ
the equipment	الْمُعِدَّاتِ
fatigue	كَلَلٍ
barrier	حَاجِزٍ
the fields	الْحُقُولِ
tasted	تَذَوَّقَ
the test	الِاخْتِبَارَ
oppose	يَعْتَرِضْ
resumed	أَكْمَلَ
the wall	الْجِدَارِ
[with] juice	[بِ]عَصِيرِ
grape	الْعِنَبِ
sickle	[بِ]الْمِنْجَلِ
waste	يُضَيِّعَ
thorn	شَوْكٍ
your necessities	احْتِيَاجَاتِكَ

his journey	رِحْلَتِهِ
dwarves	أَقْزَامٌ
(they) established	شَيَّدُوا
[by a] garden	[بِ]حَدِيقَةٍ
patient	صَابِرٍ

Questions about the story

1. **مَا الحَلُّ الوَحيدُ لشِفَاء أُمِّ يُوسُف؟**
   أ- أنْ يَأْخُذَهَا يُوسف إلَى المُسْتَشْفَى
   ب-أَنْ تَأْخُذَ بَعْضَ الرَّاحَة
   ت-عَلَى يُوسف أَنْ يحضر أورَاق شَجَرَة الحَيَاة
   ث-أن تَتَنَاوَل الدَّوَاءَ

2. **مَا العَقَبَةُ الأُولَى التِي أَحَالَتْ بيْنَ يوسُفَ وَشَجَرَةَ الحَيَاة؟**
   أ- الثُّعْبَانُ والضِّفْدَعُ
   ب-الثَّعْلَبُ وَالدِّيكُ
   ت-البُحَيْرَةُ
   ث-الجِدَار

3. **كَيْفَ اسْتَطَاعَ يوسُف اجْتِيازَ حَاجِزَ البُحَيْرَة؟**
   أ- جاءَ الديكُ وَحَلَّق به فَوْقَ البُحَيْرَة
   ب-وَجَدَ قَاربًا سَاعَدَهُ في الإبْحَار
   ت-وَجَدَ جِسْرًا سَاعَدَهُ بالسَّيْر
   ث-جَاءَتْ الجِنِّيَّةُ وِدَاد وَسَاعَدَتْهُ

4. **كَيْفَ اسْتَطَاعَ يوسُف اجْتِيَازَ الرَّجُل العَجُوز؟**
   أ- سَاعَدَهُ عَلَى تَنْظِيف بيْتِه
   ب-سَاعَدَهُ عَلَى عُبُور الطَّرِيق
   ت-أعْطَاهُ بَعْضَ النُّقُود
   ث-حَصَدَ يُوسُف الحُقُولَ، ثُمَّ صَنَعَ مِنْهَا خُبْزًا

5. **كَيْفَ اسْتَطَاعَ يُوسف اجْتِيَازَ حَاجِز الجِدَار؟**
   أ- تَسَلَّقَ الجِدَارَ وَقَفَزَ مِنْ فَوْقِه
   ب-اسْتَخْدَمَ عَصا سِحْرِيَّة وَطَارَ بِهَا
   ت-سَاعَدَتْهُ الجِنيَّةُ وِدَاد باجْتِيَازِه
   ث-حَوَّلَ كُرُومَ العِنَب إلَى عَصِير للجني

Answers

1. Yousef has to bring some leaves from the tree of life

ت- على يوسف أن يحضر أوراق شجرة الحياة

2. The lake

ت- البحيرة

3. The rooster is hovered over the lake with Yousef

أ- جاء الديك وحلق به فوق البحيرة

4. Yousef harvested the fields and then made bread

ث- حصد يوسف الحقول، ثم صنع منها خبزًا

5. Turn grapes into juice for the genie

ث- حول كروم العنب إلى عصير للجني

CONCLUSION

Congratulations! You've finally reached the ending of Arabic Short Stories for Beginners. This means you've acquired a tremendous amount of new vocabulary covering many different topics. Besides that, you have also strengthened your understanding of Arabic grammar, especially verbs and sentence structure, without even noticing!

Never forget: learning a language doesn't have to be tedious if you find the right way to do it. Hopefully, we've provided you with a hands-on, fun way to expand your knowledge in Arabic, and you can apply your lessons to future ventures. We encourage you to use this book again when you need to remember vocabulary and expressions.

Here are some last golden tips to keep improving your Arabic in order to build on the progress you've already made by reading this book:

1. **Read out loud, and hold your throat to feel where the sounds come from**: One of the most challenging aspects in the Arabic language is pronunciation, especially when it comes to "throat letters" or sounds. If you want to make your ح or ع sound similar to a native speaker's pronunciation, try to remember the sounds you hear in nature which are the closest to those alphabets. Say, the hissing sound of the snake is a little similar to the ح sound, and so forth.

2. **Find the root of the word in order to understand the meaning**: The Arabic language is all about formulas. If you are good at mathematics, you will definitely learn this language more easily.

251

All you need to know is the basic structures of word formation, and that will help you form words and categorize them into relevant groups.

3. **When learning Arabic, think Arabic**: If you want to construct a grammatically correct sentence, try to avoid direct translation and commit to the Arabic VSO sentence structure.

Believe in yourself and never be ashamed to make mistakes. Even the best can fall; it's those who get up again that can achieve greatness! Bit-tawfīq!

P.S: Keep an eye out for more books like this one; we're not done teaching you Arabic! Head over to **www.LingoMastery.com** and read our articles and sign up for our newsletter. We give away so much free content that will accelerate your Arabic learning.

Made in the USA
Monee, IL
15 February 2024